Boekhouden geboekstaafd 3

Opgaven

Y.R.P. van de Voort
Drs D.J.J. Heslinga
Dr. T.A. Marra

Eindredactie:
Prof. dr. M.N. Hoogendoorn RA
A.H. Smittenberg

Gebaseerd op de 7e druk van:
Drs. H. Fuchs
Prof. dr. M.A. van Hoepen RA
S.J.M. van Vlimmeren

Achtste druk

Noordhoff Uitgevers bv Groningen/Houten

Ontwerp omslag: G2k, Groningen/Amsterdam
Omslagillustratie: G2k, Groningen/Amsterdam

Eventuele op- en aanmerkingen over deze of andere uitgaven kunt u richten aan: Noordhoff Uitgevers bv, Afdeling Hoger Onderwijs, Antwoordnummer 13, 9700 VB Groningen, e-mail: info@noordhoff.nl

Aan de totstandkoming van deze uitgave is de uiterste zorg besteed. Voor informatie die desondanks onvolledig of onjuist is opgenomen, aanvaarden auteur(s), redactie en uitgever geen aansprakelijkheid. Voor eventuele verbeteringen van de opgenomen gegevens houden zij zich aanbevolen.

© 2016 Noordhoff Uitgevers bv Groningen/Houten, The Netherlands.

Behoudens de in of krachtens de Auteurswet van 1912 gestelde uitzonderingen mag niets uit deze uitgave worden verveelvoudigd, opgeslagen in een geautomatiseerd gegevensbestand of openbaar gemaakt, in enige vorm of op enige wijze, hetzij elektronisch, mechanisch, door fotokopieën, opnamen of enige andere manier, zonder voorafgaande schriftelijke toestemming van de uitgever. Voor zover het maken van reprografische verveelvoudigingen uit deze uitgave is toegestaan op grond van artikel 16h Auteurswet 1912 dient men de daarvoor verschuldigde vergoedingen te voldoen aan Stichting Reprorecht (postbus 3060, 2130 KB Hoofddorp, www.reprorecht.nl). Voor het overnemen van gedeelte(n) uit deze uitgave in bloemlezingen, readers en andere compilatiewerken (artikel 16 Auteurswet 1912) kan men zich wenden tot Stichting PRO (Stichting Publicatie- en Reproductierechten Organisatie, postbus 3060, 2130 KB Hoofddorp, www.stichting-pro.nl).

All rights reserved. No part of this publication may be reproduced, stored in a retrieval system, or transmitted, in any form or by any means, electronic, mechanical, photocopying, recording, or otherwise, without the prior written permission of the publisher.

ISBN 978-90-01-84602-2
NUR 786

Woord vooraf

In dit boek is een grote hoeveelheid oefenmateriaal bijeengebracht, die behoort bij *Boekhouden geboekstaafd* 3. De opgaven zijn ingedeeld naar de hoofdstukken en paragrafen van het tekstboek. Bij de opgaven zijn drie categorieën te onderscheiden:
1 Elementaire opgaven.
2 Opgaven van hoger niveau, die goed aansluiten bij de behandelde stof in het betrokken hoofdstuk. De nummers van deze opgaven zijn voorzien van één sterretje (*).
3 Overstijgende opgaven, waarin naast stof uit het betrokken hoofdstuk ook stof uit voorgaande hoofdstukken aan de orde komt. De nummers van deze opgaven zijn voorzien van twee sterretjes (**).

Doordat op veel plaatsen wijzigingen, toevoegingen, aanpassingen en dergelijke zijn aangebracht, is gebruik van de achtste druk naast de vorige druk niet goed mogelijk.

Opmerkingen over de inhoud van deze uitgave die kunnen leiden tot verbeteringen in een volgende druk, zullen we in dank ontvangen.
We verzoeken u uw op- en aanmerkingen door te geven aan de uitgever.
Het adres is:
Noordhoff Uitgevers bv
Afdeling Hoger Onderwijs
Antwoordnummer 13
9700 VB Groningen
E-mail:info@noordhoff.nl

Voorjaar 2016
Y.R.P. van de Voort
Drs D.J.J. Heslinga
Dr. T. A. Marra

Eindredactie:
R. Prof. dr. M.N. Hoogendoorn RA
A.H. Smittenberg

Serie-overzicht

Boekhouden geboekstaafd 1
Opgaven
Uitwerkingen

Boekhouden geboekstaafd 2
Opgaven
Uitwerkingen

Boekhouden geboekstaafd 3
Opgaven
Uitwerkingen

Inhoud

1 De verslaggeving 7

2 De balans in de externe jaarrekening van de onderneming 15

3 De winst- en verliesrekening in de externe jaarrekening van de onderneming 32

4 Het overzicht van het totaalresultaat 40

5 Het kasstroomoverzicht 46

6 Leasing 53

7 Waarderingsmethoden voor deelnemingen in de jaarrekening 72

8 Onderhanden projecten in opdracht van derden 85

9 Personeelsbeloningen 95

10 Financiële instrumenten 99

11 Vreemde valuta 107

12 Enkele bijzondere onderwerpen 115

13 De administratie van quasigoederen 120

14 De administratie van statiegeld 128

15 De externe verslaggeving in not-for-profit organisaties 140

16 De fiscale jaarrekening 141

17 De verwerking van de verschuldigde en verrekenbare, en latente vennootschapsbelasting in de commerciële jaarrekening 159

18 De verwerking van de vennootschapsbelastinglast in de commerciële jaarrekening 176

19	Integratieve benadering van de vennootschapsbelasting in de commerciële jaarrekening	192
20	De geconsolideerde jaarrekening	203
21	Technische aspecten van de consolidatie	205
22	Intercompanytransacties en consolidatie: downstream-sales en upstream-sales	217
23	Nadere bijzonderheden bij het opstellen van de geconsolideerde jaarrekening	245
24	Fusie en overname van ondernemingen	252
25	De boekhouding van ondernemingen met filialen	262

1 De verslaggeving

01 (§ 1.1)
a Wat verstaan we onder de interne jaarrekening?
b Waarom is de naam interne jaarrekening minder juist? Geef een betere benaming voor de hier bedoelde verslaggeving.
c Wat verstaan we onder de fiscale jaarrekening? Waarom is de benaming 'jaarrekening' in dit geval wel correct?
d Maak duidelijk dat de fiscale jaarrekening dienst doet als verantwoordingsmiddel.
e Waarom is bij kleinere bedrijven de interne jaarrekening vaak gelijk aan de fiscale jaarrekening?
f Wat verstaan we onder de externe jaarrekening?
g Noem enkele rechtsvormen waar de wettelijke bepalingen met betrekking tot de externe verslaggeving voor gelden.
h Heeft de eigenaar van een eenvoudig winkelbedrijf iets te maken met de wettelijke regels die gevolgd moeten worden bij de opstelling van:
  1 de fiscale jaarrekening;
  2 de externe jaarrekening?

02 (§ 1.2) In het grootboek van de industriële onderneming B. Goode bv in Sittard zijn in februari 2016 de volgende bedragen (mutaties) geboekt in de rubrieken 4, 5, 6, 8 en 9.

Nr.	Rekening	Debet	Credit
400/498	Diverse rekeningen	€ 300.000	
499	Overboekingsrekening		€ 300.000
500	Kosten hulpkostenplaatsen	- 40.000	
505	Dekking hulpkostenplaatsen		- 38.000
530	Kosten afdeling Fabricage	- 112.000	
535	Dekking afdeling Fabricage		- 114.000
540	Kosten afdeling Verkoop	- 36.000	
545	Dekking afdeling Verkoop		- 36.000
600	Verbruik grondstoffen	- 80.000	
601	Directe personeelskosten	- 70.000	
602	Toeslag indirecte fabricagekosten	- 114.000	
610	Standaardverbruik grondstoffen		- 82.000
611	Standaard directe personeelskosten		- 66.800
612	Standaardtoeslag indirecte fabricagekosten		- 111.600
800	Kostprijs verkopen	- 250.000	
820	Toeslag indirecte verkoopkosten	- 36.000	
840	Opbrengst verkopen		- 300.000
912	Kosten afvloeiingsregeling	- 100.000	

Zowel de voorraad gereed product als de voorraad product in bewerking wordt geadministreerd tegen standaardkosten.

a Bereken over februari 2016 de mutatie in de voorraad gereed product en product in bewerking.
b Stel de winst- en verliesrekening over februari 2016 samen. Maak hiervoor gebruik van het klassieke overzicht.

1.03 (§ 1.2) Van Ronax bv in Vlaardingen is de gedeeltelijke saldibalans per 31 januari 2016 als volgt:

Nr.	Rekening	Debet	Credit
400	Direct grondstoffenverbruik	€ 1.021.200	
410	Direct loon	- 515.000	
411	Indirect loon	- 140.000	
460	Directe verkoopkosten	- 140.000	
	enz.		
499	Overboekingsrekening		€ 2.180.200
	Tellingen rubriek 4	€ 2.180.200	€ 2.180.200
500	Kosten hulpafdelingen	€ 60.000	
501	Dekking hulpafdelingen		€ 80.000
530	Kosten fabricage-afdeling	- 382.000	
531	Dekking fabricage-afdeling		- 380.000
540	Kosten verkoopafdeling	- 142.000	
541	Dekking verkoopafdeling		- 145.000
	Tellingen rubriek 5	€ 584.000	€ 605.000
600	Direct grondstoffenverbruik	€ 1.021.200	
601	Direct loon	- 530.000	
602	Toeslag indirecte fabricagekosten	- 380.000	
603	Uitvalkosten	- 45.000	
610	Standaard direct grondstoffenverbruik		€ 1.000.000
611	Standaard direct loon		- 500.000
612	Standaardtoeslag indirecte fabricagekosten		- 400.000
613	Standaard uitvalkosten		- 50.000
630	Betaald direct loon	- 515.000	
631	Verrekend direct loon		- 530.000
	Tellingen rubriek 6	€ 2.491.200	€ 2.480.000

Nr.	Rekening	Debet	Credit
800	Kostprijs verkopen	€ 2.400.000	
810	Toeslag directe verkoopkosten	- 150.000	
815	Toeslag indirecte verkoopkosten	- 145.000	
840	Opbrengst verkopen		€ 3.250.000
850	Werkelijke directe verkoopkosten	- 140.000	
855	Verrekende directe verkoopkosten		- 150.000
	Tellingen rubriek 8	€ 2.835.000	€ 3.400.000
950	Boekverlies afgestoten inventaris	€ 210.000	
960	Boekwinst afgestoten bedrijfshal		€ 675.000

Zowel de voorraad gereed product als de voorraad product in bewerking wordt bijgehouden tegen standaardkosten.

   a Bereken aan de hand van de gegevens op de saldibalans per 31 januari 2016 de winst over januari 2016.
   b Bereken over januari 2016 de mutatie in de voorraad goedgekeurd product en product in bewerking.
   c Stel de winst- en verliesrekening samen over januari 2016 en gebruik daarbij het model van het klassieke resultatenoverzicht.
   d Welk bezwaar is verbonden aan de bij c gevraagde manier van presenteren van resultaten?

04 (§ 1.3) *Deze opgave gaat uit van de gegevens in opgave 1.02.*

   a Bereken over februari 2016:
      1 het standaardverkoopresultaat;
      2 de afdelingsresultaten;
      3 de fabricageresultaten.
      NB De fabricageresultaten zo ver mogelijk detailleren.
   b Stel de winst- en verliesrekening samen over februari 2016 en gebruik daarbij het model van het analytische resultatenoverzicht.
   c Wat bedoelen we met de term downdrilling?

05 (§ 1.3) *Deze opgave gaat uit van de gegevens in opgave 1.03.*

   a Bereken over januari 2016:
      1 het standaardverkoopresultaat;
      2 het resultaat directe verkoopkosten;
      3 de afdelingsresultaten;
      4 de (gespecificeerde) fabricageresultaten.
   b Stel de winst- en verliesrekening over januari 2016 samen en gebruik daarbij het model van het analytische resultatenoverzicht.
   c Geef met behulp van de informatie in de rubrieken 5, 6 en 8 een controleberekening voor het bedrag van de tellingen in rubriek 4 (€2.180.200).
   d Voer alle andere controles uit met betrekking tot de bedragen die vermeld zijn op de saldibalans in opgave 1.03.

1.06 (§ 1.3) Handelsonderneming LowRate bv in Utrecht heeft haar activiteiten ondergebracht in twee afdelingen, afdeling Food en afdeling Non-Food.
De verdeling van de in de rubrieken 4 en 8 vermelde bedragen over beide afdelingen voor januari 2016 is als volgt:

Nr.	Rekening	Totaal	Afdeling Food	Afdeling Non-Food
410	Lonen	€ 27.800	€ 21.000	€ 6.800
420	Afschrijvingskosten	- 1.000	- 800	- 200
430	Huur	- 3.000	- 2.300	- 700
440	Diverse kosten	- 12.200	- 9.000	- 3.200
800	Inkoopwaarde verkopen	- 250.000	- 180.000	- 70.000
850	Opbrengst verkopen	- 320.000	- 240.000	- 80.000

De incidentele resultaten zijn gecrediteerd op rekening *920 Incidentele resultaten* en bedragen €4.000.

a Vul voor januari 2016 in het volgende overzicht de bedragen in:

	Exploitatieoverzicht afdeling Food			Exploitatieoverzicht afdeling Non-Food			Resultatenoverzicht		
Omzet		€ ...	(...%)		€ ...	(...%)		€ ...	(...%)
Inkoopwaarde omzet		- ...			- ...			- ...	
Brutowinst		€ ...	(...%)		...	(...%)		€ ...	(...%)
Lonen	€ ...			€ ...			€ ...		
Afschrijvingskosten	- ...			- ...			- ...		
Huur	- ...			- ...			- ...		
Diverse kosten	- ...			- ...			- ...		
Totale bedrijfskosten		- ...	(...%)		- ...	(...%)		- ...	(...%)
Exploitatieresultaat		€ ...	(...%)		€ ...	(...%)				
Bedrijfsresultaat								€ ...	
Incidentele resultaten								- ...	
Nettowinst								€ ...	(...%)

b Bereken achtereenvolgens voor de afdeling Food, voor de afdeling Non-Food en voor de onderneming als geheel de voor januari 2016 geldende percentages op de in voorgaand schema aangegeven plaatsen.
NB Berekeningen uitvoeren in één decimaal nauwkeurig.

07 (§ 1.3) InterHome bv in Leeuwarden heeft haar activiteiten verdeeld over twee afdelingen, de afdeling Meubilair en de afdeling Stoffering.
In de boekhouding van deze onderneming wordt het principe van de maandelijkse permanence toegepast.

Per 28 februari 2016 beschikt de administrateur over de volgende cijfers.

Nr.	Rekening	Saldibalans per 28 februari 2016		Exploitatieoverzicht afdeling Meubilair over januari 2016	
		Debet	Credit	Debet	Credit
000/190	Diverse rekeningen		€ 76.500		
400.0	Inkoopwaarde omzet afdeling Meubilair	€ 140.000		€ 74.000	
400.1	Inkoopwaarde omzet afdeling Stoffering	- 80.000			
410.0	Salarissen afdeling Meubilair	- 13.600		- 6.400	
410.1	Salarissen afdeling Stoffering	- 9.400			
430.0	Huur afdeling Meubilair	- 1.400		- 700	
430.1	Huur afdeling Stoffering	- 800			
440.0	Onderhoudskosten afdeling Meubilair	- 1.000		- 400	
440.1	Onderhoudskosten afdeling Stoffering	- 600			
450.0	Overige kosten afdeling Meubilair	- 8.700		- 4.500	
450.1	Overige kosten afdeling Stoffering	- 4.500			
499	Overboekingsrekening		- 131.500		
700	Voorraad handelsgoederen	- 85.000			
800.0	Omzet afdeling Meubilair		- 180.000		€ 95.000
800.1	Omzet afdeling Stoffering		- 100.000		
899	Overboekingsrekening	- 142.000			
900	Exploitatieresultaat afdeling Meubilair	- 9.000	- 9.000		
910	Exploitatieresultaat afdeling Stoffering		- 1.500		
930	Overige resultaten		- 3.000		
999	Overboekingsrekening	- 14.500			
		€ 501.500	€ 501.500	€ 95.000	€ 95.000

Opmerkingen
- in februari 2016 is geboekt in:

rubriek 4:	totale inkoopwaarde omzet		€ 108.000
	totale kosten		- 20.500
rubriek 8:	totale omzet		- 138.000
rubriek 9:	overige resultaten	Debet	- 1.000

- Het exploitatieresultaat van de afdeling Stoffering in februari 2016 bedraagt €3.200 (voordelig).
- De rekeningen *900*, *910* en *999* moeten met betrekking tot februari 2016 nog worden bijgewerkt.
- In rubriek 0 komt onder meer voor *075 Winstsaldo*.

12 HOOFDSTUK 1

a Stel het exploitatieoverzicht voor de afdeling Meubilair over februari 2016 samen aan de hand van de gegevens in de rubrieken 4 en 8 en het exploitatieoverzicht voor de afdeling Meubilair over januari 2016.
b Geef de journaalposten waarmee de rekeningen *900*, *910* en *999* kunnen worden bijgewerkt.
c Toon aan dat – na verwerking van de onder **b** gevraagde journaalposten in de saldibalans – elk van de rubrieken 4, 8 en 9 glad loopt!
d Stel het resultatenoverzicht voor de gehele handelsonderneming over februari 2016 samen.
NB De totale nettowinst dient hierop te worden vermeld als saldo van de drie in rubriek 9 genoemde resultaten.
e 1 Vermeld achter elk bedrag in het onder **a** gevraagde overzicht de procentuele toe- of afname ten opzichte van het overeenkomstige bedrag in januari 2016 (tot op één decimaal nauwkeurig).
  2 Is een vergelijking van de voor februari 2016 geldende bedragen met die van januari 2016 zinvol? Motiveer het antwoord.

1.08 (§ 1.3) Voor de handelsonderneming van Ferd Overbos in Boxtel beschikt de administrateur over de volgende gegevens.

Balans per 31 december 2015

Vaste activa	€	1.200.000	Eigen vermogen	€	1.500.000
Voorraden	-	1.000.000	5% Hypothecaire lening	-	300.000
Debiteuren	-	550.000	6% Lening	-	700.000
Liquide middelen	-	250.000	Crediteuren	-	500.000
	€	3.000.000		€	3.000.000

Winst- en verliesrekening 2015

Afschrijvingskosten	€	60.000	Omzet	€	6.000.000
Interestkosten	-	70.000	Inkoopwaarde	-	4.800.000
Overige kosten	-	830.000			
Nettowinst	-	240.000		€	1.200.000
	€	1.200.000		€	1.200.000

a Noem twee manieren waarop geprobeerd kan worden de liquiditeitspositie van een onderneming te verbeteren, zonder nieuw vermogen aan te trekken.
b Noem twee manieren waarop geprobeerd kan worden de rentabiliteit van het eigen vermogen te verbeteren bij gelijkblijvende omzet.
c 1 Bereken (in één decimaal nauwkeurig) de current ratio en de quick ratio.
  2 Welk bezwaar is verbonden aan liquiditeitsbeoordeling met behulp van ratio's?
d 1 Bereken (in één decimaal nauwkeurig) de solvabiliteitsratio EV/VV.
  2 Bereken (in één decimaal nauwkeurig) de solvabiliteitsratio EV/TV.
e 1 Bereken de brutowinstmarge.
  2 Bereken de nettowinstmarge.
f 1 Bereken de rentabiliteit van het eigen vermogen.

2 Bereken (in één decimaal nauwkeurig) de rentabiliteit van het totale vermogen.
3 Beredeneer waarom de rentabiliteit van het eigen vermogen groter is dan de rentabiliteit van het totale vermogen.

.09 (§ 1.4)
a Bij de externe verslaggeving staat van oudsher een bepaalde functie voorop. Welke is deze functie?
b Welke andere belangrijke functie wordt ook aan de externe verslaggeving toegekend?
c Leg uit waarom de beslissings- en de toekomstgeoriënteerde informatieverschaffing bij de externe verslaggeving zo belangrijk is geworden?
d Noem enkele gebruikers van de informatie die in het kader van de externe verslaggeving wordt verstrekt.

.10 (§ 1.5)
a Op welke ondernemingsvormen zijn de voorschriften van Titel 9 Boek 2 BW van toepassing?
b Welke drie categorieën regels bevat Titel 9 Boek 2 BW?
c Uit welke onderdelen bestaat de jaarrekening volgens de wet?
d Wat verstaan we onder de 'derogerende werking van het getrouwe beeld en het vereiste inzicht'?
e Geef de hoofdindelingen van de balans en van de winst- en verliesrekening.
f Geef een voorbeeld van een onderwerp dat in het algemene gedeelte van de toelichting aan de orde komt.
g Wat is de bedoeling van de regels voor goed ondernemingsbestuur die zijn opgesteld door de Monitoring Commissie Corporate Governance?
h Wat bepaalt artikel 2:384 lid 1 BW over de waarderingsgrondslag van een actief en van een passief en voor de bepaling van het resultaat?
i Noem de vijf algemene grondslagen die in Titel 9 Boek 2 BW worden genoemd.
j Verklaar de termen 'gelijktijdige stelselmatigheid' en 'volgtijdige stelselmatigheid'.
k Wat is de functie van het bestuursverslag?
l Geef in een schema de indeling van ondernemingen in:
- micro-ondernemingen;
- kleine ondernemingen;
- middelgrote ondernemingen; en
- grote ondernemingen.

Gebruik hierbij als criteria:
- waarde van de activa;
- netto-omzet; en
- gemiddeld aantal werknemers.

m Noem twee belangrijke inrichtingsvrijstellingen voor de kleine rechtspersoon.
n Noem enkele publicatievrijstellingen voor de:
1 micro-rechtspersoon;
2 kleine rechtspersoon;
3 middelgrote rechtspersoon.
o Wat is de controleplicht in het kader van de externe verslaggeving? Wie moet de controle uitvoeren? Wat moet worden gecontroleerd?

1.11 (§ 1.6) a Welke twee bronnen bestaan er in Nederland voor regelgeving op het terrein van de externe verslaggeving?
b Welke is de taak van de:
1 Raad voor de Jaarverslaggeving;
2 Ondernemingskamer van het Gerechtshof in Amsterdam;
3 Autoriteit Financiële Markten?
c Hebben de Richtlijnen van de Raad voor de Jaarverslaggeving de kracht van wet?
Motiveer het antwoord.
d Waarom neemt het belang van de standaarden van de IASB steeds meer toe?

2 De balans in de externe jaarrekening van de onderneming

.01 (§ 2.2)
a Welke categorieën moeten volgens artikel 2:364 BW afzonderlijk worden vermeld onder de vlottende activa?
b Wat zijn overlopende activa?
c Wat is het verschil tussen de balansmodellen B en C?
d Wat is bij model B de hoofdindeling van de activa respectievelijk de passiva?
e Op welke manier moet het resultaat op de balans worden vermeld wanneer de winstbestemming niet in de betrokken balans is verwerkt?

.02 (§ 2.3)
a Geef enkele voorbeelden van immateriële vaste activa.
b Kan goodwill onder alle omstandigheden worden geactiveerd?
c Is activering van materiële vaste activa alleen noodzakelijk in het geval van juridische eigendom of ook in geval van economische eigendom? Motiveer het antwoord.
d Geef enkele voorbeelden van financiële vaste activa.
e Wanneer worden effecten gerekend tot de vaste activa en wanneer tot de vlottende activa?
f Welke soorten actuele waarden komen volgens het 'Besluit actuele waarde' in aanmerking bij de waardering van activa?
g Wanneer is waardering tegen actuele waarde voor activa (respectievelijk informatie omtrent de actuele waarde) noodzakelijk?

.03 (§ 2.3) Dremex bv in Maastricht heeft drie bedrijfsgebouwen in eigendom, waarover de volgende gegevens verzameld zijn.

Gebouw	Actuele kostprijs in nieuwe staat per 31-12-2014	Cumulatieve afschrijving per 31-12-2014 op basis van actuele kostprijs	Herwaardering per 31-12-2014 (ongerealiseerd)	Verkoopprijs
Kantoor	€ 1.000.000	€ 750.000	€ 200.000	
Fabriek	- 2.500.000	- 1.250.000	- 250.000	
Magazijn I	- 1.200.000	- 300.000	- 180.000	€ 1.300.000
	€ 4.700.000	€ 2.300.000	€ 630.000	€ 1.300.000

Dremex bv hanteert bij de balanswaardering en de resultaatbepaling de actuele kostprijs.
Alle gebouwen worden in 40 jaar lineair afgeschreven; hierbij houdt Dremex bv geen rekening met restwaarde. Over delen van een jaar wordt naar evenredigheid afgeschreven.
Alle genoemde bedragen zijn exclusief de waarde van de grond; deze is in erfpacht verkregen en hierop wordt niet afgeschreven.

Verdere gegevens
1 Op 1 januari 2015 stijgt de actuele kostprijs van de gebouwen met 10%.
2 Op 1 maart 2015 wordt in verband met de voorgenomen verkoop van magazijn I een nieuw magazijn aangeschaft voor €1.600.000 (exclusief kosten van de grond). Dit magazijn II wordt per 1 april 2015 betrokken en vanaf die datum afgeschreven.
3 Magazijn I wordt per 1 juli 2015 buiten gebruik gesteld en opgeleverd aan de koper.

a Welke informatie moet een mutatieoverzicht vaste activa in zijn algemeenheid verschaffen?
b Stel het 'mutatieoverzicht gebouwen' over 2015 samen.
c Bereken de ongerealiseerde herwaardering gebouwen per 31 december 2015.
d Bereken de gerealiseerde herwaardering gebouwen in 2015.
e Journaliseer de overboeking van de gerealiseerde herwaardering naar de vrije reserves.

2.04 (§ 2.4) Rizzo bv in Gouda heeft een machine waarvan de volgende gegevens bekend zijn:

Boekwaarde	€	1.300.000
Bedrijfswaarde	-	900.000
Opbrengstwaarde	-	980.000

Rizzo bv maakt onder andere gebruik van de grootboekrekeningen:
008 Machine
018 Afschrijving machine
980 Verlies wegens bijzondere waardevermindering

a Bepaal de realiseerbare waarde.
b Geef de journaalpost die in verband met een waardecorrectie door Rizzo bv moet worden gemaakt.

2.05 (§ 2.4) Vitatrex bv in IJmuiden beschikt over twee identieke machines PX3, die in gebruik zijn genomen op 1 juli 2012.
De aanschafprijs van één machine PX3 is €200.000. Elke machine wordt in 6 jaar lineair afgeschreven; de restwaarde per machine na 6 jaar wordt op €20.000 gesteld.

a 1 Bereken voor de twee machines PX3 de maandelijkse afschrijvingskosten.
2 Bereken de boekwaarde van de twee machines PX3 op 30 juni 2016.

Op 1 juli 2016 komt van de machine PX3 een volledig nieuw type op de markt. In verband hiermee wordt het volgende overzicht – uitgaande van normale bezetting – opgesteld.

DE BALANS IN DE EXTERNE JAARREKENING VAN DE ONDERNEMING

Jaarlijkse kosten van de twee machines PX3	Bij gebruikmaking van	
	de aanwezige machines PX3	nieuwe type PX3
Afschrijvingskosten	€ (a)	€ 70.000
Complementaire kosten	- (b)	- 10.000
	€ 95.000	€ 80.000

Door het op de markt komen van het nieuwe type van machine PX3 wordt de schatting van de restwaarde per machine PX3 van het aanwezige type als volgt.

Bij afstoting van de aanwezige Machines PX3 op	Geschatte restwaarde per machine
1 juli 2016	€ 40.000
30 juni 2017	€ 20.000
30 juni 2018	€ 10.000

Aan de hand van de hiervóór vermelde gegevens wordt berekend of het verantwoord is de aanwezige machines PX3 nog tot en met 30 juni 2018 in bedrijf te houden.

Bij de hierna gevraagde berekeningen kan eenvoudigheidshalve worden afgezien van de invloed van interest.

b 1 Bereken de bedragen die in het eerste overzicht zijn aangegeven met (a) en (b).
2 Bereken de bedrijfswaarde van de twee machines PX3 op 1 juli 2016.
3 Toon aan dat het verantwoord is de aanwezige machines PX3 nog tot en met 30 juni 2018 in bedrijf te houden.

Het na 1 juli 2016 in bedrijf houden van de aanwezige machines PX3 leidt tot een 'impairment'.

c 1 Geef de journaalpost van de 'impairment' voor de twee aanwezige machines PX3.
2 Geef voor de twee aanwezige machines PX3 de journaalpost van de afschrijvingskosten in juli 2016.

In deze opgave blijft de omzetbelasting buiten beschouwing.

Op 31 december 2014 bestaat het machinepark van Wijdewormer nv in Zaandam uit vier machines: A, B, C en D. Van deze machines wordt het volgende overzicht verstrekt.

Machine	Datum in gebruik	Aankoopprijs	Actuele kostprijs*	Economische gebruiksduur in jaren	Restwaarde
A	1-9-2009	€ 750.000	€ 798.000	10	10% van de actuele kostprijs
B	1-7-2010	€ 633.600	€ 698.400	12	10% van de actuele kostprijs
C	1-1-2011	€ 369.600	€ 369.600	8	10% van de actuele kostprijs
D	1-1-2012	€ 384.000	€ 384.000	10	nihil

* In nieuwe staat per 31 december 2014; deze prijzen gelden ook voor 2015.

Gedurende de periode dat een machine in het productieproces is ingeschakeld, wordt met gelijke bedragen per maand afgeschreven.

Na het verstrijken van de economische gebruiksduur moet machine D door een daartoe gecertificeerd bedrijf worden ontmanteld. De kosten hiervan zijn begroot op €10.200; voor de ontmantelingskosten wordt een voorziening opgebouwd. De machines A en B zijn geherwaardeerd; de herwaardering is in het grootboek vastgelegd.
Er werden daarbij geen belastinglatenties geboekt. In de externe jaarrekening over het boekjaar 2014 is de boekwaarde van het machinepark €1.349.730. De herwaarderingsreserve is €120.000; in dit bedrag is de herwaardering van de machines begrepen.

Wijdewormer nv past de permanence toe en stelt maandelijks een winst- en verliesrekening en een balans op.

In het grootboek komen in verband met het machinepark de volgende rekeningen voor:
010 Machines
015 Afschrijving machines
018 Aanpassing machines
060 Voorziening ontmantelingskosten machine D
090 Herwaarderingsreserve machines (ongerealiseerd)
135 Crediteuren
435 Afschrijvingskosten machines
440 Onderhoudskosten machines
955 Resultaat inruil/verkoop machines
960 Bijzondere waardeveranderingen machines

a Bereken:
1 voor elke machine afzonderlijk het bedrag dat in december 2014 is afgeschreven.
2 voor elke machine afzonderlijk de boekwaarde per 31 december 2014.
3 het saldo van de rekening *060 Voorziening ontmantelingskosten machine D* per 31 december 2014.
4 het saldo van de rekening *090 Herwaarderingsreserve machines* per 31 december 2014.

Per 1 januari 2015 is Wijdewormer nv een dochteronderneming geworden van Akersloot nv in Uitgeest.
Bij de overname door Akersloot nv werd de fair value van de machines B, C en D gebaseerd op de boekwaarde bij Wijdewormer nv. Machine A

wordt door Wijdewormer nv gebruikt voor de vervaardiging van een product dat door Akersloot nv tegen veel lagere kosten wordt gefabriceerd. De fabricage van dit product wordt daarom bij Wijdewormer nv afgestoten en overgebracht naar Akersloot nv. Bij Wijdewormer nv wordt machine A met ingang van 1 januari 2015 ingezet bij de vervaardiging van een nieuw product, waarbij de waarde van de machine wordt gebaseerd op de actuele kostprijs van €400.000. Voor een nieuwe machine geldt een economische gebruiksduur van 8 jaar en een restwaarde na 8 jaar van 10% van de actuele kostprijs. In de nieuwe functie kan de machine nog vijf jaar worden gebruikt; de restwaarde wordt gesteld op 10% van de actuele kostprijs.

b 1 Geef voor Wijdewormer nv de journaalpost die naar aanleiding van de functiewijziging van machine A moet worden gemaakt.

In de eerste maanden van 2015 blijkt dat het productieproces waarbij machine B is ingeschakeld, niet efficiënt genoeg verloopt. Het is nodig om machine B aan te passen aan de machines van het nieuwste type. Op 1 mei 2015 wordt daarom machine B uit productie genomen. Het bestede bedrag voor de aanpassing is geboekt op de rekening *018 Aanpassing machines*. Op 1 juli 2015 is de aanpassing gereed en wordt machine B weer ingezet bij het productieproces.
Op grond van een uitgevoerd marktonderzoek is vastgesteld dat de aangepaste machine nog gedurende 50 maanden in het productieproces zal kunnen functioneren. In die periode zal €591.000 (inclusief €8.500 restwaarde) worden terugverdiend. Bij deze berekening is afgezien van rente.
Het totale bedrag dat aan de aanpassing is besteed, bedraagt €225.000. Nadere analyse van dit bedrag toont aan dat hierin €13.200 achterstallig onderhoud is begrepen.

2 Geef de journaalpost die naar aanleiding van de aanpassing van machine B moet worden gemaakt.

Machine D vertoont door onoordeelkundig gebruik gebreken. Met de leverancier van machine D is overeengekomen deze in te ruilen voor een nieuw en moderner exemplaar. Per 1 juni 2015 wordt machine D uit productie genomen en ontmanteld. In juni wordt de nieuwe machine opgesteld en uitgetest. Per 1 juli 2015 wordt de nieuwe machine, die als identificatie de letter E krijgt, in gebruik genomen. De aankoopprijs van machine E is €420.000; de economische gebruiksduur 10 jaar en de restwaarde na 10 jaar 10% van de aankoopprijs. De factuur van de leverancier geeft een totaalbedrag aan van €200.000.

3 Geef de journaalpost die van de omruil van machine D in machine E moet worden gemaakt.

c Bereken het bedrag aan afschrijving op het machinepark in 2015.

(SPD)

2.07 (§ 2.5) a Welke voorraden moeten volgens balansmodel B afzonderlijk in de jaarrekening worden vermeld?
  b Welke waarde(n) moet een onderneming hanteren die de voorraden waardeert tegen actuele waarde?

2.08 (§ 2.5) In het grootboek van Marquart bv in Renkum komen onder andere de volgende rekeningen voor:

110	Bank	135	Voorziening dubieuze debiteuren
121	Te betalen omzetbelasting	430	Verkoopkosten
122	Terug te vorderen omzetbelasting	700	Voorraad goederen
130	Debiteuren	800	Inkoopwaarde verkopen
131	Dubieuze debiteuren	850	Opbrengst verkopen

Over december 2015 verzamelt de bv de volgende gegevens.

1 Debiteur Büscher is failliet verklaard. De vordering van Marquart bv is €1.190.
2 Met de dubieuze debiteur Posthuma is overeengekomen dat zij €1.700 zal betalen. De vordering bedraagt €5.270. Het restant van de vordering wordt haar kwijtgescholden. Aan de Belastingdienst is teruggave van de omzetbelasting in het oninbare bedrag gevraagd.
3 Per bank ontvangen 30% van de vordering genoemd onder punt 1. Het restant wordt als oninbaar beschouwd. Aan de Belastingdienst is teruggave van de omzetbelasting in het oninbare bedrag gevraagd.
4 Per bank ontvangen een bedrag van €476. Het betreft hier een vordering die eerder in het boekjaar als oninbaar was afgeboekt.
5 Van debiteur Latour 100 artikelen retour ontvangen. De vaste verrekenprijs bedraagt €5 per artikel.
  Hem hiervoor een creditnota gezonden, groot €714.

Alle hiervoor vermelde bedragen (met uitzondering van de prijs van €5 bij gegeven 5) zijn inclusief 21% omzetbelasting.

a Journaliseer de voorgaande gegevens.

Nadat voorgaande gegevens in het grootboek zijn opgenomen, toont de saldibalans per 31 december 2015 onder andere de volgende rekeningen met de daarbij vermelde saldi.

Nr.	Rekening	Debet	Credit
130	Debiteuren	€ 380.000	
131	Dubieuze debiteuren	- 37.366	
135	Voorziening dubieuze debiteuren		€ 20.000
430	Verkoopkosten	- 140.000	

Nadere gegevens
130 Een vordering van €4.284 (inclusief 21% omzetbelasting) blijkt dubieus te zijn.
De waarde van de overige vorderingen wordt getaxeerd op 100%.
131 Een vordering van €11.900 (inclusief 21% omzetbelasting) als volledig oninbaar afboeken. De omzetbelasting in deze vordering is bij de Belastingdienst teruggevraagd.
De waarde van de overige vorderingen (exclusief omzetbelasting) wordt getaxeerd op 50%.
135 Aan de voorziening toevoegen 0,5% van de omzet, groot €675.000.

b Geef de voorafgaande journaalposten.
c Geef de opstelling van de rekeningen *130*, *131* en *135* en sluit ze af per 31 december 2015.
d Welk(e) bedrag(en) komt (komen) in de jaarrekening over 2015 voor ten aanzien van de vorderingen op handelsdebiteuren?

2.09 (§ 2.5) In het grootboek van Screenlight bv in Hoorn komen onder meer de volgende rekeningen voor:
105 Effecten
970 Opbrengst effecten
971 Waardeveranderingen effecten
Voor de belegging van overtollige liquide middelen koopt Screenlight bv in november 2015:

400 aandelen Novimax nv, nominaal €50 tegen een prijs van €42 =	€	16.800
Provisie	-	84
Per bank betaald	€	16.884

Per 31 december 2015 blijkt het aandeel Novimax nv een koerswaarde te hebben van €41. De verwachte verkoopkosten bedragen 0,5%.

Op 16 mei 2016 worden de aandelen Novimax nv verkocht tegen een koerswaarde per aandeel van €44. Verkoopkosten 0,5%. Het bedrag is per bank ontvangen.

Gevraagd
Geef de journaalposten over
1 november 2015;
2 december 2015;
3 mei 2016.

2.10 (§ 2.5) De effectenportefeuille van Wouters bv in Arnhem bestaat uit:
• beursgenoteerde aandelen die behoren tot de categorie 'Investeringen in eigen-vermogensinstrumenten', en
• beursgenoteerde obligaties die behoren tot de categorie 'Gekochte leningen en obligaties'. De obligaties worden niet aangehouden tot het einde van de looptijd.

Waardeveranderingen verwerkt Wouters bv direct in de winst- en verliesrekening.

Wouters bv heeft onder meer de volgende grootboekrekeningen:
025 Effecten
110 Bank
190 Betaalde dividendbelasting
196 Nog te ontvangen interest effecten
930 Opbrengst effecten
940 Waardeveranderingen effecten

Rekening *196* wordt alleen per balansdatum bijgewerkt.

In 2015 zijn van de bank onder andere de volgende nota's ontvangen.

1	Aankoop			
	20 aandelen nv Vermaat à €185 =		€	3.700
	bij: provisie		-	44
	In rekening-courant		€	3.744
2	Geïncasseerd			
	100 dividendbewijzen nv Vermaat à €9 =		€	900
	af: dividendbelasting 15%		-	135
			€	765
	af: provisie		-	6
	In rekening-courant		€	759
3	Verkoop			
	€2.000 9% obligaties Nederland à 99,5% =		€	1.990
	bij: 9 maanden lopende interest		-	135
			€	2.125
	af: provisie		-	26
	In rekening-courant		€	2.099
	Deze obligaties staan in het grootboek opgenomen tegen €2.000.			
4	Geïncasseerd			
	3 coupons 9,5% BNG à €95 =		€	285
	af: provisie		-	2
	In rekening-courant		€	283

a Journaliseer de gegevens 1 t/m 4.

Per 31 december 2015 komt op de saldibalans van Wouters bv onder andere voor:

Nr.	Rekening	Debet	Credit
025	Effecten	€ 15.750	
190	Betaalde dividendbelasting	- 350	
196	Nog te ontvangen interest effecten		
930	Opbrengst effecten		€ 2.450
940	Waardeveranderingen effecten	- 440	

Verder is per 31 december 2015 het volgende gegeven:

Waarde effectenportefeuille	€ 18.800
Verwachte verkoopkosten 0,5%	
Nog te ontvangen interest effecten	€ 900

b Geef de voorafgaande journaalposten per 31 december 2015.

.11 (§ 2.5) Op de saldibalans per 31 december 2015 van Spijk Services nv in Velp komt voor:

Nr.	Rekening	Debet	Credit
025	Effecten	€ 24.725	
192	Nog te ontvangen interest effecten		
930	Opbrengst effecten		€ 1.980
931	Waardeveranderingen effecten		

Verdere gegevens
- De effecten worden niet aangehouden als handelsportefeuille.
- Rekening *192* wordt alleen per 31 december gebruikt.
- De waarde van de effecten op 31 december 2015 is €22.125.
- De te vorderen opbrengst op de effecten per 31 december 2015 is €220.

a Geef de voorafgaande journaalposten.
b Geef aan met welke bedragen de gegeven rekeningen voorkomen op de winst- en verliesrekening over 2015 en de balans per 31 december 2015.
c Welke waarderingsmethoden zijn er in het algemeen voor de in deze opgave bedoelde effecten?

.12 (§ 2.5) Op de saldibalans van Intra nv in Utrecht komen per 31 december 2015 onder meer de volgende rekeningen met de daarachter vermelde bedragen voor.

Nr.	Rekening	Debet	Credit
030	6% Lening u/g	€ 135.000	
135	Effecten	- 70.000	
191	Vooruitontvangen interest		
192	Nog te ontvangen interest		
930	Interest 6% lening u/g		€ 15.300
935	Opbrengst effecten		- 5.800
936	Waardeveranderingen effecten		

Verdere gegevens
- De interest op de 6% lening u/g wordt vooruitontvangen op 1 juni en op 1 december.
- De te vorderen interest op de effecten per 31 december 2015 bedraagt €500.
- Van de effecten zijn de volgende gegevens beschikbaar:

	Verkrijgingsprijs	Boekwaarde per 31-12-2015	Beurswaarde per 31-12-2015	Geschatte marktwaarde per 31-12-2015
Beursgenoteerde effecten	€ 58.000	€ 55.000	€ 60.000	€ —
Niet-beursgenoteerde effecten	- 18.000	- 15.000	- —	- 17.000

Alle effecten horen tot de handelsportefeuille.

- Bedragen op de transitorische balansrekeningen *191* en *192* worden uitsluitend geboekt per 31 december en teruggeboekt per 1 januari van het volgende jaar.
- Bij de waardering van de effecten volgt Intra nv de Richtlijnen van de Raad voor de Jaarverslaggeving.

a Geef de voorafgaande journaalposten.
b Met welke bedragen komen de hiervoor vermelde rekeningen voor op de winst- en verliesrekening over 2015 en op de balans per 31 december 2015?
c Welke journaalposten worden gemaakt per 1 januari 2016?
d In welke situatie zou er sprake kunnen zijn van verwerking van de waardeverandering in een herwaarderingsreserve?

2.13 (§ 2.6) **a** Wat wordt verstaan onder het 'gestorte kapitaal' en wat onder het 'gestorte en opgevraagde kapitaal'?
b Het aandelenkapitaal van een nv is uitgebreid met 10.000 aandelen à €50 nominaal.
Welke journaalposten worden gemaakt van de creatie en de emissie van deze aandelen, te plaatsen à €60? De per bank ontvangen verplichte storting bedraagt 60% van het nominale bedrag + het agio.
Wat wordt van deze gegevens *credit* op de externe balans van de nv vermeld?
c Welke journaalpost wordt gemaakt bij de onder **b** vermelde gegevens, indien enkele jaren na de aandelenemissie van het nog te storten kapitaal de helft wordt opgevraagd?

Wat wordt van de bij **b** en **c** verstrekte gegevens credit op de externe balans van de nv vermeld?

14 (§ 2.6)
a Wat wordt verstaan onder wettelijke reserves?
b Waarom noemen we wettelijke reserves ook wel gebonden reserves?
c Ten laste waarvan moeten wettelijke reserves worden gevormd?
d Ten gunste waarvan vindt de vrijval van wettelijke reserves plaats?
e Noem een drietal gevallen waarin een wettelijke reserve moet worden gevormd.
f Op een balans staat de post 'Machines' als volgt vermeld:

Balans per 31 december 2015

Machines	€	600.000
Afschrijving machines	-	200.000
	€	400.000

Het bedrag van €400.000 wordt met vier gelijke jaarlijkse bedragen afgeschreven.

In verband met een prijsstijging op de machines van 15% op 1 januari 2016 wordt besloten per deze datum over te gaan tot herwaardering van de machines. Daarbij wordt afgezien van belastinglatenties.
1 Geef de journaalpost van de herwaardering per 1 januari 2016.
2 Geef de journaalpost per 31 december 2016 als we de wettelijke reserve in verband met de herwaardering van de machines voor het wettelijk vereiste minimum in de boekhouding tot uitdrukking willen brengen.

15 (§ 2.6) Tamilo bv in Zevenaar heeft per 1 januari 2015 ontwikkelingskosten voor een nieuw product geactiveerd voor een bedrag van €6.000.000. Besloten is dit bedrag in vijf jaar met gelijke bedragen af te schrijven.

Gevraagd
Geef de journaalposten die gemaakt worden:
1 per 1 januari 2015; en
2 per 31 december 2015.

16 (§ 2.6)
a Wat verstaan we onder een hybride financieel instrument?
b Wat verplichten de Richtlijnen in geval van split-accounting?

17* (§ 2.6) *In deze opgave blijft de vennootschapsbelasting buiten beschouwing.*

Krimpen nv heeft op de gepubliceerde balans per 31 december 2014 (vóór winstbestemming) het eigen vermogen als volgt opgenomen:

Gestort en opgevraagd kapitaal	€	600.000
Agioreserve	-	240.000
Herwaarderingsreserve	-	120.000
Wettelijke reserve ontwikkelingskosten	-	30.000
Statutaire reserve*	-	20.000
Overige reserves	-	200.000
Onverdeelde winst 2014	-	110.000

* Aangezien de winst over 2014 voldoende is voor toevoeging van €10.000 aan de statutaire reserve, is dit bedrag aan deze reserve toegevoegd vanuit de overige reserves.

a 1 Geef gemotiveerd aan dat voorgaande balans niet uitsluitend is opgemaakt volgens IFRS.
2 Bereken het vrij uitkeerbare eigen vermogen.
3 Geef een voorbeeld van een wettelijke reserve die op voorgaande balans niet is vermeld.
4 Wat is het doel van het opnemen van wettelijke reserves?

In 2015 doen zich in chronologische volgorde de volgende feiten voor:
1 De onverdeelde winst 2014 wordt als volgt verdeeld:
  - cashdividend, €5 per aandeel van €100; (onder inhouding van 15% dividendbelasting)
  - stockdividend, €5 per aandeel van €100; (onder inhouding van 15% dividendbelasting);
  - €20.000 tantièmes;
  - €10.000 naar de statutaire reserve;
  - het restant naar de overige reserves.
2 De machines zijn in verband met prijsstijging opgewaardeerd met €50.000.
3 De converteerbare obligatielening van nominaal €100.000 is geconverteerd.
  De conversievoorwaarden waren: 1 obligatie van nominaal €500 met bijbetaling van €100 werd omgewisseld voor 30 aandelen van nominaal €10 per stuk. Hiervoor werden aandelen in portefeuille gebruikt.
4 Op de geactiveerde ontwikkelingskosten is €10.000 afgeschreven.
5 De afschrijving op de machines is op historische aanschafprijs €60.000 en op basis van actuele waarde €80.000.
6 De winst over 2015 is €130.000.
  Aangezien de winst over 2015 voldoende is voor toevoeging van €10.000 aan de statutaire reserve, wordt dit bedrag aan deze reserve toegevoegd vanuit de overige reserves.

b Bereken de omvang en de samenstelling van het eigen vermogen per 31 december 2015.
Vul hiervoor volgend schema in.

DE BALANS IN DE EXTERNE JAARREKENING VAN DE ONDERNEMING

	Omvang en samenstelling eigen vermogen per 31 december 2015						
Feit	Gestort en opgevraagd kapitaal	Agio-reserve	Herwaar-derings-reserve	Wettelijke reserve ontwikke-lingskosten	Statutaire reserve	Overige reserves	Onverdeel-de winst
	€ 600.000	€ 240.000	€ 120.000	€ 30.000	€ 20.000	€ 200.000	€ 110.000
1							
2							
3							
4							
5							
6							

(SPD)

18 (§ 2.7) Op de balans per 31 december 2014 van Medina bv in Eindhoven komt het eigen vermogen voor met de volgende posten.

Balans per 31 december 2014

Geplaatst en gestort kapitaal	€	800.000
Agio	-	150.000
Herwaarderingsreserve	-	210.000
Statutaire reserve	-	250.000
Overige reserves	-	290.000
	€	1.700.000

Het geplaatst en gestort kapitaal bestaat uit 16.000 aandelen van elk €50 nominaal.

In de loop van 2015 wil Medina bv voor het eerst overgaan tot inkoop van 3.000 aandelen voor €110 per aandeel. De statuten laten deze inkoop toe en de aandeelhouders van Medina bv gaan akkoord met de inkoop.

a Maak duidelijk dat ook aan de twee andere in het tekstboek genoemde voorwaarden voor de inkoop van het genoemde aantal aandelen wordt voldaan.

Besloten wordt de waarde van de ingekochte aandelen met een gelijk percentage ten laste te brengen van de daarvoor in aanmerking komende bestanddelen (posten) van het eigen vermogen.
De inkoop van de aandelen vindt plaats tegen betaling per bank.

b Geef de journaalpost van de inkoop van de 3.000 eigen aandelen.
c Hoe wordt de journaalpost van de inkoop van de 3.000 eigen aandelen als de bv de post 'Agio' zo veel mogelijk wil 'sparen'?

Aan het eind van 2015 is de winst na belasting over 2015 bij Medina bv €160.000. In april 2016 besluit de Algemene Vergadering van Aandeelhouders dit bedrag als volgt te verdelen:

• toevoeging Statutaire reserve	€	36.000
• dividend	-	96.000
• toevoeging Overige reserves	-	28.000

In de balans per 31 december 2015 (vóór winstverdeling) is reeds een toevoeging van €30.000 aan de statutaire reserve verwerkt ten laste van de overige reserves.
De bv besluit het dividend op de ingekochte aandelen toe te voegen aan de post 'Agio'.

d Geef de journaalpost van de verdeling van de winst na belasting over 2015.

2.19 (§ 2.7) *In deze opgave blijft de dividendbelasting buiten beschouwing.*

Toekan bv in Beekbergen heeft per 31 december 2014 een balans (vóór winstverdeling) opgesteld, waarop onder andere de volgende posten voorkomen.

Balans per 31 december 2014

Geplaatst en gestort kapitaal	€	1.000.000
Agio	-	250.000
Statutaire reserve		400.000
Overige reserves	-	350.000
Winst na belasting 2014	-	240.000

Het geplaatst en gestort kapitaal bestaat uit 50.000 aandelen van €20 per stuk. Van deze aandelen zijn 10.000 stuks in handen van Toekan bv zelf. Deze aandelen zijn indertijd ingekocht voor €32 per stuk en voor 1/4 van het totaal betaalde bedrag ten laste gebracht van het agio en voor 3/4 ten laste van de overige reserves.
In de balans is al een toevoeging van €100.000 aan de statutaire reserve verwerkt ten laste van de overige reserves.

Op grond van de statutaire bepalingen voor de winstverdeling wordt in maart 2015 de verdeling van de winst na belasting 2014 als volgt vastgesteld.

• toevoeging statutaire reserve		€	100.000
• primair dividend	per aandeel	€	1
• extra dividend	per aandeel	€	0,60
• de rest wordt toegevoegd aan de overige reserves.			

De aandelen in handen van Toekan bv zijn volgens statutaire bepalingen niet van de winstverdeling uitgesloten.
Besloten is het dividend op de ingekochte aandelen toe te voegen aan de overige reserves.

a Geef de journaalpost van de winstverdeling.

Medio 2015 verkoopt Toekan bv de helft van haar ingekochte eigen aandelen voor €42 per stuk. De totale opbrengst van deze verkoop – na aftrek van €1.155 bankkosten – is per bank ontvangen.
Besloten is met de opbrengst per verkocht eigen aandeel de indertijd per aandeel gedane afboeking van het agio en de overige reserves ongedaan te maken en de rest toe te voegen aan het agio.

b Geef de journaalpost van het met de verkoop van de eigen aandelen medio 2015 per saldo ontvangen bedrag.

Eind 2015 besluit Toekan bv de andere helft van haar ingekochte eigen aandelen in te trekken.
Besloten is bij de te maken intrekkingsjournaalpost de indertijd voor elk van de nu in te trekken aandelen gedane afboeking van het agio geheel en de overige reserves gedeeltelijk ongedaan te maken.

c Geef de journaalpost van de intrekking van de eigen aandelen eind 2015.

20* (§ 2.7) *In deze opgave blijft de dividendbelasting buiten beschouwing.*

Op 31 mei 2014 heeft Mirabelle bv in Eelde per bank 1.000 eigen aandelen van nominaal €100 ingekocht voor €150.000.
Op de balans per 31 december 2015 (vóór winstbestemming) komt het eigen vermogen van Mirabelle bv voor met de volgende bedragen.

Balans per 31 december 2015

Geplaatst kapitaal	€	800.000
Statutaire reserve	-	100.000
Overige reserves	-	300.000
Herwaarderingsreserve (ongerealiseerd)	-	40.000
Winst 2015 (na belasting)	-	160.000
Eigen vermogen	€	1.400.000

In de balans per 31 december 2015 (vóór winstbestemming) is al een toevoeging van €10.000 aan de statutaire reserve verwerkt ten laste van de overige reserves.

De winstbestemming 2015 is als volgt:

• Toevoeging aan de statutaire reserve	€ 10.000
• Dividend 8.000 aandelen à €10	- 80.000
• Toevoeging aan de overige reserves	- 70.000
	€ 160.000

a Geef de journaalpost van de inkoop van de aandelen op 31 mei 2014.
 NB Bedenk in deze opgave zelf de te gebruiken rekeningen.
b Geef de journaalpost van de winstbestemming 2015.

Eind 2016 worden de nog in bezit zijnde ingekochte eigen aandelen door Mirabelle bv ingetrokken.

c Geef de journaalpost van de intrekking.

(SPD)

2.21 (§ 2.8) Bij een BMW-dealer staat de garantievoorziening op de balans per 31 december 2014 voor een bedrag van €160.000.
Per verkochte auto doteert deze dealer in 2015 €500 aan de garantievoorziening. In 2015 zijn 270 auto's verkocht.
Ter nakoming van garantieverplichtingen zijn in 2015:
- nieuwe onderdelen verstrekt met een inkoopprijs van €34.000;
- reparaties verricht, waarvan de kosten €22.000 waren.

Per 31 december 2015 stelt de BMW-dealer vast dat op 510 auto's nog garantieverplichtingen bestaan. De verplichting per auto wordt getaxeerd op €400.

In het grootboek van de BMW-dealer komen onder andere voor de rekeningen:
061 Garantievoorziening
310 Voorraad onderdelen
450 Verkoopkosten
610 Reparaties in uitvoering

Gevraagd
Geef alle journaalposten waarbij de zojuist genoemde grootboekrekeningen betrokken zijn.

2 (§ 2.9)

Bij een bedrijfsfusie met Attrax bv in Heemskerk komt Van Hyfte bv in Wormerveer op 1 januari 2013 in het bezit van drie machines PDX04. De boekwaarde per machine op 1 januari 2013 bij Attrax bv is €500.000. De reële waarde per machine op 1 januari 2013 is €450.000.
De machines worden in 5 jaar lineair afgeschreven, restwaarde €0.
De machines zijn indertijd door Attrax bv gefinancierd met een 6% lening, waarvan de nominale waarde van de restschuld op 1 januari 2013 €1.500.000 bedraagt. De lening moet worden afgelost in 5 jaarlijks gelijke bedragen van €300.000, steeds te betalen op 31 december. Ook de interest moet steeds worden betaald op 31 december.
Als gevolg van de bedrijfsfusie is deze lening overgegaan naar Van Hyfte bv.
De marktrente op 1 januari 2013 is 5%.

Van Hyfte bv waardeert vaste activa tegen verkrijgingsprijs. Leningen die voor de normale bedrijfsuitoefening worden aangehouden, waardeert Van Hyfte bv tegen verkrijgingsprijs (amortized costs).

a Bereken de bedragen waarmee de drie machines PDX04 en de 6% lening voorkomen op de balans per 31 december 2014 en op de balans per 31 december 2015 van Van Hyfte bv (afronden op euro's).
b Welke bedragen vermeldt van Hyfte bv op basis van voorgaande gegevens voor afschrijvingskosten en rentekosten op de winst- en verliesrekening over 2015 (afronden op euro's)?

3 (§ 2.9)

Twikkel nv in Goes geeft op 1 januari 2015 een 6% converteerbare obligatielening uit van €4.000.000 tegen 102%. De jaarlijkse interestbetaling vindt plaats op 31 december. Twikkel nv schrijft het bij emissie ontvangen agio af in vier jaarlijks gelijke bedragen.
Op 1 januari 2019 kunnen de obligatiehouders kiezen uit de volgende mogelijkheden:
- conversie van de obligaties in aandelen; óf
- aflossing van de obligaties tegen 99% in contanten.

Twikkel nv past voor deze lening op de geconsolideerde balans 'split-accounting' toe.
Twikkel nv werkt bij de berekening van de vreemdvermogenscomponent met een marktrentevoet van 6,5%.

a Op welke manier en met welke bedragen noteert Twikkel nv de 6% converteerbare obligatielening op:
  1 de enkelvoudige balans per 31 december 2015;
  2 de geconsolideerde balans per 31 december 2015?
b Bereken aan de hand van de verstrekte gegevens voor 2015 de kosten in verband met de 6% converteerbare obligatielening in:
  1 de enkelvoudige winst- en verliesrekening over 2015;
  2 de geconsolideerde winst- en verliesrekening over 2015.

3 De winst- en verliesrekening in de externe jaarrekening van de onderneming

3.01 (§ 3.1)
a Noem vier beginselen waarmee bij het verwerken van baten en lasten rekening moet worden gehouden.
Licht elk beginsel toe met een voorbeeld.
b Wat is het verschil tussen productmatching en periodmatching?
c Noem de voorwaarden waaraan moet zijn voldaan, om bij verkoop van goederen – volgens de Raad voor de Jaarverslaggeving – de opbrengst als gerealiseerd te kunnen beschouwen.

3.02 (§ 3.2)
a Welke vereenvoudiging is in de modellen I en J aangebracht ten opzichte van de overige modellen voor de winst- en verliesrekening van de nv/bv?
b Bij welke posten op de winst- en verliesrekening moeten volgens de in deze paragraaf gegeven modellen worden vermeld:
1 opbrengsten van effecten;
2 koersverschillen op effecten?

3.03 (§ 3.3)
Stadhouwders bv in Den Helder vervaardigt volgens het productiebesturingssysteem Make-to-stock de bureaustoel Ivon.
Over 2015 verzamelde het bedrijf de volgende kosten- en opbrengstcijfers.

Kosten		
Fabricagekosten:		
• grond- en hulpstoffen	€	600.000
• kosten verpakken eindproducten door derden	-	100.000
• lonen en salarissen	-	1.500.000
• sociale lasten	-	180.000
• afschrijving vaste activa	-	720.000
• diverse fabricagekosten	-	500.000
Totale fabricagekosten	€	3.600.000
Verkoopkosten	-	600.000
Algemene beheerskosten	-	800.000
Interestkosten	-	700.000
	€	5.700.000
Opbrengsten		
Verkoopopbrengst van		
8.000 bureaustoelen Ivon à €800 =	€	6.400.000
Verleende kortingen	-/- -	800.000
Interestbaten		200.000
	€	5.800.000

Gegeven is dat in 2015 in totaal 10.000 bureaustoelen Ivon zijn vervaardigd. Hiervan zijn 100 exemplaren geplaatst op diverse afdelingen in het eigen bedrijf.
De fabricagekosten moeten met een gelijk bedrag aan elk van de vervaardigde producten worden toegerekend.
Zowel aan het begin als aan het eind van 2015 waren geen bureaustoelen in bewerking.
De belastinglast over het resultaat uit de gewone bedrijfsuitoefening is €210.000.

a Bereken de netto-omzet van Stadhouders bv over 2015.
b Geef aan hoe voorgaande gegevens op de winst- en verliesrekening 2015 worden opgenomen bij toepassing van
  1 model E (zie hoofdstuk 2 van het tekstboek);
  2 model F (zie hoofdstuk 2 van het tekstboek).

04 (§ 3.5) a Wat wordt verstaan onder een 'current operating performance income statement'? En wat onder een 'all-inclusive income statement'?
b Noem een voordeel en een nadeel van de 'current operating performance income statement'.
c Noem een voordeel en een nadeel van de 'all-inclusive income statement'.
d Wat verstaat men onder 'income-smoothing'?
e Welke tendens is in de internationale regelgeving zichtbaar, wanneer we spreken over het 'all inclusive' beginsel?
f Noem enkele voorbeelden van resultaten die meestal rechtstreeks naar het eigen vermogen worden geboekt.

05 (§ 3.5) Bij Tanja bv in Utrecht stond op de balansen (na voorgestelde winstverdeling) per 31 december 2014 en per 31 december 2015 het eigen vermogen als volgt aangegeven.

	31-12-2015	31-12-2014
Geplaatst aandelenkapitaal	€ 1.000.000	€ 850.000
Overige reserves	- 450.000	- 315.000
Herwaarderingsreserve	- 280.000	- 250.000
Voorgesteld dividend	- 100.000	- 85.000
	€ 1.830.000	€ 1.500.000

De vastgestelde verdeling van de winst (na belasting) over 2014 was gelijk aan de voorgestelde verdeling en is als volgt:

Gedeclareerd dividend	€	85.000
Toevoeging aan Overige reserves	-	55.000
	€	140.000

De toename van de Overige reserves per 31 december 2015 (in vergelijking tot 31 december 2014) is als volgt veroorzaakt:

Verjaard dividend	€	10.000
Vrijgevallen pensioenvoorziening	-	50.000
Toevoeging aan Overige reserves uit voorgestelde verdeling winst 2015 na belasting*	-	75.000
	€	135.000

* De belasting over de winst 2015 is €75.000.

a Hanteert Tanja bv een 'current operating performance income statement' of een 'all-inclusive income statement'? Motiveer het antwoord.
b Als Tanja bv voor de winst- en verliesrekening over 2015 de alternatieve vorm had toegepast, hoe groot zou dan zijn geweest:
  1 de winst (vóór belasting) over 2015;
      NB Het eerder vermelde belastingbedrag over de winst 2015 is het door de Belastingdienst bepaalde bedrag;
  2 de 'Overige reserves' per 31 december 2015.
      NB De overgang naar de alternatieve vorm voor de winst- en verliesrekening brengt geen verandering in het voorgestelde dividend uit de winst 2015 (€100.000);
  3 het eigen vermogen per 31 december 2015?

Voorlopige balans van De Hoop bv per 31 december 2015

Gebouwen	€	280.000	Aandelenkapitaal	€	250.000
Inventaris	-	20.000	Ongeplaatste aandelen	-	25.000
Voorraad	-	90.000			
Debiteuren	-	120.000*		€	225.000
Kas	-	18.000	Geaccumuleerd verlies		
			vorige boekjaren	€	110.000
			Verlies 2015	-	45.000
				-	155.000
				€	70.000
			7% Obligatielening	-	150.000
			8% Hypothecaire lening	-	100.000
			Crediteuren	-	150.000
			Te betalen coupons	-	5.250
			Te betalen interest obligatielening	-	2.625
			Te betalen interest hypothecaire lening	-	2.000
			Bank	-	48.125
	€	528.000		€	528.000

* De nominale waarde van de uitstaande vorderingen.

Na uitvoerig overleg met alle belanghebbenden is de crediteur Hans de Rijke bereid gevonden aan een reorganisatie mee te werken. Deze crediteur zal de gebouwen van de vennootschap kopen en na de overdracht aan de vennootschap verhuren.

Er is een reorganisatieplan opgesteld waarmee alle belanghebbenden akkoord zijn gegaan. Voor zover de gevolgen van de reorganisatie als resultaat worden beschouwd, boekt De Hoop bv deze op de rekening *990 Reorganisatieresultaten.*

De reorganisatie omvat de volgende punten:
1. Het aandelenkapitaal wordt door afstempeling teruggebracht tot 60% van de nominale waarde.
2. De gebouwen zijn aan Hans de Rijke verkocht voor €420.000, kosten koper.
   Zijn hiermee te verrekenen vordering bedraagt €110.000.
   De aandelen in portefeuille worden door deze crediteur overgenomen voor de nieuwe nominale waarde. Het daarna verschuldigde bedrag is op de bankrekening van de vennootschap gestort.
   De hypothecaire lening is afgelost en de verschuldigde hypotheekinterest is per bank betaald.

3 De overige crediteuren nemen genoegen met 80% van hun vorderingen. Door dit akkoord wordt de vennootschap €1.520 omzetbelasting verschuldigd, te boeken op de rekening *Crediteuren*.
4 De inventaris wordt gewaardeerd op €12.500.
5 De voorraad wordt gewaardeerd op €95.000 en de vorderingen op debiteuren op €110.000.
6 De obligatiehouders zijn akkoord gegaan met een regeling waarbij de interest met ingang van 1 oktober 2015 wordt gesteld op 6%, terwijl de nog te betalen coupons ongeldig worden verklaard.
7 De reorganisatiekosten, groot €11.400, zijn per bank betaald.

a Stel de journaalposten samen, die uit voorgaande punten voortvloeien.
b Stel de balans per 31 december 2015 na reorganisatie op.

3.07(§ 3.5) Brunelli bv in Zutphen fabriceert op basis van 'make-to-stock' het product Vorda, waarvan de standaardfabricagekostprijs per 100 stuks voor 2015 als volgt is berekend.

Materialen		€	250
Directe lonen + sociale lasten	20 arbeidsuren × € 25 =	-	500
Toeslag indirecte fabricagekosten	5 machine-uren × € 220 =	-	1.100
		€	1.850
Uitval 10%; opbrengst	10 producten × € 5 =	-	50
		€	1.800
Toeslag voor uitval		-	200
Standaardfabricagekostrijs van 100 goedgekeurde producten Vorda		€	2.000

De verkoopprijs (exclusief omzetbelasting) van een goedgekeurd product Vorda is €30.

Over het eerste halfjaar van 2015 zijn bij Brunelli bv in de rubrieken 4, 5, 6, 8 en 9 van het grootboek de volgende bedragen genoteerd.

Nr.	Rekening	Debet	Credit
400	Direct materiaalverbruik	€ 40.000	
410	Directe fabricagelonen	- 62.000	
411	Sociale lasten directe fabricagelonen	- 16.000	
415	Indirecte lonen	- 45.000	
416	Sociale lasten indirecte lonen	- 15.000	
440	Afschrijvingskosten vaste activa	- 82.000	
450	Diverse indirecte kosten	- 54.400	
470	Algemene beheerskosten	- 24.100	
480	Interestkosten	- 10.000	
499	Overboekingsrekening		€ 348.500
500	(indirecte) Kosten fabricage-afdeling	€ 171.000	
505	Dekking fabricage-afdeling		€ 169.400
510	(indirecte) Kosten verkoopafdeling	- 25.400	
515	Dekking verkoopafdeling		- 24.000
600	Materiaalverbruik	€ 40.000	
601	Directe fabricagelonen + sociale lasten	- 80.000	
602	Toeslag indirecte fabricagekosten	- 169.400	
603	Uitvalkosten	- 22.500	
610	Standaard materiaalverbruik		€ 37.500
611	Standaard directe fabricagelonen + sociale lasten		- 75.000
612	Standaardtoeslag indirecte fabricagekosten		- 165.000
613	Standaarduitvalkosten		- 21.000
630	Betaalde directe fabricagelonen + sociale lasten	- 78.000	
631	Verrekende directe fabricagelonen + sociale lasten		- 80.000
800	Standaardfabricagekostprijs verkopen goedgekeurde producten	€ 240.000	
801	Standaardopbrengst afgekeurde producten	- 7.500	
810	Toeslag verkoopkosten	- 24.000	
840	Opbrengst verkopen goedgekeurde producten		€ 360.000
841	Opbrengst verkopen afgekeurde producten		- 7.500
900	Boekwaarde verkochte vaste activa	€ 10.000	
940	Opbrengst verkochte vaste activa		€ 12.500
970	Algemene beheerskosten	- 24.100	
980	Interestkosten	- 10.000	

Toelichting
- Volgens de subadministraties op de rekeningen *415, 416, 440* en *450* is de verdeling van de op deze rekeningen geboekte bedragen over indirecte fabricagekosten en verkoopkosten als volgt:

	Totaal	Indirecte fabri-cage-kosten	Verkoop kosten
415 Indirecte lonen	€ 45.000	€ 37.000	€ 8.000
416 Sociale lasten indirecte lonen	- 15.000	- 13.000	- 2.000
440 Afschrijvingskosten vaste activa	- 82.000	- 70.000	- 12.000
450 Diverse indirecte kosten	- 54.400	- 51.000	- 3.400
	€ 196.400	€ 171.000	€ 25.400

- Alle voorraden product (gefabriceerd en goedgekeurd, gefabriceerd en afgekeurd, gefabriceerd en ongekeurd) worden in de boekhouding genoteerd op basis van standaardbedragen.
  Over het eerste halfjaar van 2015 vermeldt het productierapport dat er 15.000 stuks Vorda zijn gefabriceerd, waarvan:
  - goedgekeurd: 12.500 stuks;
  - afgekeurd: 1.500 stuks;
  - ongekeurd: 1.000 stuks.

- De verkoop van afgekeurde producten hoort tot de normale bedrijfsactiviteiten, de verkoop van vaste activa hoort tot de incidentele activiteiten.

a Bereken over het eerste halfjaar van 2015 de mutatie in de voorraden product.
b Stel de winst- en verliesrekening over het eerste halfjaar van 2015 (voor belastingen) samen volgens volgend model op basis van de categoriale kostensplitsing.

Netto-omzet € .....
Wijziging in voorraden product - .....
Overige bedrijfsopbrengsten - .....
Som der bedrijfsopbrengsten € .....
Kosten materiaalverbruik € .....
Lonen - .....
Sociale lasten - .....
Afschrijving vaste activa - .....
Overige bedrijfskosten - .....
Som der bedrijfskosten - .....
Bedrijfsresultaat € .....
Interestkosten - .....
Resultaat voor belastingen € .....

c Stel de winst- en verliesrekening over het eerste halfjaar van 2015 (voor belastingen) samen volgens volgend model op basis van de functionele kostensplitsing.

Netto-omzet		€	.....
Kostprijs van de omzet		-	.....
Bruto-omzetresultaat		€	.....
Verkoopkosten	€	.....	
Algemene beheerskosten	-	.....	
Som der kosten		-	.....
Netto-omzetresultaat		€	.....
Overige bedrijfsopbrengsten		-	.....
Bedrijfsresultaat		€	.....
Interestkosten		-	.....
Resultaat voor belastingen		€	.....

(SPD)

4 Het overzicht van het totaalresultaat

4.01 (§ 4.1) Rial nv is opgericht per 31 december 2014. De beginbalans ziet er als volgt uit.

Balans per 31 december 2014

Gebouwen en terreinen	€ 650.000	Aandelenkapitaal	€	500.000
Inventaris	- 120.000	Overige reserves	-/- -	50.000 *
Voorraad goederen	- 100.000	4% Hypothecaire lening	-	380.000
Liquide middelen	- 30.000	Crediteuren	-	70.000
	€ 900.000		€	900.000

* Deze post is ontstaan doordat de oprichtingskosten (€50.000) in 2014 ten laste van de winst- en verliesrekening 2014 zijn gebracht.

In 2015 doen zich onder andere de volgende gebeurtenissen voor:
- Een deel van de terreinen bevindt zich op een plaats waarvan het bestemmingsplan wordt gewijzigd. Dit leidt tot een herwaardering van €150.000. Op terreinen wordt niet afgeschreven.
- Medio 2015 wordt €200.000 nominaal aandelenkapitaal uitgegeven en geplaatst en gestort tegen de koers van €12 per aandeel van €10 nominaal.
- Over 2015 wordt een nettowinst na belasting behaald van €130.000. In augustus 2015 wordt een interimdividend gedeclareerd van €20.000. Het voorstel van de winstverdeling over 2015 is:

Interimdividend	€	20.000
Slotdividend	-	30.000
Reservering	-	80.000
	€	130.000

- In 2014 blijken de oprichtingskosten in totaal €60.000 te zijn geweest. Het effect van deze fundamentele fout wordt verwerkt via de overige reserves. De balans per 31 december 2015 en de winst- en verliesrekening 2015 zijn als volgt.

Balans per 31 december 2015

Gebouwen en terreinen	€	1.025.000	Aandelenkapitaal	€	700.000
Inventaris	-	200.000	Agioreserve	-	40.000
Voorraad goederen	-	133.000	Herwaarderingsreserve	-	150.000
Liquide middelen	-	42.000	Overige reserves	-	20.000
			4% Hypothecaire lening	-	360.000
			Crediteuren	-	45.000
			Te betalen vennootschapsbelasting	-	35.000
			Gedeclareerd interimdividend 2015	-	20.000
			Te declareren slotdividend 2015	-	30.000
	€	1.400.000		€	1.400.000

Winst- en verliesrekening 2015

Kostprijs van de omzet	€	465.000	Omzet	€	630.000
Belastinglast	-	35.000			
Nettowinst na belasting	-	130.000			
	€	630.000		€	630.000

Gevraagd
Stel voor Rial nv het overzicht van het totaalresultaat 2015 samen, als dit wordt opgesteld als:
1 afzonderlijk overzicht;
2 onderdeel van de toelichting op het (groeps)vermogen;
3 verlengstuk van de (geconsolideerde) winst- en verliesrekening.

2 (§ 4.2) We gaan uit van de gegevens in opgave 4.01.

In 2016 doen zich bij Rial nv de volgende gebeurtenissen voor:
- Een terrein met een aanschafprijs van €50.000, dat in 2015 is geherwaardeerd met een bedrag van €30.000, is verkocht voor €80.000.
- Er wordt besloten tot een stelselwijziging; het positieve cumulatieve effect bedraagt €15.000 en wordt verwerkt via de overige reserves.
- In 2016 wordt de winstverdeling conform het voorstel in 2015 vastgesteld. Zowel het interimdividend als het slotdividend is volledig uitgekeerd.
- In 2016 wordt de verschuldigde vennootschapsbelasting over 2015 betaald.
- Er wordt over 2016 een nettowinst na belasting behaald van €210.000. In juli 2016 wordt een interimdividend gedeclareerd van €21.000. Dit is in augustus 2016 betaald.

Het voorstel van de winstverdeling over 2016 is:

Interimdividend	€	21.000
Slotdividend	-	28.000
Reservering	-	161.000
	€	210.000

De balans per 31 december 2016 en de winst- en verliesrekening 2016 zijn als volgt.

Balans per 31 december 2016

Gebouwen en terreinen	€	1.100.000	Aandelenkapitaal	€	700.000
Inventaris	-	225.000	Agioreserve	-	40.000
Voorraad goederen	-	170.000	Herwaarderingsreserve	-	120.000
Liquide middelen	-	45.000	Overige reserves	-	196.000
			4% Hypothecaire lening	-	340.000
			Crediteuren	-	46.000
			Te betalen vennootschapsbelasting	-	70.000
			Te declareren slotdividend 2016	-	28.000
	€	1.540.000		€	1.540.000

Winst- en verliesrekening 2016

Kostprijs van de omzet	€	590.000	Omzet	€	840.000
Belastinglast	-	70.000	Gerealiseerde herwaardering	-	30.000
Nettowinst na belasting	-	210.000			
	€	870.000		€	870.000

Gevraagd
Stel voor Rial nv het 'overzicht van het totaalresultaat 2016' samen, als dit wordt opgesteld als:
1 afzonderlijk overzicht;
2 onderdeel van de toelichting op het (groeps)vermogen;
3 verlengstuk van de (geconsolideerde) winst- en verliesrekening.

3 (§ 4.2) Mavaflex nv in Amsterdam beschikt per 31 december 2015 over de volgende overzichten.

Balans per 31 december 2015

Machines	€ 2.200.000	Aandelenkapitaal		€ 1.000.000
Voorraad goederen	- 1.200.000	Agio		- 400.000
Debiteuren	- 500.000	Herwaarderingsreserve machines		- 200.000
Liquide middelen	- 100.000	Slotdividend 2015	€ 70.000	
		Overige overige reserves	- 630.000	
		Overige reserves		- 700.000
		6% Converteerbare obligatielening		- 400.000
		5% Obligatielening		- 700.000
		Crediteuren		- 380.000
		Te betalen vennootschapsbelasting		- 220.000
	€ 4.000.000			€ 4.000.000

Nadere gegevens

- **Machines**
  Per 1 januari 2016 zijn de machines in verband met een prijsstijging van 10% geherwaardeerd. Van belastinglatenties werd afgezien. De afschrijvingskosten op de machines in 2016 waren:

Op basis van historische aanschafprijs	€ 300.000
Op basis van actuele kostprijs	- 363.000

Eind 2016 is een van de machines verkocht; de gegevens van deze machines waren:

Boekwaarde op basis van historische aanschafprijs	€ 93.000
Boekwaarde op basis van actuele kostprijs	- 110.000
Verkoopopbrengst	- 105.000

De in 2016 gerealiseerde herwaardering op de machines is ten gunste van de winst- en verliesrekening 2016 gebracht.

- **Voorraad goederen**
  Met ingang van 1 januari 2016 is voor de voorraad goederen overgeschakeld naar een ander waarderingsstelsel.
  Het positief cumulatief effect van de stelselwijziging – groot €105.000 – werd toegevoegd aan de overige reserves.

- **Debiteuren**
  In 2016 blijkt dat bij de waardering van de debiteuren op de balans per 31 december 2015 een fundamentele fout is gemaakt. De juiste waardering per 31 december 2015 was €470.000.

- **6% Converteerbare obligatielening**
  Begin 2016 is de converteerbare obligatielening volledig geconverteerd in aandelen.

Tegen inlevering van twee obligaties van elk €100 nominaal plus een bijbetaling van €30 in contanten werden 10 aandelen van elk €10 nominaal afgegeven.

De winst- en verliesrekening over 2016 ziet er als volgt uit:

Omzet	€	4.500.000
Kostprijs van de omzet	-	3.475.000
	€	1.025.000
Gerealiseerde herwaardering		
	€	
Resultaat verkoop machine		
Winst vóór belasting	€	
Belastinglast	-	
Winst na belasting	€	

De belastinglast is 25% van de winst vóór belasting.

De voorgestelde bestemming van de winst 2016 (na belasting) is:
- dividend €1 per eind 2016 geplaatst aandeel;
- de rest wordt toegevoegd aan de overige reserves.

a Vul de ontbrekende bedragen op de winst- en verliesrekening over 2016 in.
b Geef aan de hand van de verstrekte gegevens een gedetailleerde berekening van het Eigen vermogen per 31 december 2016.

4.04 (§ 4.3) Beleggingsmaatschappij Cobero nv is opgericht op 1 januari 2015 en heeft op deze datum de volgende drie beleggingsobjecten aangeschaft:

Object 1, aangekocht voor	€	1.300.000
Object 2, aangekocht voor	-	1.200.000
Object 3, aangekocht voor	-	1.500.000
	€	4.000.000

In 2015 werd aan directe beleggingsopbrengsten (dividenden, interest, huren, enz.) €250.000 ontvangen.
Per 31 december 2015 is de waarde van:

Object 1	€	1.600.000
Object 2	-	1.000.000
	€	2.600.000

Object 3 is in november 2015 verkocht voor	€	1.800.000
In december 2015 is het nieuwe object 4 aangekocht voor	€	2.000.000

a Stel voor Cobero nv de winst- en verliesrekening over 2015 samen volgens de drie in paragraaf 4.3 van het tekstboek genoemde typen (*a*, *b* en *c*).

In 2016 werd aan directe beleggingsopbrengsten €350.000 ontvangen.
Per 31 december 2016 is de waarde van:

Object 1	€	2.000.000
Object 4	-	2.200.000
	€	4.200.000

Object 2 is in oktober 2016 verkocht voor	€	900.000
In november 2016 is het nieuwe object 5 aangekocht voor	€	1.900.000

b Stel voor Cobero nv de winst- en verliesrekening over 2016 samen volgens de drie in paragraaf 4.3 van het tekstboek genoemde typen (*a*, *b* en *c*).

5 Het kasstroomoverzicht

5.01 (§ 5.2) Hollandia nv in Sittard beschikt over de volgende overzichten.

Balansen

	31-12-2015	31-12-2014		31-12-2015	31-12-2014
Vaste activa	€ 1.200.000	€ 1.000.000	Aandelenkapitaal	€ 500.000	€ 500.000
Afschrijving vaste activa	- 450.000	- 300.000	Agio	- 135.000	- 135.000
Winstreserve	- 350.000	- 210.000	Winst (na belasting)	- 205.000	- 200.000
Boekwaarde	- 750.000	- 700.000	Lening o/g	- 120.000	- 180.000
Leningen u/g	- 135.000	- 155.000	Te betalen		
Voorraden	- 250.000	- 200.000	vennootschapsbelasting	- 70.000	- 80.000
Debiteuren	- 290.000	- 300.000	Crediteuren	- 95.000	- 120.000
Kas en Bank	- 50.000	- 70.000			
	€ 1.475.000	€ 1.425.000		€ 1.475.000	€ 1.425.000

Winst- en verliesrekening over 2015

Netto-omzet:
- 12.000 producten X à €100 = € 1.200.000
- 15.000 producten Y à €60 = - 900.000

Toename voorraad eindproduct:
- 300 producten X à €60 = - 18.000
- 200 producten Y à €40 = - 8.000

Som der bedrijfsopbrengsten		€ 2.126.000
Kosten van grond- en hulpstoffen	€ 620.000	
Lonen en salarissen	- 740.000	
Sociale lasten	- 165.000	
Afschrijvingskosten vaste activa	- 150.000	
Verkoopkosten	- 175.000	
Som der bedrijfslasten		- 1.850.000
		€ 276.000
Interestbaten	€ 12.000	
Interestkosten	- 13.000	
		- 1.000
Resultaat voor belastingen		€ 275.000
Belastingen resultaat		- 70.000
Resultaat na belastingen		€ 205.000

De in 2015 vastgestelde winstverdeling over 2014 is als volgt:

Dividend	€	60.000
Toevoeging winstreserve	-	140.000

Gevraagd
Stel voor Hollandia nv in Sittard het kasstroomoverzicht over 2015 samen. Bij de opstelling moeten de volgende drie kasstromen worden onderscheiden:
1 operationele kasstromen;
2 investeringskasstromen;
3 financieringskasstromen.

Bij de categorie 'Operationele kasstromen' moet de *indirecte* methode worden toegepast.

02 (§ 5.2) *In deze opgave blijft de omzetbelasting buiten beschouwing.*

De balans per 31 december 2014 van de handelsonderneming van Carlo van Eck in Deurne is als volgt.

Balans per 31 december 2014					
Vaste activa	€	100.000	Eigen vermogen	€	123.000
Voorraden	-	150.000	6% Geldlening	-	105.000
Debiteuren	-	75.000	Crediteuren	-	110.000
Kasmiddelen	-	15.000	Te betalen bedrijfskosten	-	2.000
	€	340.000		€	340.000

De omzet (tevens afgeleverd) en de inkopen (tevens ontvangen) zijn in 2015 als volgt.

	Omzet		Inkopen	
1e kwartaal	€	225.000	€	228.000
2e kwartaal	-	375.000	-	285.000
3e kwartaal	-	360.000	-	228.000
4e kwartaal	-	240.000	-	171.000
	€	1.200.000	€	912.000

De winstopslag bedraagt 25% van de verkoopprijs.
De leveranciers staan gemiddeld twee maanden krediet toe. Aan de afnemers wordt gemiddeld een maand krediet toegestaan. De inkopen zowel als de verkopen zijn over de maanden van een kwartaal gelijk verdeeld.

De voorraden worden steeds tegen inkoopprijs gewaardeerd.

a Bereken de balansbedragen per 31 december 2015 voor: de voorraden, de debiteuren en de crediteuren.

De interest van de geldlening is achteraf betaald op 30 juni en 31 december. Tevens is telkens op deze data €5.000 afgelost.
De bedrijfskosten exclusief de interest voor 2015 zijn €230.000. In dit bedrag is €5.000 voor afschrijvingen begrepen. Aan het eind van 2015 is voor bedrijfskosten nog €3.000 verschuldigd.
De privéopnamen in 2015 zijn €40.000.
Een investering in vaste activa van €20.000 in 2015 is door de eigenaar in dat jaar uit de kasmiddelen van de handelsonderneming betaald.

b Geef een gespecificeerde berekening van de kasmiddelen op 31 december 2015.
c Stel de winst- en verliesrekening over 2015 samen.
d Stel de eindbalans per 31 december 2015 samen.
e Stel het kasstroomoverzicht over 2015 samen.
NB
- Bij de opstelling moeten de volgende categorieën worden onderscheiden:
  - operationele kasstromen,
  - investeringskasstromen, en
  - financieringskasstromen.
- Bij de opstelling van de operationele kasstromen moet de *indirecte* methode worden toegepast.

f Als vraag **e**, maar nu moet bij het opstellen van de operationele kasstromen de *directe* methode worden toegepast.

5.03 (§ 5.2) De handelsonderneming Muconex bv in Delfzijl beschikt over de volgende overzichten.

Balansen

	31-12-2015	31-12-2014		31-12-2015	31-12-2014
Vaste activa			*Eigen vermogen*		
Gebouw	950.000	740.000	Aandelenkapitaal	650.000	500.000
Inventaris	350.000	280.000	Agio	150.000	100.000
Lening u/g	90.000	100.000	Winstreserve	460.000	300.000
Vlottende activa			*Voorzieningen*		
Voorraden	340.000	300.000	Onderhoudsvoorziening	70.000	100.000
Debiteuren	90.000	100.000	*Vreemd vermogen lang*		
Vooruitbetaalde			7% Onderhandse lening	320.000	350.000
verkoopkosten	30.000	20.000	*Vreemd vermogen kort*		
Liquide middelen	50.000	60.000	Crediteuren	80.000	60
			Te betalen venn.belasting	85.000	90.000
			Te betalen dividend	75.000**	70.000*
			Te betalen algemene kosten	10.000	30.000
	1.900.000	1.600.000		1.900.000	1.600.000

* Inclusief €50.000 voorgesteld dividend over 2014; in het jaar daarna vastgesteld.
** Inclusief €65.000 voorgesteld dividend over 2015; in het jaar daarna vastgesteld.

Winst- en verliesrekening over 2015 x € 1.000

Netto-omzet		1.700
		900
Inkoopprijs van de omzet		800
Resultaat verkoop inventaris		10*
		790
Personeelskosten	180	
Afschrijvingskosten gebouw	30	
Afschrijvingskosten inventaris	80	
Dotatie onderhoudsvoorziening	20	
Verkoopkosten	130	
Algemene kosten	32	
Som der kosten		472
		318
Rentebaten	6	
Rentekosten	24	
		18
Resultaat voor belastingen		300
Belastingen resultaat		75
Resultaat na belastingen	€	225**

* De verkochte inventaris had een boekwaarde van €50.000.
** De voorgestelde winstverdeling is:
  dividend 2015 € 65.000
  winstreservering - 160.000
  € 225.000

Alle in- en verkopen van handelsgoederen vonden plaats op rekening.
De verkochte inventaris is contant afgerekend.

a Stel voor de handelsonderneming Muconex bv het kasstroomoverzicht over 2015 samen.
  Bij de opstelling moeten de volgende drie kasstromen worden onderscheiden:
  • operationele kasstromen;
  • investeringskasstromen;
  • financieringskasstromen.
  Bij het onderdeel 'operationele kasstromen' moet de *indirecte* methode worden toegepast.
b Stel opnieuw het onderdeel 'operationele kasstromen' samen, maar nu met toepassing van de *directe* methode.
c Hoe ziet het bij **b** gevraagde onderdeel eruit als daarin de 'kasstroom uit bedrijfsoperaties' moet worden opgenomen?

5.04* (§ 5.3) Stellingwerf nv in Maassluis stelde de volgende enkelvoudige balansen samen.

Balansen

	31 december 2015	31 december 2014		31 december 2015	31 december 2014
Materiële vaste activa			*Eigen vermogen*		
Gebouwen	€ 1.260.000	€ 1.000.000	Aandelenkapitaal	€ 1.800.000	€ 1.600.000
Machines	- 4.500.000	- 3.400.000	Agio	- 550.000	- 400.000
			Overige reserves	- 795.000	- 500.000
Financiële vaste activa			Herw.reserve gebouwen	- 300.000	- 100.000
Deelnemingen	- 500.000	- 500.000	Herw.reserve machines	- 420.000	- 180.000
			Winst boekjaar	- 630.000	- 410.000
Vlottende activa					
Voorraad product	- 630.000	- 570.000	*Voorzieningen*		
Voorraad grondstof	- 170.000	- 210.000	Pensioenvoorziening	- 390.000	- 450.000
Debiteuren	- 520.000	- 590.000	Onderhoudsvoorziening	- 45.000	- 50.000
Liquide middelen	- 55.000	- 230.000	Voorziening debiteuren	- 40.000	- 30.000
			Vreemd vermogen (lang)		
			5% Hypothecaire lening	- 600.000	- 800.000
			7% Obligatielening	- 1.000.000	- 1.250.000
			6,5% Converteerbare obligatielening		- 400.000
			6% Onderhandse lening	- 500.000	—
			Vreemd vermogen (kort)		
			Bank	- 320.000	—
			Crediteuren	- 140.000	- 180.000
			Te bet. venn.belasting	- 105.000	- 150.000
	€ 7.635.000	€ 6.500.000		€ 7.635.000	€ 6.500.000

Toelichtingen bij de balansen
1 De mutatie in de balanspost 'Overige reserves' is onder meer veroorzaakt door:
   • het toevoegen van €40.000 ten laste van de pensioenvoorziening, die eind 2014 voor dit bedrag te hoog werd berekend;
   • het verjaren van dividendverplichtingen voor een bedrag van €5.000.
2 In 2015 heeft conversie plaatsgevonden van de per 31 december 2014 uitstaande 6,5% Converteerbare obligatielening.
   Tegen inlevering van twee obligaties (à €1.000 nominaal) werden hierbij ter beschikking gesteld tien aandelen (à €100 nominaal) + €250 in contanten.
3 De balanspost 'Crediteuren' bevat de schulden:
   • aan leveranciers van grondstoffen;
   • in verband met dividend over vorige boekjaren.

Over 2015 is de volgende winst- en verliesrekening opgemaakt.

Netto-omzet			€	3.940.000*
Toename voorraad product			-	60.000
Boekwaarde verkochte machines	€	40.000		
Opbrengst verkochte machines	-	25.000**		
Resultaat verkochte machines	-/-		-	15.000
Som der bedrijfsopbrengsten			€	3.985.000
Kosten van grondstof	€	980.000		
Personeelskosten	-	1.045.000		
Afschrijving gebouwen	-	25.000		
Afschrijving machines	-	300.000		
Dotatie pensioenvoorziening	-	50.000		
Dotatie onderhoudsvoorziening	-	15.000		
Dotatie voorziening debiteuren	-	100.000		
Overige bedrijfskosten	-	460.000		
Som der bedrijfslasten			-	2.975.000
			€	1.010.000
Rentebaten	€	5.000		
Rentelasten	-	215.000		
Resultaat			-	210.000
Voor belastingen			€	800.000
Vennootschapsbelasting			-	200.000
			€	600.000
Dividend uit deelnemingen**			-	30.000
Resultaat na belastingen			€	630.000

* Alle in- en verkopen van handelsgoederen vonden plaats op rekening.
** In 2015 per bank ontvangen.

Het voorstel verdeling *winst 2015* is als volgt:
- dividend: een bedrag zodanig groot dat aan aandeelhouders €10 per aandeel van €100 nominaal kan worden gedeclareerd;
- toevoeging aan de Overige reserves: het restant.

Ook bij de verdeling van de *winst 2014* is voorgaande gedragslijn toegepast. Het uit de *winst 2014* gedeclareerde dividend is geheel uitbetaald in 2015.

a Bereken het bedrag dat in 2015 werd geïnvesteerd in gebouwen.
b Bereken het bedrag dat in 2015 werd geïnvesteerd (bruto) in machines.
c Stel voor Stellingwerf nv het kasstroomoverzicht over 2015 samen. Dit kasstroomoverzicht heeft de volgende indeling:

Kasstroomoverzicht over 2015

Operationele kasstromen (indirecte methode)

Winst vóór belasting	€ 800.000	
(= Resultaat voor belastingen)		
In winst begrepen resultaat verkoop machines	-	.....
Betaalde vennootschapsbelasting	-	.....
Afschrijving gebouwen	-	.....
Afschrijving machines	-	.....
Mutatie pensioenvoorziening	-	.....
Mutatie onderhoudsvoorziening	-	.....
Mutatie voorziening debiteuren	-	.....
Mutatie voorraden	-	.....
Mutatie debiteuren	-	.....
Mutatie crediteuren	-	.....
Dividend uit deelnemingen	-	.....
		€ .....

Investeringskasstromen

Investering gebouwen	€	
Investering machines	-	.....
Desinvestering machines (de opbrengst)	-	.....
	€	.....

*Financieringskasstromen**

	€	.....
	-	.....
	enz.	
Mutatie liquide middelen		€ .....

* De bij deze categorie te vermelden posten moeten zoveel mogelijk worden gespecificeerd.

d Stel opnieuw het onderdeel 'Operationele kasstromen' samen, maar nu met gebruik van de *directe* methode. Neem de 'kasstroom uit bedrijfsoperaties' als tussentelling op.

e Waarom is het onjuist om de herwaarderingen die in 2015 hebben plaatsgevonden op de gebouwen en de machines, te verwerken in het kasstroomoverzicht?

6 Leasing

6.01 (§ 6.1)
a Aan welke voorwaarden moet zijn voldaan om te kunnen spreken van financiële lease?
b Wat is de betekenis van de term 'leaseback'?

6.02 (§ 6.2)
Electronical bv in Leiden sluit met Make All bv in Delft een financiële lease-overeenkomst voor de duur van 6 jaar. Als gevolg van deze overeenkomst stelt Electronical bv aan Make All bv een nieuwe machine ter beschikking. De magazijnprijs van deze machine bij Electronical bv is €130.000 en de contante verkoopprijs €150.000. De geschatte economische levensduur is 6 jaar.

Electronical bv brengt aan Make All bv per jaar in rekening:

	1e jaar	2e jaar, enz.	Totaal
Aflossing op lening	€ 19.938	€ 21.732	€ 150.000
Interest op lening	- 13.500	- 11.706	- 50.628
Administratiekosten	- 100	- 100	- 600
Toeslag risico wanbetaling	- 500	- 500	- 3.000
Omzetbelasting	- 31.626	-	- 31.626
Totalen	€ 65.664	€ 34.038	€ 235.854

(gedeeltelijk) grootboek Electronical bv
110 Bank
130 Debiteuren
136 Leasedebiteuren
137 Te factureren leasetermijnen
138 Te factureren omzetbelasting leasedebiteuren
181 Te betalen omzetbelasting
189 Vooruitberekende omzetbelasting
565 Dekking afdeling Administratie
575 Doorberekende overdrachtskosten
720 Voorraad machines
760 Af te leveren leasemachines
860 Kostprijs verkopen leasemachines
870 Opbrengst verkopen leasemachines
995 Interest op leasedebiteuren

Make All bv schrijft de leasemachine af in 6 jaarlijks gelijke bedragen van €25.000.

(gedeeltelijk) grootboek Make All bv
001 Leasemachines
005 Machines
011 Afschrijving leasemachines
081 Leaseverplichtingen
110 Bank

140 Crediteuren
141 Leasecrediteuren
142 Aan leasecrediteuren te betalen omzetbelasting
180 Te vorderen omzetbelasting
441 Financieringskosten leasemachines
442 Administratiekosten leasemachines
444 Afschrijvingskosten leasemachines

a Wat journaliseert Electronical bv:
1 van het sluiten van het contract;
2 van de levering van de machine aan Make All bv;
3 van het vervallen van de tweede termijn;
4 van de ontvangst van deze tweede termijn per bank;
5 na 6 jaar, indien Make All bv de machine dan koopt voor de overdrachtskosten van €100 (exclusief 21% omzetbelasting)?

b Wat journaliseert Make All bv:
1 van het sluiten van het contract en het leveren van de machine;
2 van het vervallen van de tweede termijn;
3 van de betaling van deze tweede termijn per bank;
4 van de afschrijving op de leasemachine over het tweede jaar;
5 van de overdracht van de machine na 6 jaar?

6.03 (§ 6.2) Makkinga bv in Gieten sluit financiële leasingcontracten in kantoormachines af.
Elk leasingcontract bestaat uit 30 gelijke maandelijkse termijnen. De totale omzetbelasting wordt echter bij de levering van de kantoormachines verschuldigd.
In het register voor afgesloten leasingcontracten wordt naast de gegevens van de afgesloten contracten ook de kostprijs van de onmiddellijk afgeleverde leasing-goederen genoteerd. De tellingen van dit register over februari 2016 zijn als volgt.

Totale contractprijs	€ 333.030	
Contante verkoopprijs	- 240.000	
Toeslag voor interest + risico van wanbetaling	- 39.000	
Toeslag voor initiële kosten leasingafdeling	- 3.000	*
Omzetbelasting (21% × [€240.000 + €3.000])	- 51.030	**
Kostprijs leasinggoederen (zijn afgeleverd)	- 195.000	

* Volledig opgenomen in de eerste termijn.
** Afzonderlijk gefactureerd bij de aflevering

Bij de uitwerking mag uitsluitend gebruik worden gemaakt van de volgende grootboekrekeningen:
160 Te factureren leasetermijnen
161 Dubieuze leasingdebiteuren
162 Leasedebiteuren
165 Te factureren omzetbelasting leasedebiteuren
185 Te betalen omzetbelasting
565 Dekking leasingafdeling
700 Voorraad goederen
710 Teruggenomen leasinggoederen
800 Kostprijs verkopen leasinggoederen

850 Opbrengst verkopen leasinggoederen
980 Interest op leasingdebiteuren
990 Verlies op leasingdebiteuren

a Geef de journaalposten uit het register voor afgesloten leasingcontracten.

Van de in februari 2016 afgesloten leasingcontracten bevatten de in maart 2016 vervallen eerste termijnen:

• aflossing	€	6.969
• interest	-	2.331
• initiële kosten leasingafdeling	-	3.000

b Geef van de in februari 2016 afgesloten leasingcontracten de journaalpost van de in maart 2016 vervallen eerste leasingtermijnen.

Enkele reeds eerder als dubieus beschouwde leasingvorderingen zijn wegens wanbetaling afgewikkeld. Van deze vorderingen zijn

• de vervallen termijnen	€	9.300
Deze termijnen bevatten aan interest	-	363
• de niet-vervallen termijnen	€	27.900
Deze termijnen bevatten aan interest	-	548

De waarde van de teruggenomen goederen werd op €30.000 getaxeerd

c Journaliseer de zojuist verstrekte gegevens met betrekking tot de afwikkeling van een aantal dubieuze leasingvorderingen.
NB De omzetbelasting blijft bij deze vraag buiten beschouwing.

.04* (§ 6.2) De Handelsonderneming Bruno Barat bv in Almere houdt zich, naast de verkoop van diepvriesinstallaties, bezig met financiële lease van deze installaties.

De maandelijkse leasetermijnen van type A van het merk Friso zijn berekend op basis van de volgende gegevens:

Contante verkoopprijs voor Friso type A	€	15.000*
Interest	-	6.000*
Administratiekosten	-	600*
Risicotoeslag wanbetaling	-	1.200*
	€	22.800
Omzetbelasting 21% * (€15.000 + €600) =	-	3.276
	€	26.076
De kostprijs van Friso type A bedraagt	€	10.500

* Eenvoudigheidshalve wordt er in deze opgave van uitgegaan dat dit bedrag met een gelijk bedrag in elke leasetermijn is verwerkt.

De omzetbelasting wordt als verschuldigd geboekt naar aanleiding van het *in gebruik geven* van de lease-installaties.
De maandelijkse termijn is €22.800 : 60 = €380. De eerste termijn wordt verhoogd met de totale omzetbelasting en bedraagt €380 + €3.276 = €3.656.

Wanneer de lessee één termijnkwitantie achterstallig is, wordt hij als dubieuze debiteur beschouwd, en vindt overboeking plaats naar rekening *142 Dubieuze leasedebiteuren*.
Bij een achterstand van *drie* termijnen wordt het contract door Bruno Barat bv beëindigd, met terugneming van de installatie. De incasseringspogingen met betrekking tot de drie achterstallige termijnen worden dan gestaakt.

Gevraagd
Journaliseer de volgende gegevens voor Bruno Barat bv over de maand december 2015 en maak daarbij uitsluitend gebruik van de in de bijlage bij deze opgave gegeven grootboekrekeningen.

1 Volgens het contractenregister zijn 20 leasecontracten met betrekking tot het type Friso A afgesloten. De afsluitkosten – per contract €100, exclusief 21% omzetbelasting – worden afzonderlijk aan de lessee gefactureerd en in het grootboek genoteerd op de rekening *140 Debiteuren*.

2 Volgens het register van afgeleverde installaties zijn 20 installaties bij de lessees geplaatst.

3 Volgens het controleregister zijn aan het begin van de maand de termijnen van 60 contracten Friso A vervallen. Deze termijnen bevatten 20 eerste termijnen en 7 termijnen die betrekking hebben op debiteuren die achterstallig zijn.

4 Volgens het factureersysteem zijn de 60 bij gegeven 3 vermelde termijnacceptgiro's met betrekking tot Friso A-contracten vervaardigd, terwijl bovendien 4 onbetaald gebleven acceptgiro's van de vorige periode als herinnering worden verzonden. Onder laatstbedoelde 4 acceptgiro's bevonden zich geen herinneringen voor eerste termijnen.

5 Per bank ontvangen de tegenwaarde van 55 acceptgiro's voor leasetermijnen Friso A. Hieronder waren alle 20 acceptgiro's voor eerste termijnen. Onbetaald retourontvangen 9 acceptgiro's. Van deze acceptgiro's hebben 2 betrekking op leasedebiteuren die nog niet eerder achterstallig zijn geweest en nu voor het eerst niet betalen. Exclusief de achterstallige 2 termijnen zijn op de laatstbedoelde twee debiteuren tezamen nog 74 termijnen te vorderen.

6 Een Friso A-contract waarop nu 3 opeenvolgende vervallen termijnen, blijkens de retourontvangen acceptgiro's, niet konden worden geïncasseerd, is door Bruno Barat bv beëindigd. Tot op heden zijn 36 termijnen van dit contract vervallen. De installatie is teruggenomen in het magazijn en moet in het grootboek worden opgenomen voor €5.000.
Van de betrokken lessee ontving Bruno Barat bv een factuur voor omzetbelasting, groot 21% van €5.000 = €1.050.

Bijlage

Gedeeltelijk rekeningenstelsel van Bruno Barat bv
110 Bank
120 Te vorderen omzetbelasting
125 Te betalen omzetbelasting
126 Vooruitberekende omzetbelasting
140 Debiteuren
141 Te factureren leasetermijnen
142 Dubieuze leasedebiteuren
143 Te factureren omzetbelasting leasedebiteuren
145 Leasedebiteuren
146 Aangemaakte acceptgiro's leasetermijnen
147 Retouracceptgiro's
150 Crediteuren
188 Terug te vorderen omzetbelasting
565 Dekking administratiekosten lease-afdeling
700 Diepvriesinstallaties in magazijn
705 Teruggenomen diepvriesinstallaties
710 In leasing te leveren diepvriesinstallaties
800 Kostprijs verkopen diepvriesinstallaties
850 Opbrengst verkopen diepvriesinstallaties
910 Interest leasecontracten
980 Verlies op leasedebiteuren

05 (§ 6.2) Loki bv in Stevensweert is een handelsonderneming die is gespecialiseerd in de in- en verkoop van koel- en vriesinstallaties. Tevens biedt zij klanten de mogelijkheid deze installaties te leasen.

Het meest gangbare model is Liko TR. Deze koel- en vriesinstallatie wordt aan klanten onder meer op financiële leasebasis ter beschikking gesteld voor een periode van 4 jaar.
Tijdens de duur van het leasecontract van deze installatie is de lessee aan het begin van elke maand een bedrag van €184 verschuldigd.
Bij aflevering van een koel- en vriesinstallatie op leasebasis wordt de lessor het bedrag van de *totale* omzetbelasting per contract verschuldigd aan de fiscus. Daarom brengt de lessor dit bedrag bij aflevering van een installatie met een afzonderlijke factuur in rekening aan de lessee.

Wanneer de leaseperiode van 4 jaar is verstreken, kan de installatie door de lessee in eigendom worden verkregen voor €100, exclusief 21% omzetbelasting. Dit bedrag dient voor de dekking van de administratiekosten bij beëindiging.

De berekening van de maandelijkse leasetermijn van €184 is gebaseerd op het volgende calculatieschema.
In dit schema zijn de jaarlijkse en maandelijkse bedragen afgerond op hele euro's. Hierdoor kunnen in het totaal van de gecalculeerde bedragen afrondingsverschillen voorkomen.

Berekening financiële leasetermijn

Artikel: Koel- en vriesinstallatie
Type: Liko TR Contante verkoopprijs: €6.072
Brutowinstopslag: 40% van de contante verkoopprijs

Jaar	Aflossing		Interest		Admini-stratie-kosten		Lease-termijn	
1	€	1.380	€	696	€	132	€	2.208
2	-	1.476	-	600	-	132	-	2.208
3	-	1.560	-	516	-	132	-	2.208
4	-	1.656	-	420	-	132	-	2.208
	€	6.072	€	2.232	€	528	€	8.832

Per maand in gebruiksjaar								
1	€	115	€	58	€	11	€	184
2	-	123	-	50	-	11	-	184
3	-	130	-	43	-	11	-	184
4	-	138	-	35	-	11	-	184

Bij het plaatsen van een koel- en vriesinstallatie brengt Loki bv voor installatiekosten €200, exclusief 21% omzetbelasting, aan de lessee in rekening. Uit het eerder gegeven calculatieschema blijkt dat deze kosten niet zijn opgenomen in de leasetermijnen. Loki bv boekt de vorderingen in verband met installatiekosten op de rekening *150 Debiteuren*.

In het grootboek van Loki bv komen onder andere de volgende grootboekrekeningen voor:
130 Te factureren leasetermijnen
131 Te factureren omzetbelasting leasedebiteuren
140 Leasedebiteuren
150 Debiteuren
160 Crediteuren
180 Te verrekenen omzetbelasting
181 Verschuldigde omzetbelasting
543 Gedekte kosten afdeling Administratie
573 Gedekte installatiekosten
700 Koel- en vriesinstallaties in magazijn
710 Af te leveren koel- en vriesinstallaties
740 Teruggenomen koel- en vriesinstallaties
800 Kostprijs verkopen koel- en vriesinstallaties
850 Opbrengst verkopen koel- en vriesinstallaties
940 Gerealiseerde interest leasetermijnen
950 Resultaat op teruggenomen koel- en vriesinstallaties

Gevraagd
Journaliseer voor Loki bv de volgende gegevens met betrekking tot de koel- en vriesinstallatie Liko TR over februari 2016.

1 Volgens het register voor afgesloten financiële leasecontracten zijn nieuwe contracten gesloten met betrekking tot de financiële lease van 5 installaties, voor een totaalbedrag van 5 × €8.832 = €44.160, exclusief 21% omzetbelasting.

2 De onder punt 1 genoemde installaties zijn uit het magazijn afgeleverd en bij de lessees geïnstalleerd. De omzetbelasting die in verband hiermee aan de fiscus is verschuldigd, moet worden geboekt bij 3*a*.

3 Facturen uitgeschreven en verzonden in verband met:
   a de omzetbelasting van de onder punt 2 vermelde installaties;
   b de installatiekosten van de onder punt 2 vermelde installaties: totaalbedrag €1.000, exclusief €210 omzetbelasting;
   c het vervallen van 35 financiële leasetermijnen: totaalbedrag €6.440. Volgens het register vervallen termijnen hebben van deze termijnen 10 betrekking op het eerste gebruiksjaar, 10 op het tweede, 8 op het derde en 7 op het vierde gebruiksjaar.

4 Van de 7 vervallen termijnen die betrekking hebben op het vierde gebruiksjaar, hebben 2 termijnen betrekking op contracten waarvan de laatste termijn is vervallen. Deze installaties worden in eigendom overgedragen aan de betrokken lessees.

5 Een van de financiële lessees is achterstallig met betalen. Van de 20 vervallen leasetermijnen zijn slechts 11 termijnen voldaan. De lease-installatie met een waarde van €3.500 wordt daarom teruggenomen. Met de lessee is overeengekomen dat daarmee het contract is afgewikkeld en de vordering in verband met de overige 9 vervallen termijnen en de nog niet vervallen termijnen wordt kwijtgescholden.
Van de betrokken lessee ontving Loki bv een factuur voor omzetbelasting, groot 21% van €3.500= €735.

(SPD)

.06 (§ 6.3) Claudius bv in Deventer sluit met Brutus bv in Zwolle een operationele lease-overeenkomst voor de duur van 4 jaar. Als gevolg van deze overeenkomst stelt Claudius bv aan Brutus bv een nieuwe machine ter beschikking met een magazijnprijs van €100.000.

Claudius bv brengt aan Brutus bv per kwartaal vooruit in rekening:

Voor huur	€	6.000
Voor onderhoudskosten	-	2.000
Voor omzetbelasting	-	1.680
Totaal	€	9.680

Claudius bv hanteert onder andere de volgende grootboekrekeningen:
030 Leasemachines
036 Afschrijving leasemachines
110 Bank
136 Leasedebiteuren
140 Crediteuren
180 Te vorderen omzetbelasting
186 Te betalen omzetbelasting
436 Afschrijvingskosten leasemachines
438 Onderhoudskosten leasemachines
536 Dekking onderhoudsafdeling
700 Voorraad machines
750 Voorraad gebruikte machines
836 Huuropbrengst leasemachines

Brutus bv hanteert onder andere de volgende grootboekrekeningen:
110 ABN-AMRO Bank
140 Crediteuren
180 Te vorderen omzetbelasting
186 Te betalen omzetbelasting
412 Machinekosten

a Wat journaliseert Claudius bv:
   1 van de levering van de machine aan Brutus bv;
   2 van het vervallen van een termijn;
   3 van de ontvangst van een termijn per ABN-AMRO Bank;
   4 van de afschrijving op de machine, die per kwartaal €3.750 bedraagt;
   5 van de in het eerste kwartaal ontvangen factuur voor onderhoudskosten op de machine, groot €1.000 plus €210 omzetbelasting;
   6 van de terugontvangst van de machine na 4 jaar?
b Wat journaliseert Brutus bv van:
   1 de ontvangst van de nota voor een kwartaaltermijn;
   2 de betaling van deze nota per ABN-AMRO Bank?

6.07* (§ 6.3) Truckproduction bv in Vaassen assembleert een speciaal type vrachtwagen, waarvan de fabricagekostprijs €150.000 bedraagt en de contante verkoopprijs (exclusief omzetbelasting) €180.000.
Vanaf 1 september 2015 biedt Truckproduction bv de mogelijkheid de vrachtwagen te verkrijgen op basis van een financieel leasecontract.

Algemene gegevens financieel leasecontract
- Een leasecontract voor één vrachtwagen omvat 60 maandelijkse termijnen, die als volgt zijn samengesteld.

	Maand 1	Maand 2	Maand 3 enz.	Maand 60	Totaal
Aflossing op lening	€ 2.000	€ 2.020	€ 2.040,20	€ 3.597,42	€ 163.339,35
Bedrag koopoptie				- 16.660,65	- 16.660,65
Interest op lening	- 1.800	- 1.780	- 1.759,80	- 202,58	- 64.660,65
Eenmalige administratiekosten*	- 100				- 100
Doorlopende administratiekosten	- 40	- 40	- 40	- 40	- 2.400
Garantiekosten	- 60	- 60	- 60	- 60	- 3.600
	€ 4.000	€ 3.900	€ 3.900	€ 20.560,65	€ 250.760,65

* Vanwege de geringe omvang van deze kosten worden ze in deze opgave *niet* behandeld als initiële kosten.

Uit voorgaand overzicht blijkt dat het bedrag van de koopoptie (exclusief omzetbelasting) bij de calculatie van de termijnbedragen als 'aflossings-bestanddeel' is meegenomen.

- Na het afsluiten van een leasecontract voor een vrachtwagen in een bepaalde maand vindt in de daaropvolgende maand de levering van de vrachtwagen plaats.
De eerste leasetermijn vervalt aan het eind van de maand van levering, de tweede leasetermijn aan het eind van de daaropvolgende maand, enzovoort.

- De brutowinst op een vrachtwagen wordt als gerealiseerd geboekt bij het sluiten van het leasecontract.

- De hiervóór vermelde termijnbedragen bevatten geen omzetbelasting. De totale omzetbelasting wordt namelijk bij levering van een vrachtwagen afzonderlijk aan de lessee gefactureerd.
Omdat over de interest van de lening geen omzetbelasting verschuldigd is, bedraagt de totale omzetbelasting per leasecontract voor één vrachtwagen (zie in het bedragenoverzicht de kolom 'Totaal'):
21% van (€163.339,35 + €16.660,65 + €100 + €2.400 + €3.600) = €39.081.

- Om verliezen op vorderingen op dubieuze leasedebiteuren te kunnen opvangen, vormt Truckproduction bv een voorziening dubieuze leasedebiteuren. Bij de te maken boekingen met betrekking tot de vervallen termijnen brengt Truckproduction bv van het bedrag bij het onderdeel 'Interest op lening' 80% ten gunste van de winst- en verliesrekening en 20% ten gunste van de zojuist genoemde voorziening.

- Truckproduction bv geeft gedurende de looptijd van een leasecontract een garantie voor schade aan bepaalde onderdelen. Deze schade wordt afgehandeld door de serviceafdeling van Truckproduction bv. In verband met deze garantieverplichting vormt Truckproduction bv een garantievoorziening.
Bij de te maken boekingen met betrekking tot de vervallen termijnen brengt Truckproduction bv het bedrag bij het onderdeel 'Garantiekosten' ten gunste van de garantievoorziening en voegt aan deze voorziening een gelijk bedrag toe ten laste van de winst- en verliesrekening.

- Bij normale beëindiging van het leasecontract wordt de juridische eigendom van een vrachtwagen aan het eind van een contractperiode aan de lessee overgedragen voor het eerder vermelde bedrag van de koopoptie.

Over de periode 1 september tot en met 31 december 2015 zijn voor de financiële leasecontracten de volgende gegevens beschikbaar.

Maand	Aantal vrachtwagens waarvoor leasecontracten werden afgesloten	Geleverde vrachtwagens in verband met afgesloten leasecontracten	Aantal vervallen eerste termijnen per ultimo van de maand	Aantal vervallen tweede termijnen per ultimo van de maand	Aantal vervallen derde termijnen per ultimo van de maand
September	10	–	–	–	–
Oktober	15	10	10	–	–
November	20	15	15	10	–
December	25	20	20	15	10

a Geef voor Truckproduction bv de journaalposten die op basis van de zojuist voor *december 2015* vermelde aantallen en de in het voorgaande verstrekte gegevens kunnen worden gemaakt met betrekking tot:
  1 de afgesloten leasecontracten;
  2 de levering van leasevrachtwagens;
  3 de vervallen leasetermijnen.
  NB
  - Het gedeeltelijke rekeningenschema van Truckproduction bv is opgenomen in bijlage I.
  - Gebruik uitsluitend de rekeningen uit het rekeningenschema.

Op 31 december 2015 zijn voor Truckproduction bv van de in 2015 vervallen leasetermijnen nog niet ontvangen:
  4 eerste termijnen,
  3 tweede termijnen, en
  2 derde termijnen.

b Bereken de bedragen waarmee de rekeningen *135 Leasedebiteuren* en *137 Vervallen leasetermijnen* door Truckproduction bv worden opgenomen op de balans per 31 december 2015.

Rasenberg bv in Deventer sloot met Truckproduction bv in oktober 2015 een financieel leasecontract voor één vrachtwagen.
Op 2 november 2015 werd de vrachtwagen geleverd en ontving Rasenberg bv de factuur voor de omzetbelasting. Deze omzetbelasting en de eerste en de tweede leasetermijn werden door Rasenberg bv in 2015 per bank betaald.
Rasenberg bv besloot de vrachtwagens in 6 jaar lineair af te schrijven tot op €0. Over delen van een jaar schrijft Rasenberg bv naar evenredigheid af.

c Geef voor Rasenberg bv de journaalposten van:
  1 het afsluiten van het financieel leasecontract in oktober 2015;
  2 de levering van de leasevrachtwagen in november 2015;
  3 het vervallen van de eerste leasetermijn per 30 november 2015;

4 de afschrijving op de leasevrachtwagen over november 2015. NB
- Het gedeeltelijke rekeningenschema van Rasenberg bv is opgenomen in bijlage II.
- Gebruik uitsluitend de rekeningen uit het rekeningenschema.

d Bereken de bedragen waarmee de rekeningen *010 Leasevrachtwagens, 015 Afschrijving leasevrachtwagens* en *050 Leaseverplichtingen* moeten worden opgenomen op de balans per 31 december 2015 van Rasenberg bv.

In 2016 doen zich bij twee van de in 2015 door Truckproduction bv afgesloten leasecontracten de volgende bijzonderheden voor:

1 Nadat Rasenberg bv de derde leasetermijn in januari 2016 heeft voldaan, komt deze bv op 2 februari 2016 met Truckproduction bv overeen de financiële verplichtingen uit hoofde van het leasecontract vervroegd af te wikkelen. In dat geval hoeft Rasenberg bv de in de nog niet vervallen termijnen begrepen interest-, administratie- en garantiekosten niet te betalen. Wel dient door Rasenberg bv een boete voor vervroegde afwikkeling van €1.000 te worden voldaan.
Het totale door Rasenberg bv in 2016 te betalen bedrag werd door Truckproduction bv in die maand per bank ontvangen.

2 Van een in november 2015 met Saxon bv in Utrecht afgesloten leasecontract voor één vrachtwagen werden de in 2015 verschuldigde bedragen door Truckproduction bv in dat jaar ontvangen.
In januari en februari 2016 heeft Truckproduction bv het vervallen van de tweede en de derde leasetermijn op de gebruikelijke wijze geboekt. Aangezien het bedrag van de tweede termijn op 28 februari 2016 nog niet is ontvangen, wordt Saxon bv op 1 maart 2016 als dubieuze leasedebiteur beschouwd voor de beide achterstallige termijnen en de nog niet vervallen termijnen.

Op grond van de bepalingen in het overeengekomen leasecontract ontbindt Truckproduction bv op 15 maart 2016 dit contract. Hierdoor vervalt voor Truckproduction bv het recht om op het ontbindingstijdstip het totale op Saxon bv te vorderen bedrag te innen.

Truckproduction bv krijgt daartegenover de volgende rechten:
- Truckproduction bv neemt de leasevrachtwagen op 18 maart 2016 terug.
  Door Truckproduction bv wordt aan deze vrachtwagen een waarde toegekend van €140.000.
- Truckproduction bv brengt Saxon bv in maart 2016 een boete in rekening van 1% over het totale bedrag dat zij op het ontbindingstijdstip op Saxon bv heeft te vorderen. Dit bedrag wordt door Saxon bv in maart 2016 per bank voldaan.

e Geef voor Truckproduction bv de te maken journaalposten in:
1 februari 2016 als gevolg van de vervroegde afwikkeling van het leasecontract met Rasenberg bv;
2 maart 2016 van het dubieus worden van de vordering op Saxon bv;
3 maart 2016 in verband met de ontbinding van het leasecontract met Saxon bv.

NB
- De omzetbelasting blijft bij vraag **e** buiten beschouwing.
- Verder gelden dezelfde opmerkingen als bij vraag **a** (onder NB).

Bijlage I: Gedeeltelijk rekeningenschema Truckproduction bv
050 Garantievoorziening
105 Bank
135 Te factureren leasetermijnen
136 Te factureren omzetbelasting leasedebiteuren
137 Leasedebiteuren
138 Dubieuze leasedebiteuren
139 Voorziening dubieuze leasedebiteuren
170 Te betalen omzetbelasting
545 Dekking afdeling Administratie
555 Dekking Serviceafdeling
750 Voorraad vrachtwagens
751 Af te leveren vrachtwagens
760 Teruggenomen vrachtwagens
810 Kostprijs verkopen leasevrachtwagens
811 Garantiekosten leasevrachtwagens
870 Opbrengst verkopen leasevrachtwagens
980 Interestopbrengst leasecontracten
985 Opbrengst boetes leasecontracten

Bijlage II: Gedeeltelijk rekeningenschema Rasenberg bv
010 Leasevrachtwagens
011 Nog te ontvangen leasevrachtwagens
015 Afschrijving leasevrachtwagens
050 Leaseverplichtingen
140 Crediteuren
145 Aan lessor verschuldigde omzetbelasting
180 Te vorderen omzetbelasting
460 Afschrijvingskosten leasevrachtwagens
461 Financieringskosten leasecontracten

(SPD, gewijzigd)

6.08* (§ 6.4) Machinefabriek Purmerend bv in Alkmaar fabriceert verschillende soorten machines in diverse uitvoeringen. Zij biedt aan haar afnemers de mogelijkheid de bij haar gekochte machines te financieren; hiertoe is de dochteronderneming Leeghwater bv opgericht.
Er worden door Leeghwater bv leasecontracten aangeboden met een looptijd van 4 jaar, waarbij elk halfjaar een termijn vervalt.

Bij leasing wordt de contante verkoopprijs verhoogd met 30% voor interest en 1% voor kredietrisico, terwijl €100 administratiekosten per termijn worden berekend. Er worden €250 afsluitkosten per contract in rekening gebracht.
Bij afloop van het contract wordt de machine door Leeghwater bv om niet overgedragen aan de lessee.

Tussen Purmerend bv en Leeghwater bv zijn de volgende afspraken gemaakt:

- Purmerend bv factureert de afsluitkosten rechtstreeks aan de lessee;
- Purmerend bv is de totale aan de lessee in rekening gebrachte omzetbelasting ook bij leasing op het leveringstijdstip verschuldigd aan de Belastingdienst. Purmerend bv factureert de omzetbelasting rechtstreeks aan de lessee;
- ten aanzien van de leasecontracten wordt het non-recourse systeem toegepast. Als gevolg hiervan brengt Leeghwater bv aan Purmerend bv bij het afsluiten van de leasecontracten 1% financieringsprovisie in rekening, te berekenen over de contante verkoopprijs van de machine.

In deze opgave blijft de omzetbelasting over de afsluitkosten en de financieringsprovisie buiten beschouwing.

Bij *Purmerend bv* komen onder andere de volgende grootboekrekeningen voor:
111 Rekening-courant Leeghwater bv
140 Te vorderen van lessees
181 Af te dragen omzetbelasting
411 Kosten financieringsprovisie
514 Gedekte afsluitkosten
700 Machines
770 Teruggenomen machines
800 Kostprijs verkopen
860 Opbrengst verkopen

Bij *Leeghwater bv* komen onder andere de volgende grootboekrekeningen voor:
111 Rekening-courant Purmerend bv
140 Te factureren leasetermijnen
145 Leasedebiteuren
551 Gedekte administratiekosten
941 Interest op leasedebiteuren
951 Verlies op leasedebiteuren
955 Opbrengst financieringsprovisie

Gegevens over februari 2016

1 Afgesloten zijn twee leasecontracten:

Contante verkoopprijs	€	360.000
30% opslag interest	-	108.000
1% opslag kredietrisico	-	3.600
Opslag administratiekosten 2 × 8 × €100 =	-	1.600
Omzetbelasting 21%	-	75.936
	€	549.136
De kostprijs van deze machines bedraagt	€	310.000

De machines zijn afgeleverd.
De facturen voor de afsluitkosten en de omzetbelasting
zijn door Purmerend bv verzonden.
De factuur voor de financieringsprovisie is door
Purmerend bv ontvangen.

2 Er zijn zes leasetermijnen vervallen en gefactureerd, die als volgt zijn samengesteld:

Aflossingsbestanddeel	€	135.000
30% opslag interest	-	40.500
1% opslag kredietrisico	-	1.350
Opslag administratiekosten 6 × €100 =	-	600
	€	177.450

3 Een leasedebiteur die voor één vervallen termijn een betalingsachterstand had van drie maanden is failliet gegaan; er moesten nog drie termijnen vervallen.
De samenstelling van de vier nog te betalen termijnen is als volgt:

Aflossingsbestanddeel	€	90.000
30% opslag interest	-	27.000
1% opslag kredietrisico	-	900
Opslag administratiekosten 4 × €100 =	-	400
	€	118.300

De invloed van de omzetbelasting blijft hier buiten beschouwing.
De teruggenomen machine is overgedragen aan Purmerend bv tegen een prijs van €75.000 (exclusief omzetbelasting).

a Stel de journaalposten samen die naar aanleiding van de voorgaande financiële feiten moeten worden gemaakt voor Purmerend bv.
b Stel de journaalposten samen die naar aanleiding van de voorgaande financiële feiten moeten worden gemaakt voor Leeghwater bv.

6.09 (§ 6.4) Bakx Packing nv in Raamsdonksveer richt per 1 januari 2016 samen met de Brabantbank de commanditaire vennootschap Hoogeloon cv op. Bakx Packing nv wordt commanditair vennoot van Hoogeloon cv met een kapitaalinbreng van €9.000. De Brabantbank wordt beherend vennoot (hoofdelijk aansprakelijk!) van Hoogeloon cv met een kapitaalinbreng van €1.000. Winsten en verliezen behaald door Hoogeloon cv worden over beide vennoten verdeeld naar verhouding van hun kapitaalinbreng.

De Brabantbank verschaft aan Hoogeloon cv een 6% onderhandse lening van €2.000.000, waarmee Hoogeloon cv twee verpakkingsmachines à €1.000.000 per stuk aankoopt.
De machines worden op basis van een operationeel leasecontract door Hoogeloon cv ter beschikking gesteld aan Bakx Packing nv. De restwaarde na vijf jaar per machine wordt geschat op €50.000.

Hoogeloon cv brengt aan Bakx Packing nv jaarlijks vooruit in rekening:

Voor huur	€	460.000
Voor onderhoudskosten	-	40.000
Voor omzetbelasting 21% van €500.000 =	-	105.000
Totaal	€	605.000

a Geef naar aanleiding van voorgaande gegevens de journaalposten die van het aangaan van de operationele lease en het vervallen van een leasetermijn worden gemaakt door:
1 Hoogeloon cv (de lessor);
2 Bakx Packing nv (de lessee).

Volgens de RJ is op basis van de hiervóór vermelde gegevens niet sprake van een operationele lease, maar van een financiële lease.

b Omschrijf waarom volgens de RJ sprake is van een financiële lease.

Bij de volgende vraag wordt uitgegaan van een financiële lease. Hiertoe wordt nog vermeld dat
- de jaarlijkse leasetermijn – bestaande uit een aflossings- en een intrestbedrag – €460.000 bedraagt;
- de eerste jaarlijkse leasetermijn €160.000 interest bevat;
- ook de fiscus het contract beschouwt als een financiële lease. Daarom heft de fiscus bij de levering van de verpakkingsmachines 21% van €2.000.000 = €420.000 omzetbelasting;
- de fiscus over de jaarlijkse onderhoudskosten 21% van €40.000 = €8.400 omzetbelasting heft.

c Geef – rekening houdend met de zojuist vermelde gegevens – de journaalposten die van het aangaan van de financiële lease en het vervallen van de eerste leasetermijn worden gemaakt door:
1 Hoogeloon cv (de lessor);
2 Bakx Packing nv (de lessee).

.0 (§ 6.5) Adviesbureau Rogerius bv in Sneek heeft een kopieersysteem in eigendom dat is aangeschaft per 1 januari 2014 voor €170.000, exclusief omzetbelasting. Het systeem wordt lineair afgeschreven in vijf jaar, rekening houdend met een restwaarde van €20.000.

Per 1 januari 2016 besluit het management van Rogerius bv tot een driejarig financieel leaseback-contract met CopyLease bv in Assen.
CopyLease bv is bereid €122.000, exclusief 21% omzetbelasting te betalen, terwijl de waarde in het economische verkeer €110.000 is. Na drie jaar kan Rogerius bv de machine kopen voor een symbolisch bedrag van €10, exclusief OB.

De volgende cijfers zijn voor dit contract van belang.

	2016	2017	2018	Totaal
Aflossing op lening	€ 39.083	€ 40.646	€ 42.271	€ 122.000
Interest op lening	- 4.880	- 3.317	- 1.692	- 9.889
Initiële contractkosten	- 300			- 300
Doorlopende adm.kosten	- 100	- 100	- 100	- 300
Toeslag risico wanbetaling	- 500	- 500	- 500	- 1.500
Omzetbelasting*	- 23.294			- 25.746
	€ 68.157	€ 44.563	€ 44.563	€ 159.735

* 21% van (€122.000 + €300 + €300)

Adviesbureau Rogerius bv maakt onder meer gebruik van de volgende grootboekrekeningen:
008 Kopieersysteem
009 Kopieersysteem in lease
018 Afschrijving kopieersysteem
019 Afschrijving kopieersysteem in lease
089 Leaseverplichtingen
130 Debiteuren
140 Crediteuren
141 Leasecrediteuren
142 Aan leasecrediteuren te betalen omzetbelasting
148 Te verrekenen boekwinst op verkocht kopieersysteem
180 Te vorderen omzetbelasting
181 Te betalen omzetbelasting
448 Afschrijvingskosten kopieersysteem in lease
449 Correctie afschrijvingskosten kopieersysteem in lease
458 Financieringskosten kopieersysteem in lease
459 Administratiekosten kopieersysteem in lease

a Wat verandert er in de eigendomsverhoudingen door de leaseback?
b Bereken voor Adviesbureau Rogerius bv het resultaat in verband met de verkoop van het kopieersysteem aan CopyLease bv.
c Geef voor Adviesbureau Rogerius bv de journaalposten per 1 januari 2016 van:
1 de verkoop van het kopieersysteem;
2 het sluiten van het leasecontract.
d Geef voor Adviesbureau Rogerius bv de journaalposten van:
1 het vervallen van de eerste jaarlijkse termijn in januari 2016;
2 de afschrijving op het kopieersysteem in lease over 2016.
NB Rogerius bv handhaaft de restwaarde van het kopieersysteem op €20.000.
e Geef voor Adviesbureau Rogerius bv de journaalpost van de aankoop van het kopieersysteem eind 2018.

6.11 (§ 6.5) In deze opgave maken we gebruik van de gegevens van opgave **6.10**, maar nu is de oorspronkelijke aanschafprijs van het kopieersysteem op 1 januari 2014 geen €170.000, maar €200.000. De restwaarde is ook nu €20.000.

Rogerius bv wil geen wijziging aanbrengen in de boekwaarde van het kopieersysteem op 1 januari 2016 en gaat nog steeds uit van een restwaarde van €20.000.

a Welke wijzigingen moeten worden aangebracht in het grootboekrekeningenschema van Adviesbureau Rogerius bv in opgave **6.10**?
b Bereken (opnieuw) voor Adviesbureau Rogerius bv het resultaat in verband met de verkoop van het kopieersysteem aan CopyLease bv.
c Geef voor Adviesbureau Rogerius bv de journaalposten per 1 januari 2016 van:
  1 de verkoop van het kopieersysteem;
  2 het sluiten van het leasecontract.
d Geef voor Adviesbureau Rogerius bv de journaalposten van:
  1 het vervallen van de eerste jaarlijkse termijn in januari 2016;
  2 de afschrijving op het kopieersysteem in lease over 2016.
e Geef voor Adviesbureau Rogerius bv de journaalpost van de aankoop van het kopieersysteem eind 2018.

2 (§ 6.5) Logical bv in Apeldoorn schafte op 1 januari 2014 vijf bestelauto's aan voor een totaalbedrag van €250.000, exclusief omzetbelasting. Gedurende 2015 blijkt de behoefte te bestaan liquiditeiten vrij te maken. Het is mogelijk de bestelauto's bij Logical bv per 1 januari 2016 via een operationele leaseback in te gaan zetten.

Hierbij zijn de volgende gegevens van belang.

Oorspronkelijke aanschafprijs bestelauto's	€	250.000
Afgeschreven (in 2014 en 2015) 2 × €50.000 =	-	100.000
Reële waarde in het economisch verkeer per 1 januari 2016	-	151.000
Overeengekomen verkoopprijs met leasemaatschappij	-	160.000
Duur operationele lease-overeenkomst		3 jaar
Opbouw elk van de 36 maandelijkse leasetermijnen:		
• huur van de vijf bestelauto's	€	5.400
• onderhoudskosten	-	600
• omzetbelasting 21%	-	1.260
	€	7.260

Logical bv maakt onder meer gebruik van de volgende grootboekrekeningen:
006 Bestelauto's
016 Afschrijving bestelauto's
130 Debiteuren
140 Crediteuren
146 Te verrekenen resultaat op verkochte bestelauto's
180 Te vorderen omzetbelasting
181 Te betalen omzetbelasting
446 Autokosten
946 Resultaat op verkochte bestelauto's

a 1 Bereken voor Logical bv de boekwinst als gevolg van de verkoop van de vijf bestelauto's aan de leasemaatschappij.
  2 Bereken de twee componenten waarin de bij 1 gevraagde boekwinst is te splitsen.
b Geef de journaalposten die Logical bv maakt naar aanleiding van:
  1 de verkoop van de vijf bestelauto's aan de leasemaatschappij;
  2 de ontvangst van de maandelijkse termijnfactuur voor de operationele lease.

6.13* (§ 6.5) Lekkerkerk bv is leverancier van machines voor de houtverwerkende industrie.
Naast verkoop biedt ze ook de mogelijkheid machines in financial lease te verkrijgen. Voor een vierzijdige schaafbank model V80 is de inkoopprijs €60.000 en de verkoopprijs al enige jaren exclusief 21% omzetbelasting €70.000.
De voorwaarden voor een financiële lease staan in het volgende overzicht.

	1e termijn	2e termijn	3e termijn	4e termijn	5e termijn	6e termijn
Aflossing	€ 10.000	€ 9.634	€ 10.694	€ 11.870	€ 13.177	€ 14.625
Interest		- 6.600	- 5.540	- 4.364	- 3.057	- 1.609
Afsluitkosten	- 400					
Administratiekosten		- 100	- 100	- 100	- 100	- 100
Omzetbelasting	- 14.889					
	€ 25.289	€ 16.334	€ 16.334	€ 16.334	€ 16.334	€ 16.334

De eerste termijn moet worden voldaan voor aflevering, elke volgende termijn na afloop van elk contractjaar.
Na afloop van het contract wordt de machine juridisch overgedragen aan de lessee. Hiervoor wordt €300 administratiekosten (exclusief 21% omzetbelasting) in rekening gebracht.

Bij het maken van de journaalposten mag uitsluitend gebruik worden gemaakt van de volgende rekeningen:
130 Te factureren leasetermijnen
131 Te factureren omzetbelasting leasedebiteuren
135 Leasedebiteuren
160 Crediteuren
185 Te betalen omzetbelasting

545 Dekking afdeling Administratie

700 Voorraad machines
705 Af te leveren leasemachines
710 Voorraad gebruikte machines

800 Kostprijs verkopen leasemachines
850 Opbrengst verkopen leasemachines

910 Verliezen op debiteuren
980 Interest op leasedebiteuren

a Geef de journaalposten die Lekkerkerk bv maakt van de volgende feiten:
1 Het afsluiten van een leasecontract voor V80 onder gelijktijdige facturering van de 1e termijn.
2 De levering en plaatsing van de machine.
3 Het vervallen van de 4e termijn.
4 De overdracht van de machine na afloop van het contract.
5 Van een klant die zijn eerste drie termijnen keurig heeft betaald, wordt bericht ontvangen dat zijn onderneming wordt opgeheven. De leasemachine wordt teruggenomen en uit coulance worden de resterende termijnen kwijtgescholden. De teruggenomen machine krijgt een waarde toegekend van €32.000. Voor de openstaande termijnen wordt naar deze klant een creditnota gestuurd, inclusief 21% omzetbelasting.

Schoonhoven bv heeft in het verleden machines bij Lekkerkerk bv gekocht. Vanwege liquiditeitsproblemen wordt Lekkerkerk bv gevraagd mee te werken aan een sale and operational leaseback van een machine V80. De machine heeft bij Schoonhoven bv een boekwaarde van €24.000. De reële waarde bedraagt €28.000 en de prijs waarvoor Lekkerkerk bv de machine overneemt, is €35.000.

b Geef de journaalpost die Schoonhoven bv maakt van de sale and operational leaseback van machine V80.
De rekeningen die Schoonhoven bv gebruikt, dient u zelf te benoemen en te voorzien van een rubrieknummer. Ga uit van contante betaling.
NB In de gevraagde journaalpost kunt u de omzetbelasting buiten beschouwing laten.

(SPD)

7 Waarderingsmethoden voor deelnemingen in de jaarrekening

7.01 (§ 7.1) In het kader van relaties die ondernemingen onderling kunnen hebben, onderscheiden we:
- de deelneming;
- de dochtermaatschappij;
- de groepsmaatschappij;
- de rechtspersoon waarop overheersende invloed kan worden uitgeoefend, of waarover centrale leiding bestaat.

a Geef van elk van deze begrippen een omschrijving.
b Wanneer is een deelneming geen dochtermaatschappij?
c Wanneer is een groepsmaatschappij geen deelneming?
d Wanneer kunnen we spreken over een deelneming in een kapitaalvennootschap en wanneer over een deelneming in een personenvennootschap?

7.02 (§ 7.2) a Welke methoden zijn er voor waardering van deelnemingen in de enkelvoudige jaarrekening?
b Welke waarderingsmethode(n) is/zijn volgens de Nederlandse wet- en regelgeving voorgeschreven voor zogenaamde associated companies?

7.03 (§ 7.3)

Balans per 31 december 2015 Mixing Industries nv (gedeeltelijk)				
Deelneming in Dotraco bv				
900 aandelen (à €1.000 nominaal)	€ 2.100.000	Aandelenkapitaal	€	3.000.000
Te vorderen dividend Dotraco bv	- 54.000	Overige reserves	-	2.000.000
		Winst boekjaar 2015	-	1.000.000

Balans per 31 december 2015 Dotraco bv (gedeeltelijk)		
Aandelenkapitaal	€	1.000.000
Overige reserves	-	1.360.000
Winst boekjaar 2015	-	400.000

De deelneming in Dotraco bv is door Mixing Industries nv begin 2013 verkregen tegen betaling per bank van €2.190.000 (cum dividend 2012) en voor dit bedrag in haar boekhouding vastgelegd. De zichtbare intrinsieke waarde volgens de balans per 31 december 2012 (vóór winstbestemming) van Dotraco bv was €2.000.000.
Eind maart 2013 werd het gedeclareerde dividend over 2012 door Dotraco bv vastgesteld op €100.000.

In december 2015 heeft Dotraco bv een interimdividend over 2015 gedeclareerd van €60.000.

a Bereken de door Mixing Industries nv bij het verwerven van de deelneming in Dotraco bv betaalde goodwill.

b 1 Geef de journaalpost waarmee Mixing Industries nv de verworven deelneming begin 2013 heeft vastgelegd in haar boekhouding.
   2 Geef de journaalpost die Mixing Industries nv heeft gemaakt als gevolg van de dividenddeclaratie door Dotraco bv eind maart 2013.
c 1 Geef de journaalpost die Mixing Industries nv eind 2015 heeft gemaakt naar aanleiding van de declaratie van het interimdividend over 2015 door Dotraco bv.
   2 Geef de journaalpost die Mixing Industries nv in 2016 maakt van de ontvangst per bank van het bij 1 bedoelde interimdividend.

4 (§ 7.3) Op 1 januari 2015 verwerft Masman nv 90% van de aandelen (ex dividend 2014) in Damco bv. Masman nv verkrijgt de aandelen tegen betaling per bank van €360.000 en noteert de aandelen voor dit bedrag in haar boekhouding.

De zichtbare intrinsieke waarde van Damco bv per 1 januari 2015 is te berekenen aan de hand van de volgende balans (na voorgestelde winstverdeling):

Balans per 1 januari 2015 Damco bv

Diverse activa	€	600.000	Aandelenkapitaal	€	150.000
			Overige reserves	-	230.000
			Voorgesteld nog niet gedeclareerd dividend	-	15.000
			Voorzieningen	-	50.000
			Vreemd vermogen	-	155.000
	€	600.000		€	600.000

a Bereken de door Masman nv bij het verwerven van de aandelen in Damco bv betaalde goodwill.
b Geef de journaalpost die Masman nv maakt van de verwerving van de deelneming in Damco bv.

De enkelvoudige winst- en verliesrekening van Damco bv over 2015 luidt:

Winst- en verliesrekening 2015 Damco bv

Kostprijs verkopen	€	160.000	Opbrengst verkopen	€	250.000
Algemene beheerskosten	-	22.000			
Saldo winst	-	68.000			
	€	250.000		€	250.000

De balans per 31 december 2015 (na voorgestelde winstverdeling) van Damco bv is als volgt:

Balans per 31 december 2015 Damco bv

Diverse activa	€	760.000	Aandelenkapitaal	€ 150.000
			Overige reserves	- 280.000
			Herwaarderingsreserve	- 70.000
			Voorgesteld nog niet gedeclareerd dividend	- 18.000
			Voorzieningen	- 60.000
			Vreemd vermogen	- 182.000
	€	760.000		€ 760.000

Hierna volgend zijn de winst- en verliesrekening over 2015 en de balans per 31 december 2015 (vóór winstverdeling) van Masman nv weergegeven.

Winst- en verliesrekening 2015 Masman nv

Kostprijs verkopen	€	100.000	Opbrengst verkopen	€ 200.000
Algemene beheerskosten	-	40.000		
Saldo winst	-	60.000		
	€	200.000		€ 200.000

Balans per 31 december 2015 Masman nv

Deelneming in Damco bv	€	360.000	Aandelenkapitaal	€ 500.000
Overige activa	-	1.718.000	Herwaarderingsreserve	- 130.000
			Overige reserves	- 188.000
			Winst boekjaar 2015	- 60.000
			Voorzieningen	- 100.000
			Vreemd vermogen	- 1.100.000
	€	2.078.000		€ 2.078.000

In het voorjaar van 2016 wordt de door Damco bv voorgestelde winstverdeling 2015 in de aandeelhoudersvergadering goedgekeurd.

c Geef aan welke journaalposten in 2016 – in verband met de dividenddeclaratie door Damco bv over 2015 – moeten worden gemaakt in:
1 de boekhouding van Masman nv;
2 de boekhouding van Damco bv.

7.05 (§ 7.4) Zwart nv in Rotterdam verwierf in de jaren 2012 t/m 2014 in Wit nv in Vlaardingen de volgende pakketten aandelen (ex dividend).

WAARDERINGSMETHODEN VOOR DEELNEMINGEN IN DE JAARREKENING

Tijdstip van verkrijging van het pakket	Nominale waarde van het verworven pakket*	Verkrijgings-prijs van het verworven pakket	Zichtbare Intrinsieke waarde van het verworven pakket**
31 december 2012	€ 150.000	€ 280.000	€ 255.000
31 december 2014	- 200.000	- 475.000	- 400.000

* De nominale waarde van het geplaatste aandelenkapitaal van Wit nv is steeds 5.000 aandelen van nominaal €100 per stuk = €500.000.

** De berekening van de hier vermelde bedragen is verricht aan de hand van de balansen van Wit nv, opgemaakt per de verkrijgingstijdstippen volgens de waarderingsgrondslagen, zoals deze door Wit nv worden gehanteerd.

a Bereken het totale goodwillbedrag dat Zwart nv heeft betaald in verband met de aandelenpakketten in Wit nv.

Hierna zijn de balansen van Zwart nv en Wit nv per 31 december 2015 gegeven.

Balans per 31 december 2015 Zwart nv

Gebouwen	€ 1.000.000		Aandelenkapitaal	€	1.000.000
Afschrijving gebouwen	- 300.000		Agio	-	300.000
			Herwaarderingsreserve	-	380.000
		€ 700.000	Overige reserves	-	680.000
Machines	€ 1.800.000		Winst 2015 (na belasting)	-	250.000
Afschrijving machines	- 650.000		Onderhoudsvoorziening	-	120.000
			Pensioenvoorziening	-	350.000
		-1.150.000	Hypothecaire lening	-	300.000
Deelneming Wit nv		- 755.000	Onderhandse lening	-	500.000
Voorraad goederen		-1.525.000	Crediteuren	-	317.000
Debiteuren	€ 300.000		Bank	-	220.000
Voorziening debiteuren	- 30.000		Te betalen vennootschapsbelasting	-	83.000
		- 270.000			
Liquide middelen		- 100.000			
		€ 4.500.000		€	4.500.000

Nadere gegevens
- De gebouwen, machines en voorraden zijn gewaardeerd op basis van de per 31 december 2015 geldende vervangingsprijzen. Herwaarderingen van deze activa in verband met stijging van de vervangingsprijs hebben steeds plaatsgevonden ten gunste van de rekening *Herwaarderingsreserve*.
- De deelneming Wit nv is gewaardeerd tegen verkrijgingsprijs.
- De voorgestelde verdeling van de winst 2015 (na belasting) is als volgt:

Dividend	€ 100.000
Reservering	- 150.000

- Het voorgestelde nog niet gedeclareerde dividend wordt als onderdeel van het eigen vermogen opgenomen. Hiervoor is rekening *049 Voorgesteld nog niet gedeclareerd dividend* in gebruik.

Balans per 31 december 2015 Wit nv

Gebouwen	€	500.000		Aandelenkapitaal	€	500.000
Afschrijving gebouwen	-	100.000		Agio	-	170.000
			€ 400.000	Overige reserves	-	350.000
				Winst 2015 (na belasting)	-	150.000
Machines	€	1.800.000		Pensioenvoorziening	-	90.000
Afschrijving machines	-	800.000		Hypothecaire lening	-	260.000
				Onderhandse lening	-	320.000
			-1.000.000	Crediteuren	-	110.000
			- 400.000	Te betalen vennootschapsbelasting	-	50.000
Voorraad goederen						
Debiteuren	€	130.000				
Voorziening debiteuren	-	10.000				
			- 120.000			
Liquide middelen			- 80.000			
			€ 2.000.000		€	2.000.000

Nadere gegevens
- De boekwaarden van de gebouwen en machines zijn verkregen door de historische aanschafprijzen van deze duurzame productiemiddelen te verminderen met de op deze aanschafprijzen gebaseerde cumulatieve afschrijvingsbedragen.
- De voorraden zijn gewaardeerd op basis van historische inkoopprijzen. Deze zijn gelijk aan de per 31 december 2015 geldende inkoopprijzen.
- In de omvang van de posten 'Aandelenkapitaal' en 'Agio' is na 31 december 2006 geen wijziging gekomen.
- De voorgestelde verdeling van de winst 2015 (na belasting) is als volgt:

Dividend	€	50.000
Reservering	-	100.000

- Het voorgestelde nog niet gedeclareerde dividend wordt als onderdeel van het eigen vermogen opgenomen. Hiervoor is rekening *049 Voorgesteld nog niet gedeclareerd dividend* in gebruik.

b Geef van de voorgestelde verdelingen van de winst 2015 (na belasting) van Zwart nv en Wit nv de journaalposten voor:
1 Zwart nv;
2 Wit nv.

c Bereken het verschil tussen de zichtbare intrinsieke waarde van Wit nv op 31 december 2015 en die op 31 december 2014.

Door de toename van de zichtbare intrinsieke waarde van Wit nv besluit Zwart nv tot herwaardering van haar deelneming in Wit nv per 31 december 2015.

d 1 Bereken het bedrag van de herwaardering van de deelneming in Wit nv per 31 december 2015.

2 Geef de journaalpost die Zwart nv maakt van het onder 1 gevraagde bedrag.

In mei 2016 wordt zowel bij Zwart nv als bij Wit nv de verdeling van de winst 2015 (na belasting) goedgekeurd overeenkomstig de eind 2015 voorgestelde verdeling.

e Geef van de vastgestelde verdelingen van de winst 2015 (na belasting) van Zwart nv en Wit nv de journaalposten voor:
1 Zwart nv;
2 Wit nv.

06 (§ 7.5) Ursem bv bezit een kapitaalbelang in De Goorn bv.

a Wanneer moet volgens de Nederlandse wetgeving het belang in De Goorn bv als een deelneming worden aangemerkt?
b Wanneer moet volgens de Nederlandse wetgeving het belang in De Goorn bv als een dochtermaatschappij worden aangemerkt?

In de externe balans ultimo 2015 heeft Ursem bv het kapitaalbelang opgenomen onder de vlottende activa en gewaardeerd op de nettovermogenswaarde.

07 (§ 7.5) Per 2 januari 2015 verwerft Moeriat bv in Vlissingen 80% van de uitstaande aandelen (cum dividend) Delphi nv in Roosendaal tegen betaling per bank van €2.000.000.

De (sterk vereenvoudigde) balans per 1 januari 2015 van Delphi nv vertoont het volgende beeld.

Balans per 1 januari 2015 Delphi nv

Activa	€	3.500.000	Aandelenkapitaal	€	1.200.000
			Agio	-	300.000
			Overige reserves	-	800.000
			Winst 2014 (na belasting)	-	200.000
			Diverse schulden	-	1.000.000
	€	3.500.000		€	3.500.000

Deze balans geeft de reële waarde (fair value) aan van de identificeerbare activa en passiva van Delphi nv.

De deelneming in Delphi nv wordt gewaardeerd volgens de vermogensmutatiemethode met als eerste boekwaarde de netto-vermogenswaarde.

a Bereken de netto-vermogenswaarde van de deelneming in Delphi nv per 2 januari 2015.
b Welke journaalpost maakt Moeriat bv van de verwerving op 2 januari 2015?

De mutaties die in 2015 optreden in het eigen vermogen van Delphi nv zijn:
1 uit de winst 2014 (na belasting) wordt €60.000 dividend gedeclareerd;
2 de winst 2015 (na belasting) bedraagt €300.000.

c Welke journaalposten maakt Moeriat bv naar aanleiding van de twee mutaties in het eigen vermogen van Delphi nv in 2015?
d Toon aan dat het saldo van de grootboekrekening *030 Deelneming in Delphi nv* na het maken van de bij **c** gevraagde journaalposten gelijk is aan 80% van de netto-vermogenswaarde van Delphi nv per 31 december 2015.

7.08* (§ 7.5) In deze opgave wordt de belasting buiten beschouwing gelaten.

Modus nv in 's-Hertogenbosch wil per 31 december 2014 in het bezit komen van alle geplaatste aandelen van Deta bv in Waalwijk. De adviseur van Modus nv heeft voorgesteld de overnameprijs te baseren op de netto-vermogenswaarde van Deta bv. Hij heeft voor de berekening van deze netto-vermogenswaarde de volgende gegevens ter beschikking.

Balans Deta bv per 31 december 2014

Immateriële vaste activa			*Eigen vermogen*		
Goodwill	€	20.000	Aandelenkapitaal	€	1.300.000
Octrooien en patenten	-	40.000	Agio	-	100.000
			Overige reserves	-	430.000
Materiële vaste activa			*Vreemd vermogen*		
Gebouwen	-	800.000	Vreemd vermogen op lange termijn	-	800.000
Machines	-	500.000	Vreemd vermogen op korte termijn	-	290.000
Financiële vaste activa					
Deelneming X	-	250.000			
Vlottende activa					
Voorraden	-	1.000.000			
Debiteuren	-	60.000			
Liquide middelen	-	250.000			
	€	2.920.000		€	2.920.000

Per 31 december 2014 is door de directie van Deta bv voorgesteld de gehele winst 2014 te reserveren en dus geen dividend uit te keren. In de Algemene Vergadering van Aandeelhouders van 3 mei 2015 is dit voorstel geaccepteerd.

Toelichting
Na overleg tussen de adviseur van Modus nv en de directie van Deta bv wordt, ter vaststelling van de netto-vermogenswaarde van Deta bv, het volgende overeengekomen:
- De geactiveerde goodwill, groot €20.000, uit hoofde van de aankoop van Deelneming X wordt op nihil gesteld.
- De waarde van de octrooien en patenten wordt op €20.000 gesteld.
- Op basis van taxaties worden de gebouwen gewaardeerd op €1.000.000 en de machines op €450.000.
- De 'fair value' van de voorraden wordt op €880.000 gesteld.
- De overige posten worden niet aangepast.

Na deze aanpassingen bestaat er overeenstemming tussen de waarderingsgrondslagen van Modus nv en Deta bv.

a Welke van de volgende waarderingsgrondslagen
  - verkrijgingsprijs / vervaardigingsprijs,
  - actuele waarde,
  - nominale waarde
  zijn krachtens BW 2 toegestaan voor de balansposten 'Immateriële vaste activa',
  'Materiële vaste activa', 'Financiële vaste activa' en 'Voorraden'?

Na overleg tussen de fusiepartners wordt een definitief akkoord bereikt. Besloten is de overnameprijs vast te stellen op basis van de netto-vermogenswaarde volgens de balans van Deta bv per 31 december 2014 met inachtneming van de akkoord bevonden aanpassingen, verhoogd met een bedrag voor goodwill. De overeengekomen overnameprijs is €2.320.000.

De controller van Modus nv besluit de 100% deelneming in Deta bv voorlopig te waarderen op de verkrijgingsprijs.
Per 31 december 2015 wil de directie van Modus nv laten onderzoeken wat verslaggevingstechnisch de gevolgen zijn van waardering van de deelneming in Deta bv op basis van de vermogensmutatiemethode met als beginwaarde per 1 januari 2015:
- de netto-vermogenswaarde (fair value);
- het zichtbare eigen vermogen (zichtbare intrinsieke waarde).

De winst (na belasting) van Deta bv over het boekjaar 2015 is:
- €150.000, berekend volgens de grondslagen van Deta bv;
- €120.000, berekend volgens de grondslagen van Modus nv.
Het door Deta bv voorgestelde dividend over het boekjaar 2015 bedraagt €80.000.

b Welk bedrag wordt als 'Resultaat deelneming' door Modus nv verantwoord in haar (enkelvoudige) jaarrekening, indien zij deze deelneming waardeert volgens:
  1 de verkrijgingsprijs;
  2 de vermogensmutatiemethode met als beginwaarde:
    a de netto-vermogenswaarde (fair value);
    b het zichtbare eigen vermogen?

De directie van Modus nv besluit de betaalde goodwill in verband met het verwerven van de deelneming in Deta bv te activeren en in vijf jaar af te schrijven. De eerste afschrijving op deze goodwill vindt plaats ten laste van het boekjaar 2015.

c Geef per methode van waardering voor de post 'Deelnemingen' aan of de betaalde goodwill (wel of niet) als afzonderlijke post in de enkelvoudige balans van Modus nv dient te worden opgenomen.
d Geef aan met welk bedrag de deelneming in Deta bv in de enkelvoudige balans per 31 december 2015 van Modus nv moet worden opgenomen, indien deze waardering wordt:
   1 gebaseerd op de verkrijgingsprijs;
   2 berekend volgens de vermogensmutatiemethode met als beginwaarde:
      a de netto-vermogenswaarde;
      b het zichtbare eigen vermogen?

(SPD, gedeeltelijk)

7.09 (§ 7.5) Marg nv heeft een 75% deelneming in Dass bv. Marg nv past bij de waardering van deze deelneming de vermogensmutatiemethode toe. Op 1 maart 2015 heeft Marg nv met betrekking tot de deelneming de volgende posten in haar boekhouding staan:

030 Deelneming Dass bv	Debet	€	450.000
045 Reserve deelneming Dass bv	Credit	€	50.000

Dass bv heeft zich gespecialiseerd in hoogwaardige technologische installaties. Het bedrijf werkt al twee jaar aan specifiek ontwikkelde apparatuur voor een project van een overheidsbedrijf in een Afrikaans land. De boeking op de rekening *045 Reserve deelneming Dass bv* bij Marg nv houdt verband met de herwaardering van deze specifiek ontwikkelde apparatuur door Dass bv.

Door een staatsgreep in het betrokken land is de specifiek voor deze opdracht ontwikkelde apparatuur als waardeloos te beschouwen. Het politieke risico van deze opdracht heeft ze niet kunnen verzekeren.

Per 31 december 2015 is het verlies bij Dass bv in dat jaar opgelopen tot €980.000.

a Geef de journaalpost van de correctie van het door Marg nv geboekte bedrag op de rekening *045 Reserve deelneming Dass bv*.
b Geef voor Marg nv de boeking die verband houdt met het feit dat het verlies bij Dass bv in 2015 is opgelopen tot €980.000.
c Welk bedrag voor het verlies van Dass bv neemt Marg nv op in haar geconsolideerde jaarrekening?
d Wanneer kan Marg nv weer een aandeel in het resultaat van Dass bv gaan boeken?
e Hoe hoog is dan het eigen vermogen van Dass bv volgens de grondslagen van Marg nv?

10* (§ 7.6) *In deze opgave blijven belastingen buiten beschouwing.*

Alfa bv in Meppel neemt per 1 januari 2016 alle bezittingen en schulden van Omega bv over, met uitzondering van de vorderingen op debiteuren.
Alfa bv verstrekt hiervoor 8.000 aandelen Alfa bv tegen €180 per aandeel van €100 nominaal.

Alfa bv administreert de overgenomen bezittingen en schulden op basis van reële waarde en activeert de daarbij ontstane goodwill. Voor de bepaling van de reële waarden gaat Alfa bv uit van de door de administrateur van Omega bv voor deze onderneming opgestelde balans per 31 december 2015.

Balans per 31 december 2015 Omega bv

Machines	€	1.200.000	Geplaatst kapitaal	€	1.500.000
Voorraden	-	300.000	Overige reserves	-	400.000
Debiteuren	-	1.000.000	Crediteuren	-	600.000
	€	2.500.000		€	2.500.000

De op deze balans vermelde waarden ziet Alfa bv als reële waarden, met uitzondering van de waarde vermeld bij de machines. De reële waarde van de machines stelt Alfa bv op €1.500.000.

a Geef de journaalpost die Alfa bv van de overgenomen bezittingen en schulden maakt.

Omega bv beschouwt het aandelenpakket in Alfa bv als een deelneming die tegen verkrijgingsprijs wordt gewaardeerd.

b Stel de balans per 1 januari 2016 van Omega bv na de overname samen.

De balans per 31 december 2015 van Alfa bv vertoont het volgende beeld.

Balans per 31 december 2015 Alfa bv

Machines	€	4.400.000	Geplaatst kapitaal	€	6.000.000
Voorraden	-	6.000.000	Overige reserves	-	5.000.000
Debiteuren	-	3.000.000	Crediteuren	-	3.400.000
Bank	-	1.000.000			
	€	14.400.000		€	14.400.000

c Maak gemotiveerd duidelijk waarom Omega bv heeft besloten de verworven deelneming in Alfa bv te waarderen tegen verkrijgingsprijs.

1 (§ 7.6) Modem bv in Zeist verwerft per 1 januari 2015 een 80% deelneming in Dolomat bv in Bilthoven. Modem bv neemt de deelneming in haar grootboek op volgens de vermogensmutatiemethode (met als eerste boekwaarde de netto-

vermogenswaarde). Modem bv betaalt voor de aandelen Dolomat bv
€950.000 per bank.

De balans van Dolomat bv – opgemaakt volgens de grondslagen van Modem
bv – is op het verwervingsmoment als volgt.

Balans per 1 januari 2015 Dolomat bv

Diverse bezittingen	€	1.500.000	Aandelenkapitaal	€	800.000
			Overige reserves	-	200.000
			Vreemd vermogen	-	500.000
	€	1.500.000		€	1.500.000

De betaalde goodwill wordt geactiveerd en met jaarlijks gelijke bedragen afgeschreven ten laste van de winst- en verliesrekeningen over 2015, 2016 en 2017.

a Bereken het bedrag van de door Modem bv betaalde goodwill bij het verwerven van de deelneming in Dolomat bv.
b Geef de journaalpost die Modem bv maakt van de verwerving van de deelneming in Dolomat bv per 1 januari 2015.
c Geef de journaalpost van de afschrijving op de goodwill in 2015.

In het volgende nemen we aan dat Modem bv voor de 80% deelneming in Dolomat bv *niet* €950.000 per bank heeft betaald, maar €750.000.

d Bereken het bedrag aan negatieve goodwill bij het verwerven van de deelneming in Dolomat bv.

Het bedrag van de negatieve goodwill wordt gedeeltelijk veroorzaakt doordat Modem bv in 2015, 2016 en 2017 elk jaar op €6.000 extra accountantskosten moet rekenen.
Het resterende bedrag van de negatieve goodwill wordt in vijf jaarlijks gelijke bedragen overgeboekt naar de winst- en verliesrekeningen in de jaren 2015 t/m 2019.

e Geef de journaalpost die Modem bv maakt van de verwerving van de deelneming in Dolomat bv per 1 januari 2015.
f Geef alle overige journaalposten die naar aanleiding van de verstrekte gegevens – uitgaande van de verkrijgingsprijs van €750.000 – door Modem bv moeten worden gemaakt.

7.12 (§ 7.6) Op 2 januari 2015 verwerft Marius nv in Rotterdam een pakket aandelen, groot 60% van het geplaatst aandelenkapitaal door Dulst bv in Dordrecht.
In ruil hiervoor
- verstrekte Marius nv 7.000 eigen aandelen (nominale waarde per stuk €100).
  Marius nv stelde hierbij de waarde van een eigen aandeel op €200;
- betaalde Marius nv per bank €100.000.

Door Marius nv werd dit aandelenpakket in Dulst bv op de rekening *Deelneming Dulst bv* geboekt op basis van de vermogensmutatiemethode met als eerste boekwaarde de netto-vermogenswaarde.
De netto-vermogenswaarde van Dulst bv was volgens de balans per 1 januari 2015 – opgemaakt overeenkomstig de grondslagen van Marius nv – €2.100.000. Marius nv heeft besloten de bij de verwerving van het 60% aandelenpakket in Dulst bv betaalde goodwill te activeren en in vier jaar met gelijke bedragen af te schrijven.

a Geef de journaalpost die Marius nv heeft gemaakt in verband met het verwerven van het aandelenpakket in Dulst bv op 2 januari 2015.

Hierna staan de balansen per 31 december 2015 en de winst- en verliesrekeningen over 2015 van Marius nv en Dulst bv. De balansen zijn opgesteld na verwerking van de voorgestelde winstverdelingen, waarbij het voorgestelde nog niet gedeclareerde dividend onder het eigen vermogen is opgenomen.
De door Dulst bv toegepaste waarderingsgrondslagen zijn gelijk aan die van Marius nv.

Balans per 31 december 2015 Marius nv

Deelneming Dulst bv	€	(a)	Aandelenkapitaal	€	5.400.000
Rekening-courant Dulst bv	-	600.000	Agio	-	2.000.000
Goodwill	-	(b)	Herwaardering	-	1.600.000
Overige activa	-	(c)	Overige reserves	-	2.200.000
			Voorgesteld nog niet gedeclareerd dividend	-	432.000
			Overige schulden	-	6.368.000
	€	18.000.000		€	18.000.000

Balans per 31 december 2015 Dulst bv

Diverse active	€	5.000.000	Aandelenkapitaal	€	1.000.000
			Agio	-	300.000
			Herwaardering	-	400.000
			Overige reserves	-	600.000
			Voorgesteld nog niet gedeclareerd dividend	-	70.000
			Rekening-courant Marius nv	-	600.000
			Overige schulden	-	2.030.000
	€	5.000.000		€	5.000.000

Winst- en verliesrekening 2015 Marius nv

Kostprijs omzet	€ 16.000.000	Omzet	€	25.000.000
Afschrijvingskosten goodwill	- (d)	Aandeel resultaat Dulst bv	-	(e)
Diverse bedrijfskosten	- 8.406.000			
Vennootschapsbelasting	- 174.000			
Winst na belasting	- (f)			
	€		€	.....

Winst- en verliesrekening 2015 Dulst bv

Kostprijs omzet	€ 3.000.000	Omzet	€	5.000.000
Diverse bedrijfskosten	- 1.640.000			
Vennootschapsbelasting	- 90.000			
Winst na belasting	- 270.000			
	€ 5.000.000		€	5.000.000

Nadere gegevens
- De post 'Goodwill' op de balans van Marius nv heeft geheel betrekking op het verwerven van het aandelenpakket in Dulst bv.
- Bij beide vennootschappen vonden na de transactie met betrekking tot het aandelenpakket Dulst bv op 2 januari 2015 geen wijzigingen meer plaats in de balansposten 'Aandelenkapitaal', 'Agio' en 'Herwaardering'.

b Bereken de bedragen (a), (b), (c), (d), (e) en (f).

7.13 (§ 7.7) Wanneer moet een vennootschap in haar enkelvoudige balans een wettelijke reserve deelneming in verband met de ingehouden winst vormen?

8 Onderhanden projecten in opdracht van derden

01 (§ 8.2) Aannemersbedrijf Versluijs bv in Veldhoven is op 1 maart 2013 zijn activiteiten gestart. In 2013, 2014 en 2015 werkt het bedrijf aan één project, dat eind 2015 wordt opgeleverd en gefactureerd.
Voor het project zijn de volgende cijfers gegeven:

• Aanneemsom	€ 3.000.000
• Begrote totale kosten	€ 2.400.000
• Bestede jaarkosten:	
in 2013	€ 650.000
in 2014	- 1.120.000
in 2015	- 930.000
	€ 2.700.000
• Percentage gereed	
eind 2013	25%
eind 2014	65%
eind 2015	100%

Verder geldt:
- er zijn geen andere opbrengsten dan op grond van het hiervoor bedoelde contract;
- alle kosten van de onderneming zijn begrepen in de 'Bestede jaarkosten' van het contract;
- de winstneming vindt plaats volgens de 'zero profit'-methode;
- de opbrengstverantwoording vindt plaats gedurende de productieperiode van het project en loopt gelijk op met de ontwikkeling van het 'Percentage gereed'.

a Stel voor Versluijs bv samen:
   1 de winst- en verliesrekening over 2013, 2014 en 2015 volgens het categoriale model; en
   2 de met voorgaande gegevens samenhangende posten 'Onderhanden projecten' en 'Winst' op de balans per 31 december 2013, 31 december 2014 en 31 december 2015.
b Als vraag **a**.
   Er wordt uitgegaan van dezelfde gegevens als bij vraag **a**, alleen geldt nu:
   - de winstneming vindt plaats volgens de 'percentage of completion'-methode;
   - de opbrengstverantwoording vindt plaats gedurende de productieperiode van het project;
   - de winstneming en de opbrengstverantwoording lopen gelijk op met de ontwikkeling van het 'Percentage gereed'.

8.02 (§ 8.2)   In deze opgave blijft de omzetbelasting buiten beschouwing.

Aannemingsmaatschappij Spanco bv in Drachten is met haar activiteiten begonnen op 1 januari 2013.
In de jaren 2013, 2014 en 2015 heeft zij contracten afgesloten voor vier projecten (A, B, C en D). De begrote winst per project heeft Spanco bv als volgt berekend:

Aanneemsom volgens contract		€ .....
Totale begrote kosten		
Directe kosten:		
• materiaalkosten	€	
• loonkosten	-	
	€	
Opslag indirecte kosten:		
50% van de totale directe kosten	-	
		- .....
Begrote winst per project		€ .....

Het overzicht van de aanneemsom, begrote kosten en begrote winst van elk van de vier projecten volgt hierna.

Project	Jaar sluiten contract	Aanneem-som	Begrote materiaal-kosten	Begrote loonkosten	Opslag indirecte kosten	Totale begrote kosten	Begrote winst
A	2013	€ 800.000	€ 180.000	€ 240.000	€ 210.000	€ 630.000	€ 170.000
B	2013	- 1.000.000	- 210.000	- 330.000	- 270.000	- 810.000	- 190.000
C	2014	- 1.500.000	- 250.000	- 570.000	- 410.000	- 1.230.000	- 270.000
D	2015	- 600.000	- 110.000	- 200.000	- 155.000	- 465.000	- 135.000
							€ 765.000

ONDERHANDEN PROJECTEN IN OPDRACHT VAN DERDEN   87

Het overzicht van de werkelijke kosten en werkelijke winst van elk project is als volgt:

Project	Jaar uitvoering	Percentage gereed eind uitvoeringsjaar	Werkelijke materiaalkosten	Werkelijke loonkosten	Opslag indirecte kosten	Totale werkelijke kosten	Werkelijke winst*	Gedeclareerde termijnen
A	2013	100%	€ 180.000	€ 240.000	€ 210.000	€ 630.000	€ 170.000	€ 800.000
B	2013	40%	€ 84.000	€ 132.000	€ 108.000	€ 324.000		€ 400.000
	2014	100%	- 126.000	- 198.000	- 162.000	- 486.000		- 600.000
			€ 210.000	€ 330.000	€ 270.000	€ 810.000	190.000	€ 1.000.000
C	2014	50%	€ 125.000	€ 285.000	€ 205.000	€ 615.000		€ 700.000
	2015	100%	- 125.000	- 285.000	- 205.000	- 615.000		- 800.000
			€ 250.000	€ 570.000	€ 410.000	€ 1.230.000	- 270.000	€ 1.500.000
D	2015	100%	€ 110.000	€ 200.000	€ 155.000	€ 465.000	- 135.000	€ 600.000
							€ 765.000	

* Per project te berekenen door de aanneemsom te verminderen met de totale werkelijke kosten.

Eenvoudigheidshalve zijn in deze opgave de werkelijke kosten gelijkgesteld aan de begrote kosten. Er zijn geen andere kosten en opbrengsten dan in het voorgaande vermeld.

Spanco bv maakt gebruik van:
- de 'zero profit'-methode;
- de categoriale kostensplitsing;
- opbrengstverantwoording bij het gereedkomen van het project.
  NB   Als omzet wordt vermeld 'aanneemsom gereedgekomen projecten'.

Voor de uitwerking van deze opgave zijn de volgende grootboekrekeningen gegeven:
130 Debiteuren
148 Gedeclareerde termijnen
700 Onderhanden projecten
910 Toename onderhanden projecten
920 Afname onderhanden projecten
950 Omzet

a Geef voor project B de journaalposten van:
  1 de op de kostprijskaart genoteerde kosten in 2013 respectievelijk 2014;
  2 de gedeclareerde termijn in 2013 respectievelijk 2014;
  3 het gereedkomen en opleveren van het project in 2014.
b Geef voor Spanco bv:
  1 de winst- en verliesrekening over 2013, 2014 en 2015.

De indeling van de winst- en verliesrekening is als volgt:

Omzet			€	.....
Wijzigingen in onderhanden projecten			-	.....
Projectopbrengsten			€	.....
Materiaalkosten	€	.....		
Loonkosten	-	.....		
Opslag indirecte kosten	-	.....		
Totale kosten			-	.....
Winst op projecten			€	.....

2 de relevante posten op de balansen per 31 december 2013, 2014 en 2015.

Bij de volgende vragen wordt verondersteld dat Spanco bv gebruikmaakt van:
- de 'percentage of completion'-methode;
- de categoriale kostensplitsing;
- opbrengstverantwoording gedurende de productieperiode.
  NB Als omzet wordt vermeld 'aanneemsom gereedgekomen projecten x percentage gereed eind uitvoeringsjaar'.

c Geef voor project B de journaalposten van:
   1 de op de kostprijskaart genoteerde kosten in 2013 respectievelijk 2014;
   2 de gedeclareerde termijn in 2013 respectievelijk 2014;
   3 het gereedkomen en opleveren van het project in 2014.
d Geef voor Spanco bv:
   1 de winst- en verliesrekening over 2013, 2014 en 2015.

De indeling van de winst- en verliesrekening is als volgt:

Omzet			€	.....
Materiaalkosten	€	.....		
Loonkosten	-	.....		
Opslag indirecte kosten	-	.....		
Totale kosten			-	.....
Winst op projecten			€	.....

2 de relevante posten op de balansen per 31 december 2013, 2014 en 2015.

8.03 (§ 8.3) Aannemersbedrijf Procarba bv in Tilburg heeft in 2013 een opdracht aangenomen van Sima Tours bv in Goirle voor de bouw van een kantoorgebouw voor €2.500.000.
De door Procarba bv begrote kosten van dit project zijn:

in 2013	€	500.000
in 2014	-	1.000.000
in 2015	-	600.000
	€	2.100.000

ONDERHANDEN PROJECTEN IN OPDRACHT VAN DERDEN

De totale begrote winst op het project is dus
€2.500.000 − €2.100.000 = €400.000.

Procarbo bv hanteert voor
- de winstneming: de POC-methode;
- de opbrengstverantwoording: presentatie bij het gereedkomen van het project.

Over de uitvoeringsperiode (2013 t/m 2015) is het volgende overzicht van de werkelijke kosten beschikbaar.

	2013	2014	2015
Werkelijke kosten t/m 31 december	€ 528.000	€ 1.610.000	€ 2.350.000
Nog te maken kosten (volgens aangepaste begroting)	- 1.672.000	- 690.000	
Totaal	€ 2.200.000	€ 2.300.000	€ 2.350.000

a Bereken de voortgangspercentages van het project per 31 december 2013 en per 31 december 2014.
b Bereken de bedragen die Procarba bv voor de opdracht van Sima Tours bv opneemt op:
   1 de winst- en verliesrekeningen over 2013, 2014 en 2015.
   2 de balansen per 31 december 2013, 2014 en 2015.

(§ 8.3) Op de balans per 31 december 2014 van Stokbouw bv in Tilburg komt de post 'Projecten in uitvoering' voor met €5.000.000. Dit bedrag is als volgt samengesteld:

Totale bestede kosten:	
• afschrijvingskosten	€ 4.000.000
• overige kosten	- 3.000.000
	€ 7.000.000
Gedeclareerde termijnen	- 2.000.000
	€ 5.000.000
Verwacht verlies projecten in uitvoering	- —
	€ 5.000.000

Zoals blijkt uit dit overzicht worden de projecten in uitvoering gewaardeerd tegen de totale bestede kosten, onder aftrek van de gedeclareerde termijnen en een eventuele aftrek voor verwachte verliezen.
De winstneming en de opbrengstverantwoording op de projecten vinden pas plaats als de projecten geheel zijn voltooid. Stokbouw bv werkt met een categoriale winst- en verliesrekening.

Gegevens over 2015
1 De opbrengst van de in 2015 gereedgekomen projecten was €40.000.000.
2 De totale afschrijvingskosten in 2015 waren €32.000.000; van dit bedrag moet €12.000.000 worden toegerekend aan de per 31 december 2015 aanwezige projecten in uitvoering.
3 De overige kosten van

• de in 2015 gereedgekomen projecten waren	€ 9.000.000
• de per 31 december 2015 aanwezige projecten in uitvoering waren	- 5.000.000

4 Alle per 31 december 2014 aanwezige projecten in uitvoering zijn in 2015 gereedgekomen.
5 De gedeclareerde termijnen op de per 31 december 2015

aanwezige projecten in uitvoering waren	€ 7.000.000

6 Op één project in uitvoering waren per 31 december 2015:

• de totale bestede kosten	€ 800.000
• de gedeclareerde termijnen	- 1.000.000

7 Op één ander project in uitvoering werd op

31 december 2015 een verlies verwacht van	€ 500.000

De kosten daarvan zijn al geboekt.

a Bereken de totale overige kosten die zijn ontstaan in 2015.
b Geef alle posten die naar aanleiding van de hiervóór vermelde gegevens door Stokbouw bv worden opgenomen op:
  • de winst- en verliesrekening over 2015;
  • de balans per 31 december 2015.

8.05* (§ 8.3) Bouwmaatschappij IJsselzicht bv in Wijhe is de voortzetting van het gezonde deel van een concern dat in 2012 failliet is gegaan.

Bouwmaatschappij IJsselzicht bv voert aannemingsprojecten uit, die meestal één tot twee jaar in beslag nemen. Het overzicht van aanneemsom, begrote kosten en begrote winst van elk van de in de jaren 2013 tot en met 2015 aangenomen projecten volgt hierna.

ONDERHANDEN PROJECTEN IN OPDRACHT VAN DERDEN

Project	Jaar afsluiten contract	Aanneemsom	Begrote materiaalkosten	Begrote loonkosten	Opslag indirecte kosten	Totale begrote kosten	Begrote winst op projecten
A	2013	€ 9.000.000	€ 2.000.000	€ 2.500.000	€ 2.700.000	€ 7.200.000	€ 1.800.000
B	2014	- 10.000.000	- 2.200.000	- 3.000.000	- 3.120.000	- 8.320.000	- 1.680.000
C	2014	- 7.000.000	- 2.500.000	- 1.500.000	- 2.400.000	- 6.400.000	- 600.000
D	2014	- 12.000.000	- 3.500.000	- 2.500.000	- 3.600.000	- 9.600.000	- 2.400.000
E	2015	- 6.000.000	- 1.500.000	- 2.000.000	- 2.100.000	- 5.600.000	- 400.000
F	2015	- 5.000.000	- 1.250.000	- 1.500.000	- 1.650.000	- 4.400.000	- 600.000
							€ 7.480.000

Bouwmaatschappij IJsselzicht bv calculeert voor opslag indirecte kosten van 60% van de som van de materiaalkosten en de loonkosten. In de winst- en verliesrekening past Bouwmaatschappij IJsselzicht bv voor de winstneming op projecten de zero profit-methode toe. Verder wordt in de winst- en verliesrekening van Bouwmaatschappij IJsselzicht bv de categoriale kostensplitsing toegepast. Als omzet wordt de 'Aanneemsom gereedgekomen projecten' vermeld.

Het overzicht van de werkelijke kosten en de werkelijke winst (c.q. het werkelijke verlies) van elk van de gereedgekomen projecten in de jaren 2013 t/m 2015 is hierna vermeld. De 'werkelijke' *indirecte* kosten zijn berekend met hetzelfde opslagpercentage als in de begroting is gehanteerd.

Project	Jaar uitvoering project	Productiepercentage in uitvoeringsjaar	Werkelijke materiaalkosten	Werkelijke loonkosten	Opslag indirecte kosten	Totale werkelijke kosten	Werkelijke winst op projecten (aanneemsom minus totale werkelijke kosten)
A	2013	10%	€ 200.000	€ 260.000	€ 276.000	€ 736.000	
	2014	70%	- 1.250.000	- 1.750.000	- 1.800.000	- 4.800.000	
	2015	20%	- 570.000	- 495.000	- 639.000	- 1.704.000	
		100%	€ 2.020.000	€ 2.505.000	€ 2.715.000	€ 7.240.000	€ 1.760.000
B	2014	40%	€ 900.000	€ 1.180.000	€ 1.248.000	€ 3.328.000	
	2015	60%	- 1.320.000	- 1.720.000	- 1.824.000	- 4.864.000	
		100%	€ 2.220.000	€ 2.900.000	€ 3.072.000	€ 8.192.000	- 1.808.000
C	2014	100%	€ 2.600.000	€ 1.600.000	€ 2.520.000	€ 6.720.000	- 280.000
D	2014	10%	€ 340.000	€ 260.000	€ 360.000	€ 960.000	
	2015	90%	- 3.150.000	- 2.300.000	- 3.270.000	- 8.720.000	
		100%	€ 3.490.000	€ 2.560.000	€ 3.630.000	€ 9.680.000	- 2.320.000
E	2015	100%	€ 1.750.000	€ 2.150.000	€ 2.340.000	€ 6.240.000	- -/- 240.000
							€ 5.928.000

Project F is ultimo 2015 voor 75% gereed. De werkelijk bestede kosten per 31 december 2015 bedragen:

• werkelijke materiaalkosten	€ 1.150.000
• werkelijke loonkosten	- 1.400.000
• opslag indirecte kosten	- 1.530.000
totale werkelijke kosten	€ 4.080.000

De onderhanden projecten bij Bouwmaatschappij IJsselzicht bv worden op de balans gewaardeerd tegen de werkelijke kosten. Aangezien de directie eind 2015 voor project F de totale begrote kosten heeft bijgesteld op €5.330.000, is besloten de overschrijding van deze kosten ten opzichte van de aanneemsom in de jaarrekening over 2015 als 'kosten voor verwacht verlies onderhanden projecten' op te nemen.

a Geef aan wat op basis van de voorgaande gegevens door Bouwmaatschappij IJsselzicht bv moet worden vermeld op:
1 de winst- en verliesrekening over 2014 en de balans per 31 december 2014;
2 de winst- en verliesrekening over 2015 en de balans per 31 december 2015.

In 2015 is Bouwmaatschappij IJsselzicht bv met Utiliteitsbouw bv besprekingen begonnen over een mogelijke fusie. In het kader van deze besprekingen wenst men – uitgaande van de hiervoor verstrekte gegevens – de resultaten van IJsselzicht bv in de jaren 2013, 2014 en 2015 te kennen, indien deze waren berekend volgens de percentage of completion-methode. Ook nu wordt in de winst- en verliesrekening de categoriale kostensplitsing toegepast. Als omzet wordt de 'Aanneemsom gereedgekomen projecten' vermeld.

b Geef aan wat moet worden vermeld op de winst- en verliesrekeningen over 2013, 2014 en 2015 van Bouwmaatschappij IJsselzicht bv bij toepassing van de percentage of completion-methode.

(SPD)

8.06 ** (§ 8.3) Aannemingsbedrijf Westkreek nv in Zwolle voert grote en kleine projecten uit in de wegenbouw. De grote projecten duren meestal enkele jaren, de kleine komen in 1 jaar gereed. Begin 2014 was Westkreek nv bezig met een groot project (A), dat in de loop van 2014 is gereedgekomen. In 2014 en 2015 heeft Westkreek nv contracten afgesloten voor vier projecten (B, C, D en E). Het overzicht van de aanneemsom, begrote kosten en begrote winst van elk van de projecten volgt hierna.

Werk	Jaar van sluiten	Aanneemsom contract	Totale begrote kosten	Begrote winst
A	2013	€ 16.000.000	€ 12.800.000	€ 3.200.000
B	2014	- 3.000.000	- 2.550.000	- 450.000
C	2014	- 20.000.000	- 16.600.000	- 3.400.000
D	2015	- 5.000.000	- 4.250.000	- 750.000
E	2015	- 25.000.000	- 20.500.000	- 4.500.000

ONDERHANDEN PROJECTEN IN OPDRACHT VAN DERDEN

Het overzicht van de werkelijke kosten en de werkelijke winst van elk project is als volgt.

Project	Jaar van uit- voering project	Percentage gereed eind uitvoerings- jaar	Werkelijke loonkosten	Werkelijke materiaal- kosten	Toegereken- de indirecte kosten	Totale werkelijke kosten	Werkelijke winst
A	2013	50	€ 2.100.000	€ 2.200.000	€ 2.050.000	€ 6.350.000	
A	2014	100	- 1.900.000	- 2.600.000	- 2.350.000	- 6.850.000	
			€ 4.000.000	€ 4.800.000	€ 4.400.000	€ 13.200.000	€ 2.800.000
B	2014	100	€ 767.000	€ 900.000	€ 883.000	€ 2.550.000	€ 450.000
C	2014	10	€ 400.000	€ 425.000	€ 825.000	€ 1.650.000	
	2015	70	- 2.000.000	- 2.100.000	- 4.100.000	- 8.200.000	
	2016	100	- 2.200.000	- 2.200.000	- 2.250.000	- 6.650.000	
			€ 4.600.000	€ 4.725.000	€ 7.175.000	€ 16.500.000	€ 3.500.000
D	2015	100	€ 1.500.000	€ 1.400.000	€ 1.450.000	€ 4.350.000	€ 650.000
E	2015	6	€ 450.000	€ 485.000	€ 465.000	€ 1.400.000	

Aan project E kon als gevolg van een rechterlijke uitspraak pas na 1 april 2016 weer worden begonnen. Eind 2014 en 2015 kwam vast te staan dat kosten voor een onverwacht verlies op (een) lopend(e) project(en) niet geboekt hoefden te worden.
Een project dat in een bepaald jaar is gereedgekomen, werd in datzelfde jaar ook opgeleverd. Tijdens de uitvoering van de projecten was er voor de directie van Westkreek nv nooit aanleiding de opgestelde kostenbegrotingen aan te passen.

a Bereken bij toepassing van de zero profit-methode de bedragen waarvoor het onderhanden project wordt opgenomen op de balansen per 31 december 2013, 2014 en 2015.
b Stel bij toe passing van de zero profit-methode de winst- en verliesrekening over 2014 en 2015 samen.
NB
- De categoriale kostensplitsing wordt toegepast.
- De opbrengstverantwoording van een project vindt plaats in het jaar van gereedkomen.
c Bereken nu bij toepassing van de percentage of completion-methode de bedragen waarvoor het onderhanden project wordt opgenomen op de balansen per 31 december 2013, 2014 en 2015.
NB Eenvoudigheidshalve wordt verondersteld dat de winstrealisatie gelijk oploopt met het 'percentage gereed'.

d Stel bij toepassing van de percentage of completion-methode de winst- en verliesrekening over 2014 en 2015 samen.
NB
- De categoriale kostensplitsing wordt toegepast.
- De opbrengstverantwoording van een project vindt plaats in het jaar van gereedkomen.

e Controleer de bij **d** door u gevonden uitkomsten voor de winst 2014 en 2015 door berekening van de som van de transactiewinstbedragen voor elk van deze jaren.

Begin 2016 is de voorlopige jaarrekening 2015 opgesteld, die door de registeraccountant met de directie wordt besproken. In deze jaarrekening is het onderhanden project gewaardeerd volgens de zero profit-methode. In overleg met de registeraccountant besluit de directie alsnog met ingang van 1 januari 2015 de percentage of completion-methode in te voeren. De verandering van methode is een stelselwijziging. (Zie hoofdstuk 12 voor meer informatie over stelselwijzigingen.)

f Geef voor de stelselwijziging 1 journaalpost van het cumulatief effect en het jaareffect.

(SPD)

8.07 (§ 8.5) In deze opgave maken we gebruik van de gegevens in opgave **8.03**.

Gevraagd
Geef de journaalposten die Sima Tours bv in Goirle maakt naar aanleiding van:
1 het afsluiten van het contract;
2 de ontvangen factuur voor de in 2013 vervallen termijn, groot €600.000 + €126.000 omzetbelasting = €726.000.
3 de oplevering van het project in 2015.

9 Personeelsbeloningen

1 (§ 9.2) Bij Albert Blondeel en Zoon bv in Vlaardingen heeft het personeel een prestatie-afhankelijk maandsalaris. Als gevolg hiervan wordt aan het eind van de maand een voorschot uitbetaald. In de maand daarna wordt het verschil tussen het juiste salaris en het voorschot uitbetaald. De pensioenregeling voor het personeel is een toegezegde-bijdrageregeling.
Op de saldibalans per 31 mei 2016 van Albert Blondeel en Zoon bv komen onder andere de volgende posten voor:

Nr.	Rekening	Debet	Credit
150	Te betalen loonheffingen		€ 219.000
151	Te betalen vakantie-uitkeringen	-	360.000
153	Te betalen pensioenpremies	-	62.000
190	Voorschotten	-	190.000

Verdere gegevens
1 In juni 2016 wordt de volgende salarisberekening opgesteld:

Brutosalaris mei 2016 inclusief bijdrage Zorgverzekeringswet		€	430.000
Vakantie-uitkeringen 1 juni 2015 – 31 mei 2016		-	360.000
		€	790.000
Ingehouden loonheffingen inclusief bijdrage Zorgverzekeringswet	€ 345.000		
Ingehouden pensioenpremies	- 32.000		
		-	377.000
Verschuldigd nettosalaris en vakantie-uitkeringen over mei 2016		€	413.000
Op 28 mei 2016 betaald voorschot		-	190.000
		€	223.000
Voorschot over juni 2016		-	200.000
Per bank overgemaakt op 25 juni 2016		€	423.000

2	Aan rechten op vakantie-uitkeringen is in juni 2016 opgebouwd	€ 33.000
3	Het aan het pensioenfonds af te dragen werkgeversdeel in de pensioenpremies over juni 2016 is	€ 34.000
4	Per bank afgedragen aan de Belastingdienst: loonheffingen	€ 229.000

Naast de al genoemde grootboekrekeningen zijn voor het uitwerken van deze opgave nog beschikbaar:
110 Bank
411 Salariskosten
413 Pensioenlasten

Gevraagd
Geef de journaalposten van de hiervóór vermelde gegevens 1 t/m 4.

9.02 (§ 9.3) Abel Software Development nv in Roermond betaalt haar managers per 31 december 2015 voor een deel door het leveren van 25.000 aandelen Sofirex nv. Abel Software Development nv heeft als belegging 40.000 aandelen Sofirex nv gekocht voor €5 per aandeel van nominaal €0,10. De boekwaarde is gelijk aan de verkrijgingsprijs. De beurswaarde van een aandeel van nominaal €0,10 van Sofirex nv bedraagt op 31 december 2015 €6,50.
De overdracht van de aandelen brengt €375 aan bankkosten met zich mee. Over de betaling in aandelen moet uitsluitend 35% loonbelasting worden afgedragen. Deze komt voor rekening van Abel Software Development nv.

Abel Software Development nv heeft onder andere de volgende grootboekrekeningen in gebruik:
044 Overige reserves
105 Effecten
110 Bank
150 Af te dragen loonheffingen
451 Salariskosten managers
971 Koersverschillen effecten

a Geef de journaalpost van de betaling in aandelen Sofirex nv.

Veronderstel nu dat Abel Software Development nv haar managers betaalt met 2.500 eigen ingekochte aandelen met een nominale waarde van €1 per aandeel. Het door Abel Software Development nv bij inkoop betaalde bedrag (à €45 per aandeel) is ten laste gebracht van de Overige reserves. De huidige marktwaarde is €55,12 per aandeel.
De eerder vermelde gegevens over bankkosten en loonbelasting gelden ook nu.

b Geef de journaalpost van de betaling in aandelen Abel Software Development nv.
Hou daarbij rekening met de bepalingen van Richtlijn 275.302.

9.03 (§ 9.3) Van Vierden nv betaalt haar stafpersoneel over mei 2015 gedeeltelijk door het leveren van aandelen Boomkensdiep nv, die zij als belegging bezit. De boekwaarde van de aandelen Boomkensdiep nv op 30 mei 2015 is €110.000. De op 30 mei 2015 geleverde aandelen hebben op die datum een beurswaarde van €130.000. Voor de overdracht van de aandelen wordt €200 aan de bank betaald; deze kosten komen als algemene kosten voor rekening van Van Vierden nv.
De af te dragen loonheffing is 35% van het brutosalaris.

a Welke journaalpost maakt Van Vierden nv van de betaling in aandelen op 30 mei 2015?
NB Bedenk in deze opgave zelf de te gebruiken rekeningen.

Stel dat Van Vierden nv beschikt over ingekochte eigen aandelen. De inkoopprijs van deze aandelen – €110.000 – is indertijd bij aankoop volledig ten laste van de Overige reserves geboekt. De op 30 mei 2015 geleverde aandelen hebben op die datum een beurswaarde van €130.000.

Voor de heruitgifte van de aandelen wordt €200 aan de bank betaald; deze kosten komen als algemene kosten voor rekening van Van Vierden nv. De af te dragen loonheffing is 35% van het brutosalaris.

b Geef de journaalpost die Van Vierden nv maakt van de betaling in aandelen op 30 mei 2015.

4 (§ 9.3) Op de enkelvoudige balans per 31 december 2014 van Larridon nv in Apeldoorn komt het eigen vermogen als volgt voor:

Balans per 31 december 2014

040 Aandelenkapitaal	€	2.000.000
041 Aandelen in portefeuille	-	150.000
Geplaatst aandelenkapitaal	€	1.850.000
042 Agio	-	450.000
043 Statutaire reserve	-	300.000
044 Overige reserves	-	1.200.000
045 Winst 2014 (na belasting)	-	400.000
	€	4.200.000

De nominale waarde per aandeel is €100.

Op 5 januari 2015 verstrekt Larridon nv 200 aandelenopties aan haar personeel. Elke optie geeft recht op de aankoop van 10 aandelen Larridon nv tegen €185 per aandeel. De beurskoers is op dat moment €200 per aandeel. Het optierecht kan uitsluitend worden uitgeoefend in het tweede kwartaal van 2016. De reële waarde van de aandelenoptie op 5 januari 2015 is berekend op €300 per optie van 10 aandelen Larridon nv.
Voor de toekenning van het optierecht is €2.400 loonbelasting verschuldigd, die door Larridon nv voor eigen rekening wordt genomen.

Op 31 december 2015 is de beurskoers per aandeel €205. Omdat Larridon nv verwacht dat alle aandelenopties in het tweede kwartaal van 2016 zullen worden uitgeoefend, dient zij dan te beschikken over 2.000 aandelen. De benodigde aandelen boven de aandelen die in portefeuille zijn, koopt Larridon nv op 10 januari 2016 in tegen €205 per aandeel. Zij brengt de ingekochte aandelen ten laste van de Overige reserves. Besloten wordt winsten of verliezen bij heruitgifte van de aandelen op de Overige reserves te boeken.

De ontwikkeling van de beurskoers van het aandeel Larridon nv en het aantal uitgeoefende aandelenopties in het tweede kwartaal van 2016 zijn als volgt:

Maand	Beurskoers per aandeel Larridon nv	Aantal uitgeoefende opties	Emissie-kosten
april	€ 210	60	€ 1.500
mei	€ 215	80	€ 1.800
juni	€ 210	40	€ 1.200

Alle transacties worden onmiddellijk per bank afgewikkeld.
Bij de afgifte van de aandelen worden eerst de aandelen in portefeuille en vervolgens de ingekochte aandelen afgegeven.
De bij Larridon nv per 30 juni 2016 nog aanwezige (ingekochte) aandelen worden ingetrokken.

Voor de uitwerking van deze opgave zijn – naast de reeds genoemde grootboekrekeningen – de volgende rekeningen beschikbaar:
110 Bank
150 Te betalen loonheffingen
410 Salariskosten

a Geef alle aan de hand van de verstrekte gegevens te maken journaalposten als bij toekenning van de opties de intrinsieke waarde methode wordt toegepast. Daarna moet op 31 december 2015 en op de afwikkelingsdata de intrinsieke waarde van de opties worden bepaald en moeten de mutaties in de intrinsieke waarde worden verwerkt in de winst- en verliesrekening.

b Geef alle aan de hand van de verstrekte gegevens te maken journaalposten als bij toekenning van de opties de reële waarde methode wordt toegepast.

10 Financiële instrumenten

01 (§ 10.1) Merlijn bv in Noordeloos maakt gebruik van diverse financiële instrumenten en heeft in verband hiermee onder andere de volgende grootboekrekeningen in gebruik:
110 Bank
191 Gekochte callopties
192 Gekochte putopties
193 Forwardcontracten
991 Resultaat op callopties
992 Resultaat op putopties
993 Resultaat op termijncontracten

Merlijn bv koopt op 31 maart 2016 een calloptie op 500 aandelen Xantippe nv. Daarmee krijgt Merlijn bv het recht om 500 aandelen Xantippe nv te kopen op 30 juni 2016 voor €30 per aandeel.
De koersontwikkeling van een aandeel Xantippe nv is als volgt:

31 maart 2016	€	29
30 april 2016	€	30
31 mei 2016	€	31
30 juni 2016	€	32

De prijsontwikkeling van de calloptie voor 500 aandelen Xantippe nv per 30 juni 2016 is als volgt:

31 maart 2016	€	250
30 april 2016	€	530
31 mei 2016	€	650
30 juni 2016	€	1.000

Merlijn bv rekent de optie per bank af per 30 juni 2016. De bankkosten bedragen zowel bij aankoop als bij afwikkeling €50. Deze bankkosten worden direct ten laste van het resultaat gebracht.
a Geef de journaalposten van:
   1 de aankoop per bank van de calloptie op 31 maart 2016;
   2 de waardestijging op 30 april 2016;
   3 de waardestijging op 31 mei 2016;
   4 de afwikkeling per bank op 30 juni 2016.

Merlijn bv koopt op 30 april 2016 een putoptie op 1.000 aandelen Exotus nv. Daarmee krijgt Merlijn bv het recht om 1.000 aandelen Exotus nv te verkopen op 30 juni 2016 voor €25 per aandeel.
De koersontwikkeling van een aandeel Exotus nv is als volgt:

30 april 2016	€	24
31 mei 2016	€	24,50
30 juni 2016	€	26

De prijsontwikkeling van de putoptie voor 1.000 aandelen Exotus nv per 30 juni 2016 is als volgt:

30 april 2016	€	850
31 mei 2016	€	430
30 juni 2016	€	0

Merlijn bv laat de optie verlopen. De bankkosten bedragen bij aankoop €35. Deze bankkosten worden direct ten laste van het resultaat gebracht.

b Geef de journaalposten van:
1 de aankoop per bank van de putoptie op 30 april 2016;
2 de waardedaling op 31 mei 2016;
3 het verlopen op 30 juni 2016.

Op 31 mei 2016 koopt Merlijn bv 100.000 Braziliaanse realen tegen een koers van €49 per 100 realen, te leveren op 31 augustus 2016. De bankkosten bedragen per 31 mei 2016 €129.
Aan de afwikkeling zijn geen kosten verbonden.
De ontwikkeling van de forward rate en de resultaten per periode zijn in de volgende tabel weergegeven.

Datum	Resterende looptijd	Forward rate per 100	Bedrag in Braziliaanse realen	Totale waarde forward-contract	Cumulatieve waardeverandering	Contante waarde cumulatieve waardeverandering	Eerder opgenomen waardeverandering	Winst/verlies periode
31-5-2016	90 dagen	€ 49	100.000	€ 49.000				
30-6-2016	60 dagen	€ 49,75	100.000	€ 49.750	€ 750	€ 743	€ 0	€ 743
31-7-2016	30 dagen	€ 48,50	100.000	€ 48.500	-€ 500	-€ 498	€ 743	-€ 1.241
31-8-2016	0 dagen	€ 50	100.000	€ 50.000	€ 1.000	€ 1.000	-€ 498	€ 1.498

c Geef de journaalposten van:
1 het met de bank aangaan van het termijncontract op 31 mei 2016;
2 de waardeverandering op 30 juni 2016;
3 de waardeverandering op 31 juli 2016;
4 de afwikkeling per bank op 31 augustus 2016.

10.02 (§ 10.1) Om te profiteren van een mogelijke koersstijging koopt Librecht bv in Almelo op 7 februari 2016 op de valutatermijnmarkt 300.000 Engelse ponden tegen de koers: €1 = £0,81, te leveren op 7 maart 2016.

De van rente geschoonde forward rate van het Engelse pond ontwikkelt zich als volgt:

7 februari	– 12 februari	(week 6)	€1 = £0,81
14 februari	– 19 februari	(week 7)	€1 = £0,80
21 februari	– 26 februari	(week 8)	€1 = £0,82
28 februari	– 5 maart	(week 9)	€1 = £0,81
7 maart	– 12 maart	(week 10)	€1 = £0,80

Op 9 maart 2016 verkoopt Librecht bv het valutatermijncontract tegen de koers €1 = £0,80.

Maak bij de uitwerking van deze opgave gebruik van de volgende drie grootboekrekeningen:
110 Bank
115 Valutatermijncontract
915 Resultaat valutatermijncontract

a Geef de journaalposten die Librecht bv maakt van:
  1 de koerswijzigingen in de weken 7, 8 en 9;
  2 de afwikkeling op 9 maart 2016.
b Bereken het resultaat dat Librecht nv per saldo met het valutatermijncontract heeft gemaakt.

3* (§ 10.1) De Meierei bv in Schijndel koopt op 1 november 2015 een partij goederen bij Downing Ltd. in Noord-Amerika voor US $200.000. De Meierei bv moet de factuur op 31 januari 2016 betalen.
Om het koersrisico af te dekken, koopt De Meierei bv 20 callopties van elk US $10.000 met een looptijd van 3 maanden. De uitoefenprijs is US $1 = €0,63. Het verloop van de koers van de Amerikaanse dollar en van de marktwaarde van een calloptie in de periode 1 november 2015 tot en met 31 januari 2016 zijn als volgt.

Datum	Koers Amerikaanse dollar	Martkwaarde per calloptie
01/11/2015	US $1 = €0,65	€100
31/12/2015	US $1 = €0,68	€380
31/01/2016	US $1 = €0,70	€700

Het rekeningenschema van De Meierei bv bevat onder meer de volgende rekeningen:
110 Bank
140 Crediteuren
150 Gekochte callopties
700 Voorraad goederen
970 Koersverschillen vreemde valuta

a Geef de journaalposten die De Meierei bv maakt van de aankoop van de goederen en de callopties.
b Op 31 december 2015 stelt De Meierei bv de balans op. Welke journaalposten moeten worden gemaakt met betrekking tot:
  1 de waardering van de schuld uit hoofde van de Amerikaanse goederenleveranties;
  2 de waardering van de callopties?

c Geef per 31 januari 2016 de journaalposten in verband met:
1 de wijziging van de schuld aan Downing Ltd. als gevolg van de koerswijziging van de Amerikaanse dollar;
2 de wijziging van de marktwaarde van de callopties;
3 de betaling van de schuld aan Downing Ltd., waarbij gebruik wordt gemaakt van de callopties.

d Geef een controleberekening van het valutakoersresultaat op de transactie met de Noord-Amerikaanse leverancier.

(SPD)

10.04 (§ 10.2) Pantex bv in Almere heeft een deel van haar liquide middelen belegd in beursgenoteerde effecten.
Als gevolg hiervan komen op de saldibalans per 31 december 2015 de volgende posten voor.

Nr.	Rekening	Debet	Credit
115	Effecten	€ 230.000	
116	Te betalen op aangekochte effecten		€ 30.000
117	Te vorderen op verkochte effecten		
192	Nog te ontvangen opbrengst effecten		
970	Opbrengst effecten		- 9.000
975	Ongerealiseerde waardeveranderingen effecten		- 7.000

Verdere gegevens
- De beurswaarde van de effecten per 31 december 2015 is €242.000. Dit bedrag bevat €30.000 voor de op rekening *116* vermelde effecten.
- Het op rekening *116* genoteerde bedrag van €30.000 vloeit voort uit een aankoop van effecten op 29 december 2015. Deze effecten zullen worden geleverd op 3 januari 2016.
De rekeningen *116* en *117* worden gebruikt omdat Pantex bv aan- en verkoop van effecten verwerkt op de transactiedatum.
- Op 31 december 2015 is nog te vorderen aan opbrengst effecten €3.300.

a Geef de voorafgaande journaalposten op basis van voorgaande gegevens.
b Stel de kolommenbalans per 31 december 2015 samen, voor zover deze betrekking heeft op de zes genoemde rekeningen.

In de eerste week van 2016 doet zich ten aanzien van de effecten het volgende voor:
1 Op 3 januari 2016 worden de op 29 december 2015 aangekochte effecten geleverd en per bank betaald.
2 Op 4 januari 2016 worden effecten verkocht voor €45.000. Op de balans per 31 december 2015 staan deze effecten gewaardeerd op €42.400.
Op 7 januari 2016 worden deze effecten afgeleverd en per bank afgerekend.
3 De overige effecten bij Pantex bv hebben op 7 januari 2016 een beurswaarde van €203.000.

c Geef de journaalposten van de hiervoor vermelde gegevens 1, 2 en 3.

FINANCIËLE INSTRUMENTEN **103**

05 (§ 10.2) Op 29 december 2015 heeft Support bv in Soesterberg 300 niet-beursgenoteerde aandelen Pexatex nv gekocht voor €75 per stuk. Op 31 december 2015 is de waarde van deze aandelen €73. Op 3 januari 2016 zijn de gekochte aandelen geleverd en per bank betaald. De waarde op die dag is €76.

Op 31 december 2016 is de waarde van deze aandelen €80. Op 5 januari 2017 worden ze verkocht voor €79. Op 6 januari 2017 worden ze geleverd en per bank afgerekend; de waarde is dan €78,50.

Support bv verwerkt gekochte en verkochte aandelen op de transactiedatum. Support bv waardeert de gekochte aandelen tegen reële waarde en neemt waardeveranderingen op in het eigen vermogen. Na realisatie door verkoop worden ze op de transactiedatum overgeboekt naar de winst- en verliesrekening.

In het grootboek van Support bv komen onder andere voor de rekeningen:
080 Herwaardering aandelen
110 Bank
115 Belegging in aandelen
116 Te betalen op gekochte aandelen
117 Te ontvangen op verkochte aandelen
980 Gerealiseerde waardeveranderingen aandelen

a Geef de journaalposten die Support bv moet maken van de aankoop, de waardeontwikkeling en de verkoop.
b Controleer of – na het maken van de bij **a** gevraagde journaalposten – de rekeningen *080, 115, 116* en *117* gladlopen.

06 (§ 10.3) **a** Voor welke onderwerpen gelden de presentatie- en toelichtingsvereisten van IAS32, IFRS7 en Richtlijn 290 niet?
b Wat wordt bedoeld met de in IAS32 opgenomen eis van 'split-accounting' in overeenstemming met de economische realiteit ten aanzien van hybride financiële instrumenten?
c Wanneer is saldering (weergave als nettobedrag) van een financieel actief en een financiële verplichting volgens de Raad voor de Jaarverslaggeving verplicht?

07 (§ 10.4) Pula nv is gevestigd in Rotterdam. Op 1 januari 2015 heeft zij obligaties gekocht met een totale waarde van Y 2.600.000. De rente is 8%.

Op 1 oktober 2015 heeft Pula nv aandelen verworven voor Y 2.600.000. Deze aandelen vormen een deelneming die wordt beschouwd als een buitenlandse eenheid. In de jaren 2015 en 2016 behaalt Pula nv een resultaat van de deelneming van €0 op de aandelen. Ook wordt op deze aandelen geen dividend uitgekeerd.

Het valutakoersverloop van de Y is als volgt:

1 januari 2015 t/m 30 december 2015	€1 = Y 122,68
31 december 2015 / 1 januari 2016	€1 = Y 125,06
31 december 2016 / 1 januari 2017	€1 = Y 123,70

Pula nv besluit op 1 januari 2016 het valutarisico met betrekking tot het geïnvesteerde bedrag in obligaties, de te ontvangen rente en het geïnvesteerde bedrag in de aandelen elk voor een jaar af te dekken.
De hoofdsom van de obligaties wordt afgedekt door Y 2.600.000 per 1 januari 2017 te verkopen tegen een (van rente geschoonde) termijnkoers van €1 = Y 125,06. Voor het valutarisico op de aandelen geldt hetzelfde. De afwikkeling van het termijncontract vindt plaats op 1 januari 2017.
Om het valutarisico met betrekking tot de te ontvangen rente af te dekken, besluit Pula nv per 1 januari 2017 Y 208.000 te verkopen tegen een (van rente geschoonde) termijnkoers van €1 = Y 125,06. Ook de afwikkeling van dit termijncontract vindt plaats op 1 januari 2017.
De hedge-instrumenten worden gewaardeerd tegen reële waarde.

a Van welk type hedge is sprake bij de dekkingstransactie met betrekking tot
  1 het geïnvesteerde bedrag in obligaties? Motiveer het antwoord;
  2 de te ontvangen rente? Motiveer het antwoord;
  3 de aandelen? Motiveer het antwoord.
b Geef aan welke bedragen op de balansen per 1 januari 2015, 2016 en 2017 en de winst- en verliesrekeningen over 2015 en 2016 komen voor het geïnvesteerde bedrag in de obligaties en de bijbehorende dekkingstransactie, indien Pula nv besluit om de waardeveranderingen van de obligaties:
  1 rechtstreeks op de winst- en verliesrekening te boeken;
  2 tijdelijk in het eigen vermogen op te nemen. Hiervoor wordt de rekening *Herwaardering* gebruikt.
c Geef aan welke bedragen op de balansen per 1 januari 2015, 2016 en 2017 en de winst- en verliesrekeningen over 2015 en 2016 komen voor de te ontvangen rente en de bijbehorende dekkingstransactie.
d Geef aan welke bedragen op de balansen per 1 januari 2015, 2016 en 2017 en de winst- en verliesrekeningen over 2015 en 2016 komen voor de aandelen, de valutakoersresultaten en de bijbehorende dekkingstransactie.
  NB De valutakoersresultaten op de aandelen (deelneming) worden door Pula nv opgenomen in een reserve omrekeningsverschillen.

We nemen nu aan dat Pula nv vanaf het moment dat de termijntransactie voor het valutarisico met betrekking tot het geïnvesteerde bedrag in de obligaties wordt afgesloten, deze obligaties waardeert tegen geamortiseerde kostprijs. Eenvoudigheidshalve veronderstellen we dat de rente van de obligaties gelijk is aan de marktrente.

e Geef aan welke bedragen op de balansen per 1 januari 2015, 2016 en 2017 en de winst- en verliesrekeningen over 2015 en 2016 komen voor het geïnvesteerde bedrag in de obligaties en de bijbehorende dekkingstransactie.

10.08 (§ 10.4) Cartrex bv in Oosterhout koopt op 1 januari 2015 voor haar effectenhandelsportefeuille 40 £-obligaties van nominaal £1.000 per stuk tegen betaling per bank van £40.000.
Per 31 december van elk jaar wordt op de obligaties 5% rente uitgekeerd en per bank ontvangen.
In de jaren 2015 t/m 2018 is ook de marktrente 5%. De waarde van de obligaties verandert in deze periode dus uitsluitend als gevolg van wijzigingen in de koers van het £.

Het koersverloop van het £ is als volgt:

1 januari 2015	€1 = £0,83
31 december 2015 / 1 januari 2016	€1 = £0,86
31 december 2016 / 1 januari 2017	€1 = £0,91
31 december 2017 / 1 januari 2018	€1 = £0,89
2 januari 2018	€1 = £0,88

Cartrex bv besluit de ongerealiseerde waardeveranderingen als gevolg van wijzigingen in de koers van het £ voorlopig op te nemen in het eigen vermogen.

In het grootboek van Cartrex bv komen onder andere voor de rekeningen:
047 Herwaarderingen £-obligaties
077 £-obligaties
110 Bank
977 Rente-opbrengst £-obligaties

a Geef voor Cartrex bv alle in 2015 en 2016 te maken journaalposten in verband met de £-obligaties.
b Met welke bedragen staan de posten '£-obligaties' en 'Herwaardering £-obligaties' op de balans per 31 december 2016 van Cartrex bv?

Omdat Cartrex bv verdere koersdalingen van het £ vreest, besluit zij het valutarisico op de hoofdsom van de obligaties voor 2017 af te dekken. Dit doet zij door op 1 januari 2017 £40.000 op termijn te verkopen per 1 januari 2018 tegen een (voor rente geschoonde) termijnkoers van €1 = £0,91.
Het gevolg van deze dekkingstransactie is dat in 2017 de waardeveranderingen van de afgedekte positie (£-obligaties) én van het dekkingsinstrument (de termijntransactie) in de winst- en verliesrekening over 2017 worden opgenomen.

Als gevolg van het voorgaande worden in het grootboek van Cartrex bv toegevoegd de rekeningen:
149 Verplichtingen £-termijntransactie
978 Waardeveranderingen £-obligaties
979 Waardeveranderingen £-termijntransactie

c Geef voor Cartrex bv alle in 2017 te maken journaalposten in verband met de £-obligaties en de termijntransactie.
d Geef de posten (en bedragen) die in verband met de £-obligaties en de termijntransactie voorkomen op de winst- en verliesrekening over 2017 en de balans per 31 december 2017.
e 1 Hoe verdwijnt de post 'Verplichtingen £-termijntransactie'? Geef ook de journaalpost.
  2 Welke conclusie kan worden getrokken ten aanzien van de door Cartrex bv op 1 januari 2017 gesloten termijntransactie?

Per 2 januari 2018 verkoopt Cartrex bv de 40 £-obligaties. De opbrengst wordt per bank ontvangen.

f Geef de journaalpost(en) die Cartrex bv als gevolg van deze verkoop maakt.

In verband met de verwachte koersdalingen van het £ besluit Cartrex bv begin 2017 niet alleen het valutarisico op de hoofdsom van de obligaties, maar ook het valutarisico op de te ontvangen rente-opbrengst op de obligaties voor 2017 af te dekken. Zij doet dit door op 1 januari 2017 naast het bedrag van de hoofdsom (£40.000) ook de te ontvangen rente-opbrengst (5% van £40.000 = £2.000) op termijn te verkopen per 1 januari 2018 tegen de (voor rente geschoonde) termijnkoers van €1= £0,91.

In het vervolg van deze opgave beperken we ons tot de in 2017 te ontvangen rente-opbrengst en de daarop aansluitende dekkingstransactie.
Als gevolg hiervan worden in het grootboek van Cartrex bv toegevoegd de rekeningen:
150 Verplichtingen £-termijntransactie rente-opbrengst;
980 Waardeveranderingen £-termijntransactie rente-opbrengst.

g Geef voor Cartrex bv alle in 2017 te maken journaalposten in verband met de rente-opbrengst van de £-obligaties en de termijntransactie voor deze rente-opbrengst.
h Geef de posten (en bedragen) die in verband met de rente-opbrengst van de £-obligaties en de termijntransactie voor deze rente-opbrengst voorkomen op de winst- en verliesrekening over 2017 en de balans per 31 december 2017.
i Hoe verdwijnt de post 'Verplichtingen £-termijntransactie rente-opbrengst'?
Geef ook de journaalpost.

Bij de uitwerking van de vragen **c** en **d** komt de rekening *978 Waardeveranderingen £-obligaties* voor.

j Verklaar waarom we bij de uitwerking van de vragen **g** en **h** de rekening *Waardeveranderingen £-obligaties rente-opbrengst* niet tegenkomen.

11 Vreemde valuta

1 (§ 11.2) *In deze opgave blijft de omzetbelasting buiten beschouwing.*

Carpenta bv in Arnhem ontvangt op 1 juli 2015 een nieuwe machine uit de VS, die onmiddellijk in gebruik wordt genomen. De Amerikaanse factuur vermeldt het volgende.

Equipment & machinery	$	140.000
Installationfee	-	10.000
	$	150.000

De factuur wordt betaald op 15 januari 2016.
De machine wordt gewaardeerd tegen verkrijgingsprijs en wordt in 5 jaar geheel afgeschreven. Over delen van een jaar wordt naar evenredigheid afgeschreven.

De koers van de dollar kent het volgende verloop:

1 juli 2015	€1 = $1,35
31 december 2015	€1 = $1,42
15 januari 2016	€1 = $1,45

a Geef voor Carpenta bv de journaalpost van de levering en installatie van de machine op 1 juli 2015.
b Voor welke bedragen staan de volgende rekeningen op de balans per 31 december 2015, dan wel op de winst- en verliesrekening over 2015?
  • 018 Machines
  • 019 Afschrijving machines
  • 146 Crediteuren vreemde valuta
  • 946 Koersverschillen vreemde valuta
  Geef tevens de journaalposten die in 2015 gemaakt zijn van:
  • de afschrijving op de machine;
  • het resultaat als gevolg van de schommelingen in de dollarkoers.
c Geef de journaalpost van de betaling per bank aan de Amerikaanse leverancier op 15 januari 2016.

2 (§ 11.2) Claassen bv in Gorinchem koopt bij Lavanger in Noorwegen 10.000 stuks KX7 à NOK 20 = NOK 200.000. De goederen en bijbehorende factuur arriveren op 24 november 2015 bij Claassen bv.
Van deze partij verkoopt Claassen bv 6.000 stuks KX7 à CHF 5 = CHF 30.000 aan Brünig AG in Zwitserland. De goederen en bijbehorende factuur worden door Claassen bv op 14 december 2015 verzonden.

Op 5 januari 2016 betaalt Claassen bv de ontvangen factuur van Lavanger per bank.
Op 18 januari 2016 ontvangt Claassen bv het eindbedrag op de verzonden factuur aan Brünig AG per bank.

Het koersverloop van de Noorse kroon en de Zwitserse frank in de maanden november 2015 t/m januari 2016 is als volgt:

Maand	Noorse kroon	Zwitserse frank
november 2015	€1 = 7,4	€1 = 1,32
december 2015	€1 = 7,3	€1 = 1,28
januari 2016	€1 = 7,5	€1 = 1,30

In het grootboek van Claassen bv komen onder meer voor de rekeningen:
110 Bank
130 Debiteuren vreemde valuta
140 Crediteuren vreemde valuta
700 Voorraad goederen
800 Opbrengst verkopen
810 Inkoopprijs verkopen
980 Koersverschillen vreemde valuta

a Geef voor Claassen bv de journaalposten van:
   1 de aankoop van 10.000 stuks KX7 bij Lavanger in Noorwegen;
   2 de verkoop van 6.000 stuks KX7 aan Brünig AG in Zwitserland.
b 1 Geef aan voor welke bedragen op de balans per 31 december 2015 van Claassen bv worden opgenomen de posten:
      130 Debiteuren vreemde valuta
      140 Crediteuren vreemde valuta
      700 Voorraad goederen
      voor zover deze posten betrekking hebben op de hiervóór vermelde gegevens.
   2 Geef ook de voorafgaande journaalpost(en).
c Geef voor Claassen bv de journaalposten van:
   1 de betaling op 5 januari 2016 van de van Lavanger ontvangen factuur;
   2 de ontvangst op 18 januari 2016 per bank van de aan Brünig AG gezonden factuur.

11.03 (§ 11.3) In het grootboek van handelsonderneming Claire bv in Vlijmen komen onder andere voor de rekeningen:
100 Kas
101 Kas vreemde valuta
985 Koersverschillen vreemde valuta

Over de maand december 2015 zijn de volgende gegevens verzameld.

1	Per kas ontvangen op 10 december		DKK	8.925
	Deze betaling heeft betrekking op een contante			
	verkoop van goederen in Nederland voor		€	1.000
	21% omzetbelasting		-	210
	Totaal		€	1.210
	De inkoopwaarde van de goederen bedraagt		€	720

2 Op 31 december 2015 bevinden zich in de kas vreemde valuta:
- SEK 18.000 (Zweedse kronen),
  dagkoers bij vastlegging in de boekhouding €1 = SEK 8,40.
- DKK 8.925 (Deense kronen), ontvangen op 10 december 2015.

De dagkoersen op 31 december 2015 voor deze valuta zijn:
- €1 = SEK 8,50
- €1 = DKK 7,60

Gevraagd
Journaliseer voorgaande gegevens.

4 (§ 11.3) In het grootboek van de handelsonderneming Impo bv in Venlo komt voor rekening *131 Debiteuren in vreemde valuta* met kolommen voor £, $ en een kolom totaal in euro's.
Per 1 december 2015 zijn de tellingen:
debet: £22.000, $10.300 en totaal €30.779,71;
credit: £20.800, $9.600 en totaal €29.008,70.
In december 2015 werd:
1 op rekening verkocht volgens het verkoopboek buitenland voor:
£2.000 (koers €1 = £0,90);
$2.100 (koers €1 = $1,45);
2 ontvangen van debiteuren volgens het bankboek:
£2.350 = €2.640,45;
$2.000 = €1.379,31.
  a Geef de journaalposten van de gegevens 1 en 2.
  b 1 Geef de opstelling en afsluiting per 31 december 2015 van de rekening *131 Debiteuren in vreemde valuta*.
     NB
- Koersen per 31 december 2015: €1 = £0,88 en €1 = $1,50.
- In het grootboek komt voor rekening *975 Koersverschillen vreemde valuta*.

    2 Welke voorafgaande journaalpost wordt in het kader van de opstelling en afsluiting van rekening *131* gemaakt?

11.05 (§ 11.3) Op de saldibalans per 31 december 2015 van Gehring bv in Tilburg komt onder andere voor:

Nr.	Rekening	Debet	Credit
131	Debiteuren in THB	€ 4.050	
132	Debiteuren in HKD	- 15.240	
141	Crediteuren in HKD		€ 4.900
950	Koersverschillen vreemde valuta		

Gegevens per 31 december 2015
Rekening 131 Te vorderen   THB 178.000; dagkoers €1 = THB 44,10
Rekening 132 Te vorderen   HKD 200.000; dagkoers €1 = HKD 12,73
Rekening 141 Verschuldigd   HKD 50.000; dagkoers €1 = HKD 10

a Geef de per 31 december 2015 te maken voorafgaande journaalpost.
b Met welke bedragen komen de gegeven rekeningen voor op de winst- en verliesrekening over 2015 en op de balans per 31 december 2015?

11.06 (§ 11.4) Per 1 januari 2014 is opgericht de handelsonderneming Stako in Akonië. De jaarstukken van Stako worden opgesteld in de functionele valuta: de Ak. Stako beschikt voor 2015 over de volgende overzichten.

Balans per 31 december 2014

Gebouwen	Ak	975.000	Aandelenkapitaal	Ak	1.000.000
Bedrijfsauto's	-	450.000	Ingehouden winst	-	150.000
Voorraden	-	220.000	Saldo winst	-	—
Liquide middelen	-	55.000	Obligatielening	-	500.000
			Bank (rekening-courant)	-	50.000
	Ak	1.700.000		Ak	1.700.000

Balans per 31 december 2015

Gebouwen	Ak	950.000	Aandelenkapitaal	Ak	1.000.000
Bedrijfsauto's	-	400.000	Ingehouden winst	-	150.000
Voorraden	-	350.000	Saldo winst	-	200.000
Liquide middelen	-	100.000	Obligatielening	-	400.000
			Bank (rekening-courant)	-	50.000
	Ak	1.800.000		Ak	1.800.000

Winst- en verliesrekening over 2015

Kostprijs verkopen	Ak	720.000	Verkopen	Ak	1.380.000
Afschrijving op					
• gebouwen	-	25.000			
• bedrijfsauto's	-	50.000			
Rente en overige kosten	-	385.000			
Saldo winst	-	200.000			
	Ak	1.380.000		Ak	1.380.000

Toelichtingen
- De waardering vindt plaats tegen historische uitgaafprijzen (fifo).
- De gebouwen en de bedrijfsauto's zijn bij de oprichting van de onderneming gekocht en worden lineair afgeschreven.
- De goederen worden regelmatig over het jaar gespreid verkocht en ingekocht.
- In- en verkopen vinden contant plaats.
- De aflossing op de lening vindt plaats op 31 december.
- De rente op de lening wordt betaald op 1 juli.
- De overige kosten worden regelmatig over het jaar gespreid betaald.

Naar buiten presenteert Stako haar jaarstukken in euro's. De koersontwikkeling van de Ak ten opzichte van de euro is als volgt:

1 januari 2014	€ 1 = Ak 0,80	
31 december 2014	€ 1 = Ak 0,80 medio 2014	€ 1 = Ak 0,80
31 december 2015	€ 1 = Ak 0,74 medio 2015	€ 1 = Ak 0,77

De koersstijging van de Ak ten opzichte van de euro is in 2015 gelijkmatig verlopen. Voor de in- en verkopen en de overige kosten is de gemiddelde koers (€1 = Ak 0,77) daarom een goede afspiegeling van de koers per transactiedatum.

a Stel de winst- en verliesrekening 2015 en de balans per 31 december 2015 van Stako op in euro's.
NB Reken de balansposten 'Aandelenkapitaal' en 'Ingehouden winst' om tegen de koers: €1 = Ak 0,80.

b Geef een controleberekening voor het bedrag bij de post 'Reserve omrekeningsverschillen' op de bij **a** gevraagde balans per 31 december 2015.

c Wat verandert er in de bij **a** gevraagde balans per 31 december 2015 als de post 'Aandelenkapitaal' wordt omgerekend tegen de slotkoers: €1 = Ak 0,74?

07 (§ 11.4) We maken gebruik van de gegevens in opgave **11.06**. We nemen nu echter aan dat de koersontwikkeling van de Ak ten opzichte van de euro als volgt is:

1 januari 2014	€1 = Ak 0,80	
31 december 2014	€1 = Ak 0,87 medio 2014	€1 = Ak 0,83
31 december 2015	€1 = Ak 0,95 medio 2015	€1 = Ak 0,91

De koersdaling van de Ak ten opzichte van de euro is in 2014 en 2015 gelijkmatig verlopen. Voor de in- en verkopen en overige kosten is de gemiddelde koers in een bepaald jaar daarom een goede afspiegeling van de koers per transactiedatum in dat jaar.

a Stel de winst- en verliesrekening 2015 en de balans per 31 december 2015 van Stako op in euro's.
NB
- De voorraden per 31 december 2014 zijn in de loop van 2014 ingekocht.
- Te hanteren koers bij omrekening balanspost:
  'Aandelenkapitaal': €1 = Ak 0,80;
  'Ingehouden winst': €1 = Ak 0,83.

b Geef een controleberekening voor het bedrag bij de post 'Reserve omrekeningsverschillen' op de bij **a** gevraagde balans per 31 december 2015.

11.08 (§ 11.5) Afro bv in Baarn heeft op 2 december 2014 een leningsovereenkomst gesloten met de Rabobank. Per 1 januari 2015 krijgt Afro bv een bedrag van €2.100.000 ter beschikking. Hierover moet Afro bv 4% rente betalen en wel eind 2015, eind 2016 en eind 2017. Het bedrag van €2.100.000 moet op 31 december 2017 terugbetaald worden.
Met het geleende bedrag wil Afro bv een investering doen in een project in Kenia. De bedoeling is dat er met dit geld een schoolgebouw in Kenia wordt gebouwd. Afro bv wenst het valutarisico af te dekken. Kenia hanteert de Keniaanse shilling als valuta. Op 1 januari 2015 is de koers van de shilling: €1 = shilling 125.
Met de Interbank heeft Afro bv een gecombineerde interest/valutaswap afgesloten. Interbank gaat hierbij uit van een bedrag van 262.500.000 shilling. Het geleende bedrag van €2.100.000 ruilt Afro bv dus bij de Interbank om voor 262.500.000 shilling. In ruil voor dit bedrag zal zij op 31 december 2017 weer €2.100.000 terugontvangen.

Afro bv zal van de Interbank een vaste rente ontvangen van 4% over €2.100.000, terwijl Afro bv aan de Interbank een variabele rente moet betalen over 262.500.000 shilling.
De vaste rente wordt eind 2015, eind 2016 en eind 2017 ontvangen. De percentages van de variabele rente zijn op basis van Euribor als volgt vastgesteld en gelden voor het hele jaar.

12 januari 2015	4,3%
12 januari 2016	4,1%
12 januari 2017	3,6%

a Bereken de ontwikkeling van de waarde van de swaptransactie met behulp van de volgende tabel.

Datum	Variabele rente	Vaste rente	Reële waarde swap	Verandering reële waarde
01-01-2015				
12-01-2015				
12-01-2016				
12-01-2017				
31-12-2017				

b Geef aan welke bedragen op de balans en de winst- en verliesrekening van Afro bv in de jaren 2014, 2015, 2016 en 2017 in verband met het opnemen van de lening bij de Rabobank en het afsluiten van de swapovereenkomst moeten worden opgenomen als:
  1 de lening wordt gewaardeerd tegen de geamortiseerde kostprijs die geldt op de datum van aangaan van de leningsovereenkomst en de swap wordt gewaardeerd op reële waarde.
  NB De van de Interbank ontvangen 262.500.000 shilling worden gewaardeerd op €2.100.000;

2 de lening wordt gewaardeerd op reële waarde en de swap wordt gewaardeerd op reële waarde.

Afro bv heeft de volgende grootboekrekeningen in gebruik:
060 Lening Rabobank
100 Kas
110 Rabobank
120 Interbank
150 Te ontvangen bedrag lening

c Geef de journaalposten van:
  1 het afsluiten van de lening bij de Rabobank van €2.100.000;
  2 de ontvangst van het bedrag van de lening in euro's;
  3 de swaptransactie bij de Interbank;
  4 de afhandeling van de swaptransactie per 31 december 2017.

09 (§ 11.5) Weeda Services bv in Almelo sluit op 29 december 2014 bij de Bank Almelo een 4,5% lening van €5.000.000. Dit bedrag moet op 29 december 2016 weer worden terugbetaald. De interest is jaarlijks achteraf verschuldigd op 29 december. Weeda Services bv gebruikt de lening voor tijdelijke financiering van een investering in China. Daartoe sluit zij op 30 december 2014 bij de Bank Wong een gecombineerde interest/valutaswap op basis van €1 = CNY 9,50.
Op 31 december 2014 wordt het door de Bank Almelo verstrekte bedrag van €5.000.000 door Weeda Services bv overgemaakt naar de Bank Wong, die daartegenover CNY 47.500.000 crediteert op de rekening van Weeda Services bv. Op 29 december 2016 zal de Bank Wong na ontvangst van CNY 47.500.000 van Weeda Services bv €5.000.000 overschrijven op de rekening van Weeda Services bv bij de Bank Almelo.
Over het door de Bank Wong ontvangen bedrag van €5.000.000 vergoedt zij 4,5% interest per jaar. Over de door de Bank Wong verstrekte lening van CNY 47.500.000 verlangt zij een variabele interestvergoeding. Ook nu vervallen de interestbedragen jaarlijks achteraf op 29 december.

Weeda Services bv waardeert de lening van €5.000.000 tegen de geamortiseerde kostprijs per 31 december 2014 en de swap op reële waarde.
De door de Bank Wong te hanteren variabele interestvoet op de lening van CNY 7.500.000 is op

3 januari 2015 (voor het hele jaar 2015)	4,3%
3 januari 2016 (voor het hele jaar 2016)	4,6%

a Geef de berekening van de waarde-ontwikkeling van de swaptransactie.

In het grootboek van Weeda Services bv komen onder andere voor de rekeningen:
030 Swapactief
046 Herwaardering swap
070 4,5% Lening Bank Almelo
080 Swapverplichting
100 Kas*
110 Bank Almelo
111 Bank Wong (CNY-rekening)

470 Interestkosten Bank Almelo
471 Interestkosten Bank Wong
971 Interestopbrengst Bank Wong
* Alle betalingen en ontvangsten van interest op de leningen verlopen per kas (saldo 31 december 2014 €600.000).

b Geef voor Weeda Services bv de in 2014 te maken journaalposten in verband met de eind december 2014 afgesloten financiële transacties.
NB
- Maak uitsluitend gebruik van de gegeven grootboekrekeningen.
- Maak ook de journaalpost van de verandering van de reële waarde van de swap op basis van de variabele interestvoet per 3 januari 2015.

c Geef aan wat Weeda Services bv naar aanleiding van de bij **b** gevraagde journaalposten moet noteren op de balans per 31 december 2014.

d Als vraag **b**, maar nu voor 2015.

e Geef aan wat Weeda Services bv als gevolg van de eind 2014 afgesloten financiële transacties noteert op de winst- en verliesrekening over 2015 en de balans per 31 december 2015.

f Als vraag **b**, maar nu voor 2016.

g Als vraag **e**, maar nu voor 2016.

In het vervolg van deze opgave gaan we ervan uit dat Weeda Services bv de swaptransactie behandelt als een fair value hedge en de 4,5% lening van €5.000.000 waardeert tegen de reële waarde.

h Laat zien hoe de winst- en verliesrekeningen over 2014, 2015 en 2016 en de balansen per 31 december 2014, 2015 en 2016 van Weeda Services bv in dit geval moeten worden opgesteld.

12 Enkele bijzondere onderwerpen

01 (§ 12.1) De onderneming Chemical Hightech bv in Vlaardingen produceert hoogwaardig technologische controle-apparatuur voor toepassing in de chemische industrie.
Chemical Hightech bv is opgericht in 2010. De jaarlijkse onderzoekskosten zijn van het begin af aan volledig geactiveerd en in de drie volgende jaren in gelijke delen ten laste van de winst- en verliesrekening gebracht.
De gegevens inzake omzet, nettoresultaat en onderzoekskosten voor de jaren 2010 t/m 2015 zijn als volgt.

Jaar	Omzet	Nettoresultaat	Onderzoekskosten
2010	€ 1.000.000	-/- € 900.000	€ 1.200.000
2011	- 5.000.000	- 100.000	- 2.400.000
2012	- 22.000.000	- 4.000.000	- 3.000.000
2013	- 25.000.000	- 6.000.000	- 3.000.000
2014	- 25.000.000	- 7.000.000	- 6.000.000
2015	- 23.000.000	- 6.000.000	- 6.000.000

De directie dient in 2016 een stelselwijziging door te voeren, in die zin dat de onderzoekskosten in het vervolg direct ten laste van de winst- en verliesrekening worden geboekt. Vanaf 1 januari 2016 is het op grond van artikel 2: 365 BW niet meer toegestaan kosten van onderzoek te activeren.
De onderzoekskosten in 2016 bedragen €3.000.000.
De omzet in 2016 is €19.000.000, het nettoresultaat vóór stelselwijziging €3.500.000. In 2017 wordt weer een nettoresultaat van €6.000.000 verwacht. Bij de uitwerking van dit vraagstuk kan worden afgezien van het fiscale aspect.

a Voor welk bedrag staat het immateriële actief 'Onderzoekskosten' op de balans per 31 december 2015?
b Bereken, uitgaande van toepassing van het nieuwe stelsel met terugwerkende kracht, het cumulatief effect van de stelselwijziging. Geef aan of het effect positief of negatief is.
c Bereken, uitgaande van toepassing van het nieuwe stelsel met terugwerkende kracht, het jaareffect van de stelselwijziging. Geef aan of het effect positief of negatief is.
d Hoe luiden de antwoorden op de vragen b en c indien het nieuwe stelsel niet met terugwerkende kracht wordt toegepast?

02 (§ 12.1) De industriële onderneming Damax bv past bij de balanswaardering en de resultaatbepaling met betrekking tot het gebouw en de machines de actuele kostprijs toe. Hierbij wordt afgezien van de invloed van latente belastingverplichtingen.

Op de balans per 31 december 2015 zijn de boekwaarden van het gebouw en de machines en de herwaarderingsreserve opgenomen met de volgende bedragen.

	Balans per 31 december 2015		
Gebouw	€ 2.772.000	Herwaarderingsreserve	€ 167.000
Machines	- 665.000		

Toelichtingen
- Het gebouw is aangeschaft voor €3.000.000 en op 1 januari 2012 in gebruik genomen. Jaarlijks wordt 3% van de nieuwprijs afgeschreven. Per 1 januari 2014 is het gebouw, in verband met een prijsstijging van 5%, geherwaardeerd.

- De machines bestaan uit de machinegroepen A en B.
  Machinegroep A is aangeschaft voor €1.000.000 en op 1 januari 2012 in gebruik genomen. Jaarlijks wordt 20% van de nieuwprijs afgeschreven. In verband met een prijsstijging van 10% op 1 januari 2013 en een prijsdaling van 5% op 1 januari 2015 is machinegroep A geherwaardeerd.
  Machinegroep B is aangeschaft voor €800.000 en op 1 januari 2014 in gebruik genomen. Jaarlijks wordt 20% van de nieuwprijs afgeschreven. In verband met een prijsdaling van 5% op 1 januari 2015 is machinegroep B geherwaardeerd.

De directie van Damax bv neemt per 1 januari 2016 de volgende besluiten:
- Bij de balanswaardering en de resultaatbepaling met betrekking tot de machines stapt zij af van toepassing van de vervangingswaardetheorie omdat waardering tegen vervangingswaarde volgens het Besluit actuele waarde van 13 oktober 2015 niet meer is toegestaan en baseert zij zich voortaan op de historische aanschafprijs (stelselwijziging).
- De herwaarderingsreserve met betrekking tot het gebouw wordt gesplitst in 'Gerealiseerde herwaardering' en 'Ongerealiseerde herwaardering'. Beide posten blijven onderdeel van het eigen vermogen.
  De herwaarderingsreserve met betrekking tot de machines wordt opgeheven. De post blijft onderdeel van het eigen vermogen.

Herwaarderingen als gevolg van prijsdalingen bracht Damax bv ten laste van de herwaarderingsreserve.

In 2016 doen zich bij het gebouw en de machines geen prijswijzigingen voor.

a Bereken de boekwaarde van de machines per 31 december 2015 op basis van de historische aanschafprijs.
b Splits het gegeven bedrag bij de balanspost 'Herwaarderingsreserve' (€167.000) in:
  1 gerealiseerde herwaardering gebouw;
  2 ongerealiseerde herwaardering gebouw;
  3 herwaarderingsreserve machines.
c Bereken in het jaar van de stelselwijziging (2016) voor de machines:
  1 het cumulatief effect, en
  2 het jaareffect.
d Geef alle journaalposten voor 2016 in verband met de door de directie van Damax bv per 1 januari 2016 genomen besluiten.

12.03 (§ 12.2) De handelsonderneming Van Kouwen bv in Hoorn beschikt over twee inpakmachines.
Hierna volgen de gegevens over deze machines.

Machine	Aanschaftijdstip	Aanschafprijs	Economische levensduur	Geschatte restwaarde
I	1 januari 2013	€ 400.000	5 jaar	€ 20.000
II	1 januari 2014	€ 600.000	5 jaar	€ 60.000

Beide machines worden met jaarlijks gelijke bedragen afgeschreven.

a Bereken de boekwaarde van machine I en machine II op 31 december 2015.

Per 1 januari 2016 schat de directie van Van Kouwen bv de restwaarde van machine I op €7.000 en van machine II op €30.000.
De schatting van de economische levensduur van beide machines blijft onveranderd. De directie wil echter in de resterende levensduur machine I afschrijven in de verhouding 2 : 1 en machine II in de verhouding 3 : 2 : 1.

b 1 Bereken de afschrijvingskosten van machine I en machine II in 2016.
  2 Geef de journaalpost van de afschrijvingskosten voor beide machines in 2016.

c Bereken de boekwaarde van machine I en machine II op 31 december 2016.

04* **(§ 12.3)** *In deze opgave blijft de omzetbelasting buiten beschouwing.*
Bij de controle van de boekhouding van Kleinjan nv in Den Haag blijkt dat er in 2014 en 2015 materiële fouten zijn gemaakt. De boekhouding over deze jaren is inmiddels afgesloten, zodat de correcties moeten worden aangebracht in de boeken over 2016. Bij deze correcties wordt onder meer gebruikgemaakt van de rekeningen *090 Correctie resultaten 2014* en *091 Correctie resultaten 2015*.

De controle bracht de volgende fouten aan het licht.
1 Ultimo 2014 is de correctie voor incourant bij de waardering van de voorraden eindproduct voor €15.000 te hoog opgevoerd. Ultimo 2015 werd de correctie voor incourant voor het juiste bedrag opgenomen.
2 Ultimo 2015 is geen rekening gehouden met vermoedelijke verliezen op vorderingen voor een bedrag van €8.200. Dit bedrag staat genoteerd op de rekening *131 Dubieuze debiteuren*.
Van deze vorderingen is in 2016 één vordering – groot €3.000 – afgewikkeld, waarbij €1.200 is ontvangen. Het resterende bedrag van €1.800 dat in 2016 definitief oninbaar bleek, is in 2016 nog niet als verlies afgeboekt.
De waarde van de overige per 31 december 2015 uitstaande dubieuze vorderingen wordt op het controletijdstip in 2016 gesteld op €1.600.
Kleinjan nv hanteert conform de Richtlijnen voor de Jaarverslaggeving de statische methode voor de verwerking van verliezen wegens oninbare vorderingen.
3 Ultimo 2015 is verzuimd rekening te houden met een voorraad kantoorartikelen van €3.000 en met te betalen lonen tot een bedrag van €8.000.
4 In verband met een project in uitvoering is in 2015 een termijn van €6.000 ontvangen die abusievelijk als opbrengst verkopen is verantwoord. Het betrokken project, dat ultimo 2015 nog niet was opgeleverd, is in de balans per 31 december 2015 voor het juiste bedrag opgenomen.
5 In 2014 is aan dividend op effecten, na aftrek van 15% dividendbelasting, €1.275 netto ontvangen. Bij de boeking van de ontvangst is met de dividendbelasting geen rekening gehouden.
6 Begin 2014 is een machine aangeschaft voor €50.000, welk bedrag abusievelijk als algemene kosten is geboekt. De nv schrijft jaarlijks 10% van de boekwaarde per 31 december van de machines af.
7 Ultimo 2014 is verzuimd rekening te houden met te betalen kosten tot een bedrag van €1.800.
8 De voorraad grondstoffen, geadministreerd tegen vaste verrekenprijs, bedroeg ultimo 2015 €324.000. Deze voorraad moest op de balans per 31 december 2015 met behulp van de rekening *305 Prijsverschillen grondstoffen*

worden gewaardeerd tegen de inkoopprijs van €345.000; abusievelijk is de voorraad grondstoffen met behulp van de rekening *305 Prijsverschillen grondstoffen* gewaardeerd op €303.000.

Gevraagd
Geef voor de onder 1 t/m 8 genoemde feiten de journaalposten ter correctie van de gemaakte fouten.

12.05** (§12.3) Sanne bv in Schijndel past in haar boekhouding de permanence toe met maandelijkse resultatenoverzichten.
De onderneming heeft per 1 januari 2016 een nieuwe administrateur in dienst genomen. Deze constateert in de loop van 2016 diverse fouten in de boekhouding en daardoor in de definitieve jaarrekeningen van enkele afgelopen jaren. De administrateur gaat over tot correctie van de gemaakte fouten en hanteert daarbij voor fouten in *resultaten* over afgelopen jaren de volgende gedragslijn:
- fouten die kleiner zijn dan €1.000 beschouwt hij als niet-materiële fouten;
- fouten die €1.000 of groter zijn, beschouwt hij als materiële fouten.

De administrateur constateert de volgende fouten.
1 De voorraden zijn in de jaarrekeningen 2013, 2014 en 2015 gewaardeerd tegen historische uitgaafprijzen op basis van het lifo-stelsel, terwijl gewaardeerd had moeten worden volgens het in 2012 ingevoerde fifo-stelsel.

Jaarrekening	Waardering volgens lifostelsel	Waardering volgens fifostelsel
2013	€ 200.000	€ 250.000
2014	- 250.000	- 330.000
2015	- 280.000	- 340.000

2 Van een in november 2015 op rekening verkochte partij goederen met een inkoopprijs van €1.000 (exclusief 21% omzetbelasting) en een verkoopprijs van €700 (exclusief 21% omzetbelasting) is gejournaliseerd:

	140	Crediteuren	€	742	
Aan	800	Kostprijs omzet		€	700
Aan	181	Verschuldigde omzetbelasting		-	42
	+				
	840	Omzet	€	1.000	
Aan	700	Voorraad goederen		€	1.000

3 Van de betaling per bank op 31 december 2015 van €40.000 aflossing en €60.000 interest op een lening is gejournaliseerd:

	410	Interestkosten	€	100.000
Aan	110	Bank	€	100.000

4 Een machine die op 1 juli 2015 is gekocht voor €214.200 inclusief 21% omzetbelasting, is op de rekening *010 Machines* gedebiteerd voor €170.000 en op de rekening *180 Te verrekenen omzetbelasting* gedebiteerd voor €44.200. De machine is op 1 juli 2015 in gebruik genomen.

Op de machine – die in 8 jaar lineair wordt afgeschreven tot nihil – is in 2015 abusievelijk een vol jaar afgeschreven, terwijl bij Sanne bv geldt dat over delen van een jaar naar evenredigheid wordt afgeschreven.

5   Sanne bv beschikt over een installatie die op 31 december 2015 – op basis van actuele kostprijs – als volgt in de boekhouding voorkwam:

020	Installatie	€	1.300.000
021	Afschrijving installatie	€	500.000

Met deze installatie, die een resterende levensduur van 5 jaar en een restwaarde van €0 heeft, wordt het product Pipo gefabriceerd. Doordat een concurrent begin december 2015 een nieuw product op de markt heeft gebracht, wordt in 2016 een aanzienlijke omzetdaling van het product Pipo verwacht. Per 31 december 2015 moet daarom alsnog een waardevermindering op deze installatie plaatsvinden.

Nadere gegevens
- De netto-omzet van het product Pipo in elk van de komende vijf jaren wordt geschat op €300.000.
- De complementaire kosten voor de fabricage van het product Pipo worden in elk van de komende vijf jaren geschat op €180.000.
- Er wordt afgezien van de invloed van de interest.
- In de boekhouding was op 31 december 2015 voor deze installatie een (ongerealiseerde) herwaarderingsreserve van €60.000 opgenomen.
- De opbrengstwaarde van de installatie bij verkoop op 31 december 2015 was €500.000.

In verband met de waardevermindering besluit de administrateur in januari 2016 de installatie alsnog per 1 januari 2016 voor de dan geldende actuele waarde in één bedrag op te nemen op de rekening *020 Installatie*. De afschrijving op de installatie over januari 2016 heeft nog niet plaatsgevonden.

Het gedeeltelijke rekeningenschema van Sanne bv bevat onder meer de volgende rekeningen:

010 Machines	180 Te verrekenen omzetbelasting
011 Afschrijving machines	181 Verschuldigde omzetbelasting
020 Installatie	
021 Afschrijving installatie	410 Interestkosten
045 Herwaarderingsreserve	
055 Correctie resultaat 2013	700 Voorraad goederen
056 Correctie resultaat 2014	
057 Correctie resultaat 2015	800 Kostprijs omzet
070 Lening o/g	840 Omzet
110 Bank	955 Correctie resultaat 2013
130 Debiteuren	956 Correctie resultaat 2014
140 Crediteuren	957 Correctie resultaat 2015
150 Te betalen interest	

Gevraagd
Geef van de hiervóór genoemde fouten 1 t/m 5 de correctiejournaalposten in de boekhouding van Sanne bv over 2016.

(SPD)

13 De administratie van quasigoederen

13.01 (§ 13.2)
a Wat zijn quasigoederen?
b Geef twee manieren waarop quasigoederen kunnen worden ingedeeld in groepen.
c Waarom werken dienstverlenende bedrijven vaak met quasigoederen? Welk voordeel biedt het werken met quasigoederen bij deze bedrijven?
d Waarom wordt soms overgegaan tot het vastleggen van de voorraad quasigoederen in het grootboek?
e In welk geval kan van quasigoederen de voorraad niet worden vastgelegd in het grootboek?

13.02 (§ 13.3)
Kruco bv in De Bilt besluit, om de omzet te stimuleren, tot uitgifte van spaarzegels van 10 eurocent per stuk.
De klanten kunnen bij aankoop van goederen deze zegels kopen op basis van één zegel voor elke bestede euro. Tegen inlevering van 490 van deze spaarzegels, geplakt in een spaarzegelboekje, kunnen de klanten een 4% winstdelende obligatie met een nominale waarde van €50 verkrijgen. Indien de klanten dit wensen, kan het bedrag van de in een spaarzegelboekje geplakte zegels ook in contanten worden terugbetaald; in dit geval wordt geen premie gegeven.

In het grootboek van Kruco bv komen onder andere de volgende rekeningen voor:
075 4% Winstdelende obligaties in portefeuille
076 4% Winstdelende obligatielening
160 Te betalen interest
161 Te betalen winstaandeel obligaties
165 Te betalen coupons
175 Spaarzegels in omloop
975 Kosten spaarzegelactie

Over een bepaalde periode zijn de volgende gegevens verzameld:
1 Gecreëerd voor nominaal €200.000 4% winstdelende obligaties.
2 Factuur van €4.000 + €840 omzetbelasting = €4.840 ontvangen van drukkerij Snel in Bilthoven voor vervaardigde spaarzegelboekjes.
3 Volgens kasboek ontvangen voor:

verkochte goederen (inclusief 21% omzetbelasting)	€	847.000
afgegeven spaarzegels	-	80.000
	€	927.000

4 Tegen contante betaling ingenomen 15 volgeplakte spaarzegelboekjes.
5 Op de vervaldag van de coupons afgegeven tegen inlevering van 1.000 volgeplakte spaarzegelboekjes 1.000 4% winstdelende obligaties.
6 Betaald per bank voor folders in verband met de spaarzegelactie €1.700 + €357 omzetbelasting = €2.057.
7 Betaalbaar gesteld de coupons van de tot nu toe in omloop gebrachte 1.000 4% winstdelende obligaties met €6 per coupon, namelijk interest €4 en winstaandeel €2.
8 Per kas betaald 800 coupons van winstdelende obligaties.
9 Kruco bv neemt aan dat van de spaarzegels in omloop 4% niet zal worden ingeleverd.

DE ADMINISTRATIE VAN QUASIGOEDEREN   121

Gevraagd
Journaliseer de voorgaande gegevens.

.03 (§ 13.3)   Ravesloot bv in Bergen op Zoom besluit met ingang van 1 december 2015 de in de kantine van het personeel te verstrekken consumpties uitsluitend af te geven tegen inlevering van penningen.
De penningen zijn – gebundeld in rolletjes van 50 stuks – bij de kassier van het bedrijf te koop voor €25 per rolletje.
In de kantine zijn alleen consumpties te koop à €0,50 of een veelvoud van dit bedrag; de waarde van een penning is €0,50.

Over december 2015 zijn de volgende gegevens verzameld:
1 Nota ontvangen voor het aanmaken van 2.000 rolletjes met penningen, die tegelijkertijd werden ontvangen. Notabedrag €3.000 + €630 omzetbelasting = €3.630.
2 Per kas verkocht aan personeelsleden 600 rolletjes met penningen à €25 = €15.000.
3 Volgens de kasregisters in de kantine zijn aan het personeel consumpties verstrekt ter waarde van €10.600 (= inclusief 6% omzetbelasting).
NB   Maak gebruik van rekening *101 Kasregisters*.
4 Door de kantinebeheerder zijn aan de kassier van het bedrijf afgedragen 24.000 penningen.

Gevraagd
Geef de journaalposten indien de voorraad penningen niet in het grootboek wordt opgenomen.

.04 (§ 13.4)   In deze opgave wordt gebruikgemaakt van de gegevens van Ravesloot bv uit opgave **13.03**.

a 1 Geef de journaalposten indien in het grootboek voorkomen de rekeningen
190 Penningen in voorraad
191 In omloop te brengen penningen
192 Penningen in omloop
   2 Welke van de onder 1 genoemde rekeningen zal eventueel worden opgenomen op de externe balans per 31 december 2015? Met welk(e) bedrag(en)?
b 1 Geef de journaalposten indien in het grootboek voorkomen de rekeningen 190 Penningen in voorraad
192 Penningen in omloop
   2 Welke van de onder 1 genoemde rekeningen zal eventueel worden opgenomen op de externe balans per 31 december 2015? Met welk(e) bedrag(en)?

.05 (§ 13.4)   Voordeelsuper bv in Hoorn verstrekt bij elke aankoop van €10 of meer een gratis rabatzegel met een waarde van €0,50 voor elk geheel besteed bedrag van €10.
De kopers kunnen de verkregen zegels op een kaart plakken. Tegen inlevering van een met 20 zegels beplakte kaart kunnen winkelwaren ter waarde van €10 worden gekocht en met deze kaart betaald.

De rollen zegels worden met de nota van de drukker aan de administratie afgeleverd. De administrateur geeft de zegels naar behoefte uit aan de caissières. De door de caissières aan de klanten verstrekte rabatzegels worden via het kasregister met behulp van een speciale code geregistreerd, zodat controle op de aantallen zegels bij de caissières mogelijk is. Controle per caissière vindt extracomptabel plaats.

In het grootboek komen onder meer de volgende rekeningen voor:

100 Centrale kas	191 Zegels bij caissières
101 Winkelkassen	195 In omloop te brengen zegels
140 Crediteuren	196 Zegels in omloop
180 Te vorderen omzetbelasting	460 Aanmaakkosten zegels
181 Te betalen omzetbelasting	830 Verleende rabatten
190 Zegelvoorraad	850 Opbrengst verkopen

Over een bepaalde periode zijn de volgende gegevens bekend.

1	Ontvangen van drukkerij Zwart op Wit bv in Alkmaar een nota voor:		
	100.000 geleverde rabatzegels	€	1.000
	21% omzetbelasting	-	210
		€	1.210
	De zegels werden tegelijk met de factuur ontvangen, waarde	€	50.000
2	Door de administrateur zijn aan de caissières verstrekt 2.000 zegels à €0,50 =	€	1.000
3	Uit de telstroken van de caissières blijkt het volgende:		
a	Aan klanten werden verstrekt 20.000 rabatzegels à €0,50 =	€	10.000
b	De verkopen bedroegen € 250.000		
	Ingeleverd werden		
	900 volgeplakte kaarten met zegels, totale waarde - 9.000		
	Winkelontvangsten	€	241.000
	De ingeleverde zegels zijn vernietigd.		
	De omzetbelasting begrepen in het bedrag van de verkopen is	€	37.500
4	Uit de winkelkassen gestort in de hoofdkas	€	241.000
5	Op grond van ervaring wordt aangenomen dat van de in de afgelopen periode aan klanten verstrekte zegels niet zullen worden ingeleverd 2.000 zegels à €0,50 =	€	1.000

Gevraagd
Journaliseer voorgaande gegevens.

(Ned. Ass., gewijzigd)

Het warenhuis De Gulden Marskramer bv in Naarden gebruikt als verkoopstimulerende maatregel drie soorten waardebonnen: geschenkbonnen, ruilbonnen en toeristenbonnen. Het warenhuis is onderverdeeld in afdelingen.

De geschenkbonnen worden in een aantal voorgedrukte waarden bewaard bij de centrale kassa en dagelijks in beperkte hoeveelheden gelijktijdig met de kasgelden aan de caissières van de diverse afdelingen afgegeven.
De verkoop van de geschenkbonnen wordt geregistreerd via een aparte code op de kasregisters.
Met de geschenkbonnen kunnen in alle afdelingen van het warenhuis aankopen worden gedaan. De bonnen worden bij het inleveren door de betrokken caissière afgestempeld.

De ruilbonnen worden door de afdeling Klantenservice uitgeschreven aan de hand van door de caissières aan klanten afgegeven bonnen ter waarde van de teruggenomen goederen. Dat gebeurt indien klanten, binnen de daarvoor gestelde termijn van 8 dagen, gekochte goederen willen ruilen bij de betrokken afdeling en daarin niet slagen. De in de afdelingen teruggenomen goederen worden administratief niet onderscheiden van de andere afgegeven goederen.

De toeristenbonnen, met een voorgedrukte waarde van €10, zijn onder diverse condities verkrijgbaar bij de plaatselijke VVV en vormen een onderdeel van de activiteiten van de lokale winkeliersvereniging De Ruimte in Naarden.
De winkeliersvereniging brengt bij het ontvangen van de toeristenbonnen de deelnemende winkels voorlopig 10% van de waarde van de bonnen in rekening als bijdrage in de kosten. De definitieve afrekeningen vinden plaats per kwartaal.

De bij verkoop ontvangen drie soorten bonnen worden voor de caissières als kasgeld beschouwd.
De goederen worden tegen verkoopprijzen per afdeling geadministreerd.

De Gulden Marskramer bv gebruikt in het grootboek onder meer de volgende rekeningen:

Geschenkbonnen bij centrale kas
In omloop te brengen geschenkbonnen
Geschenkbonnen bij afdeling Sportartikelen
Geschenkbonnen in omloop
Ruilbonnen in omloop
Te verstrekken ruilbonnen
Ontvangen toeristenbonnen
Kosten verkoopbevordering
Goederen afdeling Sportartikelen
Retourgoederen afdeling Sportartikelen
Kas afdeling Sportartikelen
Centrale kas
Te verrekenen omzetbelasting
Crediteuren
Winkeliersvereniging

Gevraagd
Journaliseer de volgende posten en gebruik daarbij uitsluitend de hiervoor vermelde grootboekrekeningen.

1 Ontvangen van drukkerij De Buijtenschipper bv in Amsterdam de bestelde waardebonnen. De ingesloten factuur stemt overeen met de uitgebrachte offerte en vermeldt de volgende bedragen.

1.000 ruilbonnen	€	290
2.000 geschenkbonnen met opdruk €10	-	460
1.000 geschenkbonnen met opdruk €25	-	350
	€	1.100
omzetbelasting	-	231
	€	1.331

De waardebonnen zijn afgegeven aan respectievelijk de afdeling Klantenservice en de centrale kas.

2 De caissière van de afdeling Sportartikelen heeft van de centrale kas ontvangen:

kasgeld			€	1.500
geschenkbonnen: 25 stuks met opdruk €10 =	€	250		
15 stuks met opdruk €25 =	-	375		
			-	625
			€	2.125

3 De dagafrekening van de caissière van de afdeling Sportartikelen vermeldt het volgende:

verkochte goederen	€	31.700
verkochte geschenkbonnen	-	440
	€	32.140

De dagafrekening van de caissière van de afdeling Sportartikelen vermeldt tevens de volgende posten:

teruggenomen goederen	€	1.560
bij ruiling verstrekte goederen	-	1.280
Uitgeschreven bonnen voor te verstrekken ruilbonnen	€	280

4 Ontvangen in de centrale kas van de caissière van de afdeling Sportartikelen:

kasgeld	€	30.720
geschenkbonnen	-	1.250
ruilbonnen	-	180
toeristenbonnen	-	1.490
Totaal	€	33.640
Tevens aan de centrale kas retourgegeven de volgende geschenkbonnen:		
6 stuks met opdruk €10 =	€	60
5 stuks met opdruk €25 =	-	125
	€	185

5 De afdeling Klantenservice heeft ruilbonnen uitgeschreven tot een bedrag van €280.

6 Aan de winkeliersvereniging De Ruimte in Naarden zijn 1.500 door De Gulden Marskramer bv ontvangen toeristenbonnen ter verzilvering aangeboden en door haar geaccepteerd.

(Ned. Ass., gewijzigd)

07* (§ 13.4) Bij het grootwinkelbedrijf Hamar bv in Gorinchem heeft men in verband met de administratie van cadeaubonnen te maken met:
1 *A-bonnen*
Deze bonnen hebben elk een verkeerswaarde van €10, welk bedrag op de bonnen gedrukt staat. Voor de aanmaak wordt onmiddellijk rekening *145 Cadeaubonnen in omloop* gecrediteerd.
2 *B-bonnen*
Deze bonnen bevatten – zolang ze bij het winkelbedrijf aanwezig zijn – nog geen bedrag; wel een nummer. Het bedrag komt er pas op wanneer een klant voor een willekeurig bedrag een cadeaubon wenst te kopen. Dan wordt de creatie vastgelegd in een speciaal Creatieregister B-bonnen.

De A-bonnen en B-bonnen kunnen door klanten worden gebruikt voor betaling van aankopen in het winkelbedrijf. Ze kunnen echter ook worden gebruikt voor betaling van aankopen in een groot aantal andere winkelbedrijven. De afrekening vindt in dat geval plaats via een Clearingbureau, waarbij veel winkelbedrijven zijn aangesloten.

De afrekening van het Clearingbureau geeft voor deze bonnen aan:

bijgaande ingekomen cadeaubonnen	100% van de verkeerswaarde
korting	13% van de verkeerswaarde
door u te betalen	87% van de verkeerswaarde

Administratief wordt dit beschouwd als een inkoop en een verkoop van *doorleveringen*.

Via het Clearingbureau krijgt Hamar bv ook te maken met:
3 *C-bonnen*
Dit zijn cadeaubonnen, uitgegeven door andere winkelbedrijven, die bij Hamar bv worden ingeleverd.
Deze worden maandelijks bij het Clearingbureau ingeleverd met een afrekening, die aangeeft:

bijgaande ingekomen cadeaubonnen	100% van de verkeerswaarde
korting	16% van de verkeerswaarde
door Clearingbureau te betalen	84% van de verkeerswaarde

In het grootboek van Hamar bv komen onder andere de volgende rekeningen voor:
100 Kas
102 Kasregisters (controlerende tussenrekening)
120 Clearingbureau rekening-courant
140 Voorraad gecreëerde A- en B-bonnen
141 Voorraad ingenomen C-bonnen
145 Cadeaubonnen in omloop
180 Terug te vorderen omzetbelasting
185 Te betalen omzetbelasting
805 Verkopen winkel (verkoopwaarde afgeleverde goederen inclusief omzetbelasting)
810 Kortingen cadeaubonnen
820 Omzetbelasting (debet-resultaatrekening, omdat verkopen inclusief omzetbelasting worden geboekt)
830 Kostprijs doorleveringen (inclusief omzetbelasting)
835 Verkopen doorleveringen (inclusief omzetbelasting)

a Journaliseer de volgende gegevens over januari 2015.
1 Van de drukkerij ontvangen 5.000 A-bonnen en 10.000 B-bonnen.
2 Volgens het creatieregister B-bonnen zijn bonnen gecreëerd tot een totaal bedrag van €600.
3 Volgens de gegevens van de kasregisters waren:

de verkoopwaarde van de afgeleverde goederen	€	229.800
de verkopen van cadeaubonnen	-	3.800

4 De afdracht van de caissières aan de centrale kas bestond uit:

kasgeld	€	228.600
van klanten ingekomen A- en B-bonnen	-	4.000
van klanten ingekomen C-bonnen	-	1.000

5   Van het Clearingbureau de volgende afrekening ontvangen betreffende bij andere winkelbedrijven ingeleverde A- en B-bonnen:

bijgaande ingekomen cadeaubonnen	€	800
korting 13%	-	104
door u te betalen	€	696

6   Aan het Clearingbureau de volgende afrekening gezonden betreffende bij ons ingeleverde bonnen, uitgegeven door derden:

bijgaande ingekomen cadeaubonnen	€	1.000
korting 16%	-	160
door Clearingbureau te betalen	€	840

7   Voor zover uit het voorgaande voortvloeit, is te verrekenen aan omzetbelasting met de belastingdienst:

ontvangen kasgeld		€	228.600	
afrekening Clearingbureau C-bonnen		-	840	
te betalen omzetbelasting	21/121 × € 229.440 =		€	39.820,16
terug te vorderen omzetbelasting	21/121 × € 696 =		-	120,79
			€	39.699,37

Per 31 december 2015 komen op de saldibalans van Hamar bv onder andere de volgende rekeningen voor met de daarbij vermelde saldi:

Nr.	Rekening	Debet	Credit
140	Voorraad gecreëerde A- en B-bonnen	€ 20.000	
145	Cadeaubonnen in omloop		€ 26.000
820	Omzetbelasting	- 108.000	

b   Hoeveel bedraagt het obligo voor cadeaubonnen in omloop?
c   Waarom is het onjuist om het volledige saldo van rekening *820 Omzetbelasting* naar de debetkant van de winst- en verliesrekening te brengen? Welk bedrag moet naar de balans? En naar welke kant?

14 De administratie van statiegeld

14.01 (§ 14.1) Buval bv in Goes administreert haar voorraad flessen tegen een vaste verrekenprijs van €0,40 per fles.
De statiegeldprijs is €0,50 per fles.

In het grootboek komen onder meer de volgende rekeningen voor:
130 Debiteuren
140 Crediteuren
170 Te vorderen omzetbelasting
175 Te betalen omzetbelasting
180 Statiegeld
700 Voorraad goederen
730 Ingekochte emballage
735 Prijsverschillen op ingekochte emballage
800 Kostprijs verkopen
840 Rabatten en kortingen
850 Opbrengst verkopen
980 Resultaten emballage

Over februari 2016 zijn de volgende gegevens verzameld.

1	Factuur ontvangen betreffende		
	20.000 flessen à €0,42 =	€	8.400
	omzetbelasting 21%	-	1.764
	De flessen zijn in februari ontvangen.	€	10.164
2	Aan afnemers in rekening gebracht voor:		
	geleverde goederen	€	12.000
	af: kwantumkorting 2,5%	-	300
		€	11.700
	bij: omzetbelasting 21%	-	2.457
		€	14.157
	bij: statiegeld 10.000 flessen à €0,50 =	-	5.000
		€	19.157
	De kostprijs van de afgeleverde goederen is	€	10.000
3	Terugontvangen van afnemers 7.000 flessen;		
	creditnota's verzonden voor totaal	€	3.500
4	Wegens breuk en beschadiging zijn 120 flessen vernietigd.		
5	Per 28 februari 2016 neemt Buval bv aan dat van de flessen die in omloop zijn, 1.400 stuks niet meer worden terugontvangen.		
	Te betalen omzetbelasting 21/121 × 1.400 × €0,50 = €121 (afgerond).		

a Journaliseer voorgaande gegevens.
b Met behulp van welke grootboekrekeningen kan de in de onderneming aanwezige voorraad emballage worden gecontroleerd?

02 (§ 14.1) *In deze opgave blijft de omzetbelasting buiten beschouwing.*

Conservenfabriek Versland bv in Tiel verpakt al haar conserven in glazen potten. Aan de afnemers wordt voor de glazen potten statiegeld in rekening gebracht.

Aan het begin van december 2015 hebben de volgende grootboekrekeningen de aangegeven saldi:

Nr.	Rekening	Debet	Credit
145	Statiegeld glazen potten		€ 28.000
	(tegen statiegeldprijs = €0,35)		
146	Glazen potten in magazijn	€ 7.000	
	(tegen statiegeldprijs = €0,35)		
720	Glazen potten in eigendom	- 20.000	
	(tegen vaste verrekenprijs = €0,25)		
721	Prijsverschillen glazen potten		- 200
920	Resultaat glazen potten	- 600	

Rekening *145* geeft de statiegeldverplichting aan in relatie tot de glazen potten in eigendom

Gedurende december 2015 deden zich de volgende feiten voor:

1	Gekocht en in magazijn ontvangen 50.000 glazen potten	€ 12.000
2	Verkocht en geleverd 10.000 potten conserven à €2,35 =	€ 23.500
	(inclusief statiegeld)	
3	Terugontvangen 6.000 glazen potten à €0,35 =	€ 2.100
	(hierover creditnota gezonden)	
4	Per kas verkocht 1.000 beschadigde glazen potten	€ 50
5	Gekocht en in magazijn ontvangen 20.000 glazen potten	€ 5.600

6 Wegens de gestegen glasprijs brengt Versland bv de vaste verrekenprijs op €0,30 en het statiegeld op €0,40 per pot.
Versland bv past de rekeningen *145, 146* en *720* aan de gewijzigde prijzen aan. Aangezien Versland bv de glazen potten die op het moment van de wijziging in de statiegeldprijs in omloop zijn, zal terugnemen tegen €0,35, wordt tijdelijk gebruikgemaakt van rekening *147 Correctie statiegeld glazen potten*. Met behulp van het saldo op deze rekening moet worden bereikt dat de statiegeldverplichting voor de glazen potten die op het moment van de wijziging van de statiegeldprijs in omloop zijn, per saldo in

de boekhouding wordt geadministreerd tegen de oude statiegeldprijs van €0,35 per pot.
Om de potten waarvoor een statiegeldprijs geldt van €0,40 te onderscheiden van die waarvoor de statiegeldprijs €0,35 bedraagt, brengt Versland bv op de in het magazijn aanwezige potten een onuitwisbaar merk aan. De in omloop zijnde potten zonder merk neemt zij terug voor €0,35 en voorziet ze vervolgens eveneens van het merk.

7 Verkocht en geleverd:

10.000 potten conserven à €2,40 =	€ 24.000
(inclusief statiegeld)	

8 Terugontvangen:

10.000 glazen potten à €0,35 =	€	3.500
4.000 glazen potten à €0,40 =	-	1.600
	€	5.100

9 Versland bv neemt aan dat 10% van de nog in omloop zijnde glazen potten met een statiegeldprijs van €0,35 niet meer worden terugontvangen.

Gevraagd
Journaliseer de gegevens 1 t/m 9.
NB   De nummering geeft de chronologische volgorde aan

14.03 (§ 14.1) Luvat bv in Nijmegen levert haar producten in vaten. De vaste verrekenprijs (VVP) voor de vaten is €75 per vat. Het statiegeld bedraagt €95 per vat. Aan de afnemers wordt echter €100 per vat in rekening gebracht. De €5 extra dient ter gedeeltelijke dekking van de kosten van het schoonmaken van de vaten.
De door afnemers teruggestuurde vaten worden in ontvangst genomen door de service-afdeling en tegen de vaste verrekenprijs geboekt op rekening *752 Terugontvangen emballage* (VVP). De service-afdeling zorgt voor het schoonmaken van de vaten. Na het schoonmaken van de vaten draagt de service-afdeling de vaten over aan het magazijn.
Bij het verzenden van de verkochte producten boekt Luvat bv een eigen bijdrage in de schoonmaakkosten van de vaten van €2,50 ten laste van rekening *810 Toeslag schoonmaakkosten emballage.*

In gebruik zijn onder meer de volgende grootboekrekeningen:
130 Debiteuren
140 Crediteuren
147 Statiegeld emballage
180 Te verrekenen omzetbelasting
181 Verschuldigde omzetbelasting
565 Opslag schoonmaakkosten emballage
750 Voorraad emballage in magazijn (VVP)
751 Emballage in omloop (VVP)
752 Terugontvangen emballage (VVP)
755 Prijsverschillen emballage

810 Toeslag schoonmaakkosten emballage
840 Opbrengst verkopen
985 Resultaten afgekeurde emballage

Over een bepaalde week verzamelt Luvat bv de volgende gegevens.

1	Nota ontvangen voor de levering van			
	100 vaten à €70 =		€	7.000
	omzetbelasting 21%		-	1.470
			€	8.470
	De vaten zijn in het magazijn ontvangen.			
2	Gefactureerd en verzonden aan afnemer P. van der Vat:			
	100.000 liter product à €2,50 per liter =		€	250.000
	In gebruik gegeven 500 vaten			
	statiegeld à €95 per vat =	€ 47.500		
	Opslag schoonmaakkosten à €5 per vat =	- 2.500		
			-	50.000
	Omzetbelasting 21% van €252.500 =		-	53.025
			€	353.025
	De eigen bijdrage in de schoonmaakkosten die op hiervoor genoemde			
	500 vaten betrekking heeft, wordt nu eveneens geboekt.			
3	Een creditnota gezonden aan een afnemer			
	300 vaten à €95 per vat =		€	28.500
	De vaten zijn heden door de service-afdeling ontvangen.			
4	Van de service-afdeling overgebracht naar het magazijn			
	400 vaten tegen VVP		€	30.000
5	Door de service-afdeling werd vastgesteld dat 5 vaten die			
	zijn terugontvangen, volledig onbruikbaar zijn. De vaten zijn vernietigd.			

Gevraagd
Journaliseer de verstrekte gegevens.
NB   Maak uitsluitend gebruik van de vermelde rekeningen.
(SPD, gewijzigd)

04** (§ 14.1) Chemicaliënhandel Chemical Supplies bv in Pernis maakt afzonderlijke boekingen voor de ontvangst van ingekochte chemicaliën en voor de naderhand ontvangen inkoopfacturen. De chemicaliën worden geadministreerd tegen vaste verrekenprijzen, waarin is begrepen een opslag voor magazijnkosten.

Chemical Supplies bv levert de chemicaliën aan de afnemers in mandflessen, die zij eveneens administreert tegen vaste verrekenprijzen. In de vaste verrekenprijzen zijn opslagen begrepen voor respectievelijk magazijnkosten en breukschade.
De magazijnchef zet bij ontvangst van nieuwe mandflessen in het magazijn op elke mandfles een nummer en de maand van ontvangst. Chemical Supplies bv schrijft de mandflessen in twee jaar met gelijke maandelijkse bedragen volledig af.

De maandelijkse afschrijvingskosten zijn gebaseerd op het aantal mandflessen dat per het begin van de betrokken maand aanwezig is in het magazijn dan wel bij derden, en waarvan de leeftijd niet ligt boven twee jaar. Het aan afnemers in rekening gebrachte statiegeld is gelijk aan de vaste verrekenprijs van de mandflessen.

In de regel worden verkochte chemicaliën en de bijbehorende emballage enige tijd na de verzending ervan – welke verzending moet worden geboekt – gefactureerd. De opbrengst van de verkochte chemicaliën en de statiegelden worden geboekt bij de verzending ervan.

In gebruik zijn onder meer de volgende grootboekrekeningen:
130 Debiteuren
135 Te factureren afleveringen
140 Te ontvangen omzetbelasting
170 Crediteuren
175 Ontvangen nog niet gefactureerde chemicaliën
180 Te betalen omzetbelasting
190 Statiegelden
429 Afschrijvingskosten emballage
530 Magazijnkosten
535 Opslag magazijnkosten
540 Breukschade
545 Opslag breukschade
580 Verkoopkosten
585 Opslag verkoopkosten
700 Voorraad chemicaliën
705 Prijsverschillen bij inkoop chemicaliën
720 Voorraad emballage in magazijn
721 Voorraad emballage bij afnemers
725 Prijsverschillen bij inkoop emballage
729 Afschrijving emballage
800 Commerciële kostprijs verkochte chemicaliën
850 Opbrengst verkochte chemicaliën
990 Resultaat niet geretourneerde emballage

Over december 2015 zijn de volgende gegevens verzameld.

1 Per 1 december 2015 is het saldo van rekening *720 Voorraad emballage in magazijn* €12.000 en het saldo van rekening *721 Voorraad emballage bij afnemers* €36.000.
De vaste verrekenprijs per mandfles is €120.
Van de op voorgaande rekeningen geadministreerde mandflessen zijn 40 stuks ouder dan twee jaar.

2 In magazijn opgenomen heden ontvangen chemicaliën; waarde tegen vaste verrekenprijs €14.000. De hierin begrepen opslag voor magazijnkosten bedraagt €700.

3 Ontvangen de factuur voor de partij ad 2:

chemicaliën	€	12.600
bijberekende omzetbelasting	-	2.646
	€	15.246

4 Ontvangen de factuur voor gelijktijdig ontvangen emballage:

50 mandflessen à €90 =	€	4.500
bijberekende omzetbelasting	-	945
	€	5.445
De waarde tegen vaste verrekenprijzen bevat voor:		
opslag magazijnkosten	-	300
opslag breukschade	€	900
	€	1.200

5 Retour ontvangen van afnemers 120 mandflessen; creditnota's voor het statiegeld verzonden.

6 In het magazijn zijn 15 mandflessen gebroken.
Als maand van ontvangst in het magazijn stond op de betrokken flessen aangegeven:
1 mandfles oktober 2013
4 mandflessen februari 2013
8 mandflessen december 2013
2 mandflessen september 2015

7 Verzonden aan een afnemer:

diverse chemicaliën tegen		
verkoopprijs exclusief omzetbelasting	€	10.800
18 mandflessen à €120 =	-	2.160
	€	12.960
De opslag voor verkoopkosten bedraagt	€	1.080
De vaste verrekenprijs voor deze chemicaliën bedraagt	€	7.500

8 Verzonden de factuur voor:

chemicaliën en mandflessen ad 7	€	12.960
bijberekende omzetbelasting 21% van €10.800 =	-	2.268
	€	15.228

9 Bericht ontvangen van een afnemer dat daar 5 mandflessen zijn gebroken en dus niet zullen worden geretourneerd. Als maand van ontvangst in het magazijn stond op de betrokken flessen aangegeven:
5 mandflessen april 2015
Te betalen omzetbelasting €104,13.

Gevraagd
Geef de journaalposten van de hiervoor vermelde gegevens 1 t/m 9.
NB Uitsluitend de gegeven grootboekrekeningen gebruiken!

14.05* (§ 14.1) *In deze opgave blijft de omzetbelasting buiten beschouwing.*

De groothandelsonderneming Vatoso bv in Emmen verkoopt een bepaalde vloeistof in vaten. Deze vaten worden vervaardigd door Emballagefabriek nv in Assen.

Met deze fabriek is een langlopend contract gesloten voor levering in een periode van 6 jaar van totaal 12.000 vaten tegen een vaste prijs van €20 per vat. In verband met de lage contractprijs heeft Emballagefabriek nv destijds bedongen:
- Emballagefabriek nv stelt de afleveringsdata vast, met inachtname van een bepaald minimum- en maximumaantal vaten per jaar;
- de levering vindt plaats franco een opslagplaats van Vatoso bv;
- Vatoso bv betaalt binnen een maand na het sluiten van het contract vooruit €1,50 per vat, dus in totaal €18.000.

Vatoso bv heeft bij het sluiten van het contract rekening *125 Vatencontract* gecrediteerd voor 12.000 x €20 = €240.000; deze rekening is en wordt belast voor *alle* van Emballagefabriek nv ontvangen facturen inzake het vatencontract. De bijkomende inkoopkosten van in totaal €2.400 die betaald zijn bij het sluiten van het contract, zijn destijds op afzonderlijke rekening geactiveerd en worden met een gelijk bedrag per vat, ontvangen van de fabriek, overgebracht naar de betrokken vatenrekening.
Naar gelang van de behoefte vervoert Vatoso bv de vaten van haar opslagplaats in Assen naar Emmen. Daar worden ze voorzien van een codenummer, waaruit het kwartaal van in gebruik nemen (= ontvangen in Emmen) blijkt.
De dekking voor de transport- en merkkosten is €0,80 per vat, zodat rekening *303 Ontvangen vaten in Emmen* wordt bijgehouden tegen de vaste verrekenprijs van €21 per vat. Vóór de vulling met vloeistof maakt Vatoso bv de vaten schoon; de kosten daarvan activeert ze op *305 In rekening te brengen schoonmaakkosten* tegen een gecalculeerd bedrag van €1 per vat. Na schoonmaken en vullen worden de vaten overgebracht naar rekening *304 Vaten in expeditiemagazijn* tegen €21 per vat.

Vatoso bv brengt aan de afnemers voor de vaten een bedrag van €25 per vat in rekening. Per afnemer wordt een vatenadministratie bijgehouden. Indien deze afnemers de vaten binnen 3 maanden in goede staat terugzenden, krijgen zij een creditnota van €24 per vat. Het verschil van €1 is voor schoonmaakkosten.
De afschrijving op de vaten vindt plaats in 10 kwartalen tegen €2 per kwartaal, waarbij rekening wordt gehouden met een residuwaarde van €1 per vat. Op de vaten in Assen wordt nog niet afgeschreven.

Enkele afnemers sturen eigen vaten ter vulling. Deze voorraden lopen eveneens via *303 Ontvangen vaten in Emmen* en *304 Vaten in expeditiemagazijn*. Ook voor deze vaten worden de schoonmaakkosten geactiveerd en daarna bij aflevering aan de betrokken afnemers in rekening gebracht voor €1 per vat.

In het grootboek van Vatoso bv zijn in verband met het voorgaande uitsluitend de volgende rekeningen in gebruik:
120 Debiteuren
123 Emballagefabriek
124 Statiegeld
125 Vatencontract
300 Gecontracteerde vaten (à € 20)
301 Geactiveerde inkoopkosten (à € 0,20)
302 Vaten in Assen (à € 20,20)
303 Ontvangen vaten in Emmen (à € 21)
304 Vaten in expeditiemagazijn (à € 21)
305 In rekening te brengen schoonmaakkosten (à € 1)
306 Vaten onder afnemers (à € 21)
307 Vaten van afnemers (à € 21)
308 Afschrijving vaten
545 Gedekte transport- en merkkosten
555 Gedekte schoonmaakkosten
980 Incidentele resultaten op vaten

a Geef de journaalposten naar aanleiding van de volgende gegevens.

1. Van Emballagefabriek nv zijn 250 vaten in Assen ontvangen.
2. Van Emballagefabriek nv is een factuur ontvangen betreffende 180 ontvangen vaten, onder aftrek van de vooruitbetaling.
3. Van afnemers zijn 550 vaten retourontvangen.
4. Aan afnemers zijn creditnota's verzonden betreffende 600 retourontvangen vaten.
5. Van afnemers zijn 75 'eigen' vaten ter vulling ontvangen.
6. Uit de opslagplaats in Assen zijn 120 vaten naar Emmen overgebracht en gemerkt.
7. Er zijn 420 vaten schoongemaakt en gevuld, waarvan 40 vaten eigendom van afnemers zijn.
8. Aan afnemers zijn 580 gevulde vaten toegezonden, waarvan 50 vaten eigendom van de afnemers zijn.
9. De facturen betreffende de onder 8 vermelde vaten zijn verzonden.
10. Tijdens het schoonmaken is een vat, dat 6 kwartalen in gebruik was, gebroken.
11. Van een afnemer bericht ontvangen dat twee vaten niet retourgezonden zullen worden. Deze vaten waren al 7 kwartalen in gebruik.
12. Een gevuld vat dat eigendom was van een afnemer, is gebroken. Bericht gezonden dat hiervoor een van onze vaten in ruil gegeven wordt; op dit gevulde vat is twee kwartalen afgeschreven.

Op 31 december 2015 zijn de volgende gegevens geïnventariseerd:
- van het contract met Emballagefabriek nv zijn al 6.800 vaten ontvangen;
- over de laatste zending van 210 vaten is nog geen factuur ontvangen;

- een factuur betreffende 80 vaten is nog niet aan Emballagefabriek nv voldaan;
- in de opslagplaats in Assen liggen 300 vaten;
- in Emmen zijn aanwezig:
  400 nog schoon te maken vaten en 600 gevulde vaten;
- van de in Emmen aanwezige vaten zijn 20 eigendom van afnemers;
- bij afnemers zijn 2.000 vaten die eigendom zijn van Vatoso bv;
- de leeftijd van de vaten die in gebruik zijn, is gemiddeld 5 kwartalen.

b Stel aan de hand van de zojuist verstrekte gegevens de partiële balans per 31 december 2015 samen.

14.06 (§ 14.1) Frumon nv in Dongen produceert frisdranken. Deze worden afgeleverd in zogenaamde emballage-eenheden bestaande uit 12 flessen en een krat.
Tot en met 31 december 2015 werden deze emballage-eenheden tegen de kostende prijs aan de afnemers in rekening gebracht en niet teruggenomen.
Met ingang van 1 januari 2016 wordt voor de emballage-eenheden statiegeld in rekening gebracht, dat bij het retourzenden van de eenheden wordt terugbetaald, onder aftrek van 10% ter bestrijding van onder andere spoelkosten en afschrijvingskosten.
Het statiegeld is vastgesteld op €12 per emballage-eenheid, namelijk €0,50 per fles en €6 per krat.
De afnemers is toegezegd dat zij de vóór 1 januari 2016 toegezonden emballage eenheden eveneens kunnen retourneren. Er zal dan de intern berekende prijs van €0,20 per fles en €4 per krat (dus €6,40 per emballage-eenheid) vergoed worden onder aftrek van 10% voor het gebruik. De boekwaarde van de emballage-eenheden wordt gesteld op 50% van de *interne prijs*.
In verband met het voorgaande worden met ingang van 1 januari 2016 per afnemer de verzonden en terugontvangen emballage-eenheden bijgehouden.

Naast de al bestaande rekeningen:
350 Voorraad nieuwe flessen
351 Voorraad nieuwe kratten,
die bijgewerkt zijn en blijven tegen €0,20 per fles, respectievelijk €4 per krat, worden per 1 januari 2016 ingevoerd de rekeningen:
159 Statiegeld emballage-eenheden
380 Voorraad emballage-eenheden
381 Afschrijving emballage-eenheden
382 Correctie inkoopprijs tot statiegeldprijs emballage-eenheden
383 Retour ontvangen emballage-eenheden
390 Emballage-eenheden onder derden

Frumon nv administreert de emballage-eenheden tegen statiegeldprijs.

Met de leveranciers van de flessen en kratten zijn langlopende contracten afgesloten voor de levering op afroep van flessen en kratten à €0,20 per fles en €4 per krat.
In verband hiermee zijn in gebruik genomen de rekeningen:
161 Verplichtingen uit hoofde van afgesloten inkoopcontracten
360 Op contract gekochte flessen en kratten
361 Afgeroepen op contract gekochte flessen en kratten

In verband met het gewijzigde eigendomsrecht van de emballage-eenheden schrijft Frumon nv met ingang van 1 januari 2016 maandelijks op alle emballage-eenheden af.
Deze afschrijving bedraagt 8% per maand van de *boekwaarde* van de flessen en 9,75% per maand van de *boekwaarde* van de kratten die deel uitmaken van alle emballage-eenheden. De afschrijving wordt berekend over de boekwaarde aan het *begin van elke maand*.

Naast de genoemde rekeningen komen in het grootboek met betrekking tot de emballage de volgende rekeningen voor:
157 Te verzenden statiegeldnota's
158 Te verzenden creditnota's voor geretourneerde emballage-eenheden
270 Intern te verrekenen emballagekosten
533 Dekking spoelafdeling
950 Resultaat buiten gebruikgestelde emballage-eenheden
951 Resultaat op niet geretourneerde emballage-eenheden
952 Verlies op geretourneerde emballage-eenheden van vóór 1 januari 2016.

Gegevens nodig voor de boekingen in februari 2016:
1 *Contractenregister*
   Afgeroepen 24.000 flessen en 2.000 kratten.
2 *Magazijnontvangstenboek*
   Ontvangen 12.000 nieuwe flessen en 1.000 nieuwe kratten;
   dit betreft een levering na afroep.
3 *Inkoopboek*
   Factuur fa. Kist:

12.000 flessen à €0,20 =	€	2.400
1.000 kratten à €4,00 =	-	4.000
	€	6.400
omzetbelasting 21%	-	1.344
	€	7.744

4 *Emballageregister*
   a Verzonden aan afnemers 40.000 emballage-eenheden, waarvan 27.000 bestaande uit nieuwe flessen en kratten.
   b Retour ontvangen van afnemers 15.000 emballage-eenheden. Deze eenheden zijn na 1 januari 2016 aan de afnemers toegezonden.
      Er ontbreken aan de eenheden 500 flessen; deze zijn uit de voorraad aangevuld.
      Te betalen omzetbelasting over de 500 ontbrekende flessen:
      21/121 × 500 × €0,50 = €43 (afgerond).
   c Retour ontvangen van afnemers 25.000 emballage-eenheden.
      Deze eenheden zijn vóór 1 januari 2016 aan de afnemers toegezonden.
   d Afgekeurd en vernietigd 1.000 ontvangen emballage-eenheden.
      Deze eenheden zijn begrepen in de 25.000 emballage-eenheden genoemd onder punt c; de afnemers daarvan zijn niet meer vast te stellen.
5 *Register interne leveringen*
   De spoelafdeling leverde af aan het emballagemagazijn 30.000 gereinigde emballage-eenheden.
   De interne nota hierover bedraagt €6.000.
6 *Afschrijvingsregister*

In januari 2016 zijn 35.000 emballage-eenheden verzonden en 30.000 eenheden terugontvangen, waaronder 20.000 eenheden die vóór 1 januari 2016 aan de afnemers zijn toegezonden.

Gevraagd
Journaliseer de voorgaande gegevens over februari 2016.

14.07 (§ 14.2) *In deze opgave blijft de omzetbelasting buiten beschouwing.*

Cover bv in Beesd verhuurt dekkleden met een huurprijs van €12,50 per maand.
Zowel de maand van levering als de maand van terugontvangst worden bij het vaststellen van de huur altijd als volledige maand gerekend.
Bij het afgeven van de dekkleden moeten de huurders €600 statiegeld per dekkleed betalen, welk bedrag bij terugontvangst van het dekkleed wordt teruggegeven onder aftrek van de huur.
Op alle dekkleden die Cover bv in eigendom heeft, wordt maandelijks €12,50 per dekkleed afgeschreven.
Bij de boeking van de maandelijkse afschrijving wordt de afschrijving op de dekkleden bij huurders in mindering gebracht op de statiegeldverplichting.

In het grootboek van het verhuurbedrijf komen met betrekking tot de dekkleden uitsluitend de volgende rekeningen voor:
190 Statiegeld dekkleden
444 Afschrijvingskosten dekkleden
740 Voorraad dekkleden in magazijn
741 Voorraad dekkleden bij huurders
742 Prijsverschillen bij inkoop dekkleden
745 Afschrijving dekkleden
980 Resultaten dekkleden

Cover bv houdt de rekeningen *740* en *741* bij tegen de vaste verrekenprijs van €450 per dekkleed.

Per 1 januari 2015 bevinden zich 60 dekkleden in magazijn, 240 dekkleden zijn aanwezig bij huurders. Geen van deze dekkleden is al geheel afgeschreven.

Over januari 2015 worden de volgende gegevens verstrekt:
1 In januari zijn 20 dekkleden aan huurders afgegeven; het statiegeld is per kas ontvangen.
2 In januari zijn 100 nieuwe dekkleden ontvangen; de begeleidende factuur vermeldt een totaalbedrag van €40.000.
3 In januari zijn 50 dekkleden van huurders terugontvangen.

Statiegeld 50 × €600 =			€ 30.000
af: huur			
40 × 4 maanden × €12,50 =	€	2.000	
10 × 15 maanden × €12,50 =	-	1.875	
			- 3.875
Per kas betaald			€ 26.125

4 Eind januari wordt de afschrijving geboekt op alle dekkleden, die aan het begin van de betrokken maand eigendom van het verhuurbedrijf waren.
5 Eind januari worden 10 van de in het magazijn aanwezige dekkleden afgekeurd en vernietigd.
Van deze dekkleden zijn 4 stuks geheel afgeschreven; op de overige is per dekkleed 30 maanden afgeschreven.

a Journaliseer voorgaande gegevens.

Per 31 december 2015 blijkt het creditsaldo van rekening *190 Statiegeld dekkleden* €437,50 te hoog te zijn, zonder dat foute boekingen zijn gemaakt.

b 1 Geef de correctiejournaalpost.
2 Noem twee oorzaken voor het te hoge saldo op rekening *190*.

15 De externe verslaggeving in not-for-profit organisaties

15.01 – (§ 15.01)
a Welke twee bepalingen zijn in Titel 9 Boek 2 BW te vinden voor organisaties die zich het leveren van goederen en/of diensten ten doel stellen, zonder daarbij het verkrijgen van winst te beogen?
b Welke uitbreiding van het werkingsgebied van Titel 9 Boek 2 BW is sedert 31 december 1997 opgetreden?
c Welke andere verandering is opgetreden in het kader van de toepassing van Titel 9 Boek 2 BW voor organisaties zonder winstoogmerk?
d Noem drie Richtlijnen die de laatste jaren zijn verschenen, die van bijzonder belang zijn voor de niet op winst gerichte organisaties.

15.02 – (§ 15.02)
a Geef aan welk kenmerk zou kunnen duiden op het niet naar winst streven van
  1 de stichting;
  2 de vereniging.
b Waarom is het niet helemaal terecht om de stichting en de vereniging zonder meer aan te duiden als niet naar winst strevende organisatie?
c Wanneer spreken we van een commerciële stichting of vereniging?
d Welke drie voorwaarden bepalen wanneer commerciële stichtingen of verenigingen onder de werkingssfeer van Titel 9 Boek 2 BW vallen?
e Waarom is het (netto-)omzetbegrip van bijzonder belang voor commerciële stichtingen en verenigingen?
f Wanneer mag een commerciële stichting of vereniging de winst- en verliesrekening vervangen door een exploitatierekening?
g Uit welke vijf onderdelen bestaat (in het meest uitgebreide geval) het eigen vermogen van een stichting of vereniging? Geef bij elk onderdeel een korte beschrijving.

15.03 – (§ 15.03)
a Welke Algemene Richtlijn geldt voor organisaties-zonder-winststreven, waarvoor geen specifieke wettelijke bepalingen of Richtlijnen zijn gegeven?
b Wat regelt de onder a bedoelde Richtlijn over:
  1 het opnemen van cijfers over de begroting;
  2 het consolideren;
  3 de presentatie van het eigen vermogen;
  4 de presentatie binnen de staat van baten en lasten?

16 De fiscale jaarrekening

01 (§ 16.1) Stoopendaal bv in Dubbeldam beschikt over de machines PX17 en RT14. Hierna staan de gegevens van deze machines.

Machine	Aanschafprijs	Aanschafdatum	Geschatte gebruiksduur		Geschatte restwaarde	
			commercieel	fiscaal	commercieel	fiscaal
PX17	€ 80.000	01-07-2008	8 jaar	10 jaar	€ 4.000	€ 8.000
RT14	- 140.000	01-01-2009	8 jaar	10 jaar	- 7.000	- 14.000
SF08	- 160.000	01-07-2015	8 jaar	10 jaar	- 8.000	- 16.000

Op 1 juli 2015 is machine PX17 ingeruild voor machine SF08. In 2015 is permanent in gebruik geweest:
- machine PX17: eerste halfjaar;
- machine RT14: hele jaar;
- machine SF08: tweede halfjaar.

Zowel commercieel als fiscaal wordt:
- met gelijke jaarlijkse bedragen afgeschreven;
- over delen van een jaar naar evenredigheid afgeschreven.

a Stel de commerciële rekeningen *Machines* en *Afschrijving machines* over 2015 samen (inclusief afsluiten).
b Stel de denkbeeldige fiscale rekeningen *Machines* en *Afschrijving machines* over 2015 samen (inclusief afsluiten).
c Welk bedrag vermeldt Stoopendaal bv voor de drie machines op de fiscale balans per 31 december 2015?

02 (§ 16.1) Op de volgende commerciële balansen van Benjo nv in Dronten is voor de posten 'Gebouwen' en 'Debiteuren' het volgende gegeven (bedragen × €1.000).

	Commerciële balansen per					
	31-12-2015	31-12-2014		31-12-2015	31-12-2014
Gebouwen	1.000	800	Herwaardering gebouwen	123	75
Afschrijving gebouwen	377	320			
	623	480			
Debiteuren	280	250			
Voorziening debiteuren	40	35			
	240	215			

Op de fiscale balans per 31 december 2014 komt met betrekking tot deze posten voor (bedragen x €1.000):

Fiscale balans per 31 december 2014

Gebouwen	700	
Afschrijving gebouwen	224	
		476
Debiteuren	250	
Afschrijving debiteuren	25	
		225

Verdere gegevens

1 *Gebouwen*
   In verband met prijsstijging van de gebouwen ging Benjo nv over tot een herwaardering in de boekhouding per 2 januari 2015.
   Begin januari 2015 is een nieuw gebouw gekocht; verkoop van gebouwen vond in 2015 niet plaats.
   De jaarlijkse afschrijving op de gebouwen is
   - commercieel 2,5% van de aanschafprijs (op basis van actuele kostprijs);
   - fiscaal 2% van de historische aanschafprijs. De aan de hand van de verstrekte gegevens te berekenen fiscale boekwaarde per 31 december 2015 ligt boven de fiscale bodemwaarde (= 50% van de WOZ-waarde) per die datum.

   In beide gevallen wordt afgeschreven op basis van de per 31 december aanwezige gebouwen.

2 *Debiteuren*
   In 2015 bedroeg de dotatie voor oninbare vorderingen ten laste van de commerciële winst- en verliesrekening €50.000.
   Het fiscaal aanvaarde verlies op debiteuren in 2015 is €4.000 minder dan het bedrag dat commercieel ten laste werd gebracht van de winst- en verliesrekening.

Gevraagd
Geef aan welke bedragen voor de posten 'Gebouwen' en 'Debiteuren' moeten worden vermeld op de fiscale balans per 31 december 2015.

16.03 (§16.2) In deze opgave maken we gebruik van de gegevens in opgave **16.01**.

Gevraagd
Welk bedrag noteert Stoopendaal bv voor afschrijving op de drie machines op de fiscale winst- en verliesrekening 2015?

16.04* (§16.2) Asadi bv in Amersfoort is op 1 januari 2012 haar activiteiten gestart.
Voor het verpakken van de door haar verhandelde goederen is op 1 januari 2012 een machine (machine 1) in gebruik genomen. De machine heeft een aanschafprijs van €100.000. De jaarlijkse afschijvingskosten berekent het bedrijf aan de hand van de volgende gegevens:

- *Commercieel*
  Geschatte gebruiksduur 5 jaar; geschatte restwaarde na 5 jaar €0.
  Het af te schrijven bedrag wordt over de gebruiksduur verdeeld in de verhouding 2: 2: 2: 2: 2.
- *Fiscaal*
  Geschatte gebruiksduur 5 jaar; geschatte restwaarde na 5 jaar €10.000.
  Het af te schrijven bedrag wordt over de gebruiksduur verdeeld in de verhouding 4: 1,5: 1,5: 1,5: 1,5. Fiscaal maakt Asadi bv dus gebruik van de mogelijkheid van willekeurige afschrijving.

Op 1 januari 2013 wordt een tweede machine (machine 2) in gebruik genomen. Hiervoor gelden dezelfde gegevens als voor machine 1.

Alleen door de in deze opgave vermelde gegevens wijkt de jaarlijkse commerciële winst in de jaren 2012 t/m 2015 af van de (fiscale) belastbare winst.

Het tarief vennootschapsbelasting is 25%.

a Welke posten (met bedragen) staan in direct verband met de machines op:
  1 de commerciële balans per 31 december 2014;
  2 de fiscale balans per 31 december 2014?

We nemen nu aan dat machine 1 op 31 december 2014 is verkocht voor €51.000. Het fiscaal behaalde resultaat bij deze verkoop wordt gedeeltelijk opgenomen in een herinvesteringsreserve. Dit gedeelte moet worden berekend door de verkoopopbrengst van machine 1 te vergelijken met de boekwaarde op het moment van verkoop, uitgaande van de veronderstelling dat de machine volgens de gebruikelijke fiscale methode is afgeschreven. Deze methode houdt in: lineaire afschrijving in 5 jaar, rekening houdend met een restwaarde na 5 jaar van €10.000.

b Bereken het bedrag dat per 31 december 2014 fiscaal wordt opgenomen in de herinvesteringsreserve.
c Welke posten (met bedragen) staan – na de verkoop van machine 1 – in direct verband met de machines op:
  1 de commerciële balans per 31 december 2014 en de commerciële winst- en verliesrekening 2014;
  2 de fiscale balans per 31 december 2014 en de fiscale winst- en verliesrekening 2014?

Op 1 januari 2015 wordt een nieuwe machine (machine 3) in gebruik genomen. Hiervoor gelden dezelfde gegevens als voor de eerder vermelde machines 1 en 2. Fiscaal wordt de in 2014 gevormde herinvesteringsreserve in mindering gebracht op de aanschafprijs van de nieuwe machine. Verder zijn er in 2015 geen wijzigingen met betrekking tot de machines.

d Welke posten (met bedragen) staan in direct verband met de machines op:
1 de commerciële balans per 31 december 2015 en de commerciële winst- en verliesrekening 2015;
2 de fiscale balans per 31 december 2015 en de fiscale winst- en verliesrekening 2015?

16.05 (§ 16.3) Van handelsonderneming Putman bv in Utrecht zijn de volgende (fiscale) gegevens bekend:

Fiscaal vermogen 31 december 2014	€	819.000
Fiscaal vermogen 31 december 2015	-	1.300.000

De grootboekrekeningen *Te betalen vennootschapsbelasting* en T*e betalen dividend* zien er over 2015 zowel commercieel als fiscaal als volgt uit.

Te betalen vennootschapsbelasting

2015	Betaald		€	60.000	1/1	Balans:		
31/12	Balans		-	2.000		• Restantschuld over 2013	€	6.000
						• Te bet. venn.bel. over 2014	-	56.000
							€	62.000
			€	62.000			€	62.000

Te betalen dividend

2015	Betaald		€	75.000	1/1	Balans:		
31/12	Balans		-	5.000		• Restantschuld over 2013	€	4.000
						• Voorgesteld dividend uit winst 2014	-	57.000
							€	61.000
					1/9	Gedeclareerd interimdividend over 2015	-	19.000
			€	80.000			€	80.000

In 2015 werden aandelen geëmitteerd, waarvan de volgende journaalpost werd gemaakt:

110	Bank	€ 240.000	
Aan 041	Aandelen in portefeuille		€ 200.000
Aan 043	Agioreserve		- 40.000

Aan tantièmes werd in 2015 een bedrag van €15.000 betaald.

a Geef de voorlopige berekening van het 'Saldo fiscale winstberekening' over 2015 via vermogensvergelijking.

Het tarief vennootschapsbelasting in 2015 is 25%.

b Bereken de te betalen vennootschapsbelasting over 2015.
c Geef de definitieve berekening van het 'Saldo fiscale winstberekening' over 2015 via vermogensvergelijking.

06 (§16.3) Op de commerciële balansen van Hidro nv in Breda komt onder andere voor:

	31-12-2015	31-12-2014
Gebouwen	€ 2.828.000	€ 2.400.000
Voorraden	- 400.000	- 500.000
Aandelenkapitaal	- 900.000	- 800.000
Agioreserve	- 100.000	nihil
Herwaardering gebouwen (ongerealiseerd)	- 600.000	- 500.000
Winstsaldo na belasting		- 152.000
Winstsaldo vóór belasting	- 120.000	
Te betalen vennootschapsbelasting	- 10.000	- 60.000
Te betalen tantièmes	- 15.000	- 13.000

Nadere gegevens
1 Winstverdeling 2014:

Dividend	€ 80.000
Naar reserve	- 72.000
	€ 152.000

Deze winstverdeling is in de boekhouding verwerkt in 2015.

2 Op de fiscale balansen komt onder andere voor:

	31-12-2015	31-12-2014
Gebouwen	€ ...	€ 1.800.000
Afschrijving	- ...	- 420.000
	€ ...	€ 1.380.000
Voorraden	- 470.000	- 600.000
Te betalen venn.belasting	- 10.000	- 60.000
Te betalen tantièmes	- 15.000	- 13.000
Fiscaal vermogen	- 1.960.000	- 1.740.000

3 Op de commerciële winst- en verliesrekening over 2015 komt onder andere voor:

Tantièmes	€ 15.000
Afschrijving gebouwen	- 72.000
Winstsaldo vóór belasting	- 220.000

4 Gebouwen:
In 2015 is een gebouw gekocht; verkopen vonden niet plaats.
De fiscale afschrijving is 3% van de aanschafprijs per jaar; in het jaar van aanschaf echter 1,5%.

a Geef de bedragen op de fiscale balans per 31 december 2015 bij de post 'Gebouwen'.
b Bereken het 'Saldo fiscale winstberekening' over 2015 door vermogensvergelijking.
c Licht toe dat het bij b gevraagde bedrag in deze opgave gelijk is aan het belastbaar bedrag.

16.07 (§16.3) Bij de handelsonderneming Easy Sellers bv in Tilburg komen op de commerciële balansen hierna onder andere de volgende posten voor.

Commerciële balansen per 31 december

	2015 (voorlopig)	2014 (definitief)		2015 (voorlopig)	2014 (definitief)
Inventaris	€ 1.308.000	€ 1.216.000	Aandelenkapitaal	€ 5.000.000	€ 4.000.000
			Reserves	- 890.000	- 610.000
			Winst 2014 (na belasting)		- 360.000
			Winst 2015 (vóór belasting)	- 466.000	
			Te betalen venn.belasting	- 30.000	- 140.000
			Dividend vorig jaar	- 4.000	- 2.000
			Overige schulden	- 1.140.000	- 1.124.000

DE FISCALE JAARREKENING

De fiscale balansen zien er als volgt uit.

Fiscale balansen per 31 december

	2015 (voorlopig)	2014 (definitief)		2015 (voorlopig)	2014 (definitief)
Inventaris	(a)	€ 1.280.000	Fiscaal vermogen	(b)	€ 5.244.000
Voorraad goederen	€ 1.476.000	- 1.690.000	Te betalen venn.belasting	- 30.000*	- 140.000
Overige activa	- 4.900.000	- 3.540.000	Dividend vorig jaar	- 4.000	- 2.000
			Overige schulden	- 1.140.000	- 1.124.000
	€ ...	€ 6.510.000		€ ...	€ 6.510.000

* In dit bedrag is nog geen te betalen vennootschapsbelasting over 2015 opgenomen.

Verdeling van de winst na belasting over 2014, geboekt in 2015:

Dividend	€ 240.000
Winstreservering	- 120.000
	€ 360.000

Toelichtingen

1 *Inventaris*
 De afschrijving is per jaar: commercieel 6% en fiscaal 5% van de aanschafprijs van de op 31 december aanwezige inventaris. De aanschafprijs op 31 december 2014 was €1.600.000. In 2015 is geen inventaris verkocht. Ten laste van de commerciële winst- en verliesrekening werd over 2015 afgeschreven €108.000.
2 *Reserves*
 De mutatie in deze post was een gevolg van winstreservering en agio op een aandelenemissie.

a Bereken de bedragen die op de fiscale balans per 31 december 2015 moeten worden vermeld bij:
 1 Inventaris (a),
 2 Fiscaal vermogen (b).
b Geef de voorlopige berekening van het 'Saldo fiscale winstberekening' over 2015 via vermogensvergelijking.

In deze opgave is het 'Saldo fiscale winstberekening' gelijk aan het belastbaar bedrag.
Het tarief vennootschapsbelasting is 25%.

c Bereken de te betalen vennootschapsbelasting over 2015.
d Geef de definitieve berekening van het 'Saldo fiscale winstberekening' over 2015 via vermogensvergelijking.

Deze opgave is een vervolg op voorbeeld 16.8 in paragraaf 16.3 van het tekstboek.

Gegevens voor Koverka bv over 2015

- Gekocht en per bank betaald
  25.000 producten Pax × €20 = € 500.000
- Verkocht en per bank ontvangen
  28.000 producten Pax × €30 = € 840.000
- Betaald per bank voor kosten € 148.000
- De afschrijvingskosten op de bedrijfsauto zijn
  4/15 × €45.000 = € 12.000
- Van de Belastingdienst ontvangen:
  - Definitieve aanslag vennootschapsbelasting over 2014 € 26.000
    Vooruitbetaald in 2014 - 10.000

    Nog te betalen per 31 december 2014 € 16.000
    Betaald in 2015 - 15.000

    Nog te betalen per 31 december 2015 € 1.000

  - Voorlopige aanslag vennootschapsbelasting over 2015 € 20.000
    Betaald in 2015 - 20.000

    Nog te betalen per 31 december 2015 € 0

- In maart 2015 besluit de aandeelhoudersvergadering de in 2014 gemaakte winst (na belasting) geheel te reserveren.

a Stel voor Koverka bv de volgende voorlopige commerciële overzichten samen:
  1 de winst- en verliesrekening 2015 (vóór vermelding van de belastinglast);
  2 de balans per 31 december 2015 (vóór vermelding van de te betalen vennootschapsbelasting over 2015).

De gegevens voor de fiscale jaarrekening zijn grotendeels gelijk aan die voor de commerciële jaarrekening, maar:

- Van de betaalde kosten van €148.000 wordt fiscaal slechts geaccepteerd € 121.000
- De afschrijvingskosten op de bedrijfsauto zijn
  1/5 × €45.000 = € 9.000

Het tarief vennootschapsbelasting is 25%.

b Stel voor Koverka bv de volgende fiscale overzichten samen:
  1 de winst- en verliesrekening 2015;
  2 de (voorlopige) balans per 31 december 2015 (vóór vermelding van de te betalen vennootschapsbelasting over 2015);

3 de (voorlopige) berekening van het belastbaar bedrag (= de belastbare winst) via vermogensvergelijking over 2015.

Na het beantwoorden van de vragen **a** en **b** kunnen de *voorlopige* overzichten worden omgezet in *definitieve* overzichten.

c Bereken over 2015 de te betalen vennootschapsbelasting;
d Zet het voorlopige overzicht van b3 om in een definitief overzicht.

.09* (§16.3) De handelsonderneming Bilox bv in Heemstede beschikt over de volgende fiscale balans per 31 december 2014.

Fiscale balans per 31 december 2014

Inventaris		€ 165.000	Gestort en opgevraagd kapitaal	€	250.000
Bedrijfsauto's		- 220.000	Agio	-	30.000
Voorraad handelsgoederen		- 300.000	Winstreserve	-	112.000
Debiteuren	€ 100.000		Herinvesteringsreserve	-	8.000
Afschrijving debiteuren	- 5.000		Fiscaal vermogen	€	400.000
			6% Lening FMB	-	300.000
		- 95.000	Crediteuren	-	110.000
Vooruitbetaalde huur bedrijfsgebouw		- 10.000	Te betalen interest 6% Lening FMB	-	4.500
			Te betalen vennootschapsbelasting	-	18.500
Rabobank		- 52.000	Te betalen tantièmes	-	10.000
Kas		- 5.000	Te betalen diverse bedrijfskosten	-	4.000
		€ 847.000		€	847.000

Toelichting
- De aanschafprijs van de inventaris is €300.000.
Op de inventaris wordt jaarlijks fiscaal 15% van de aanschafprijs afgeschreven. Op inventaris die in de loop van het jaar wordt gekocht of verkocht wordt fiscaal naar evenredigheid afgeschreven.
- De aanschafprijs van de bedrijfsauto's is €280.000.
Op de bedrijfsauto's wordt jaarlijks fiscaal 20% van de aanschafprijs afgeschreven.
- De waardering van de handelsgoederen per 31 december 2014 is als volgt:

artikel Loxo 10.000 stuks à €6 =	€	60.000
overige handelsgoederen	-	240.000
	€	300.000

Het artikel Loxo wordt gewaardeerd volgens het ijzeren-voorraadstelsel. De ijzeren voorraad is 10.000 stuks, de ijzeren-voorraadprijs is €6.
- De huur van het bedrijfsgebouw wordt steeds per drie maanden vooruitbetaald; de betaaldata zijn 1/2, 1/5, 1/8 en 1/11.
- De interest op de 6% lening wordt steeds per zes maanden achteraf betaald;
de betaaldata zijn 1/4 en 1/10.
Per 1/4 wordt steeds €30.000 op de lening afgelost.

Gegevens over 2015

1 Op 2 januari 2015 is inventaris verkocht voor €18.000. Deze inventaris is aangekocht op 1 januari 2012 voor €30.000. In 2015 wordt op deze inventaris niet meer afgeschreven.
Fiscaal wordt de gemaakte winst op de verkochte inventaris opgenomen in de herinvesteringsreserve.
Op 1 juli 2015 is nieuwe inventaris gekocht en onmiddellijk in gebruik genomen. De aanschafprijs van deze inventaris was €80.000. Fiscaal is het bedrag op de herinvesteringsreserve per 31 december 2014 op de aanschafprijs van de nieuwe inventaris in mindering gebracht.

2 Ontvangen facturen voor ingekochte en ontvangen

• 34.000 stuks artikel Loxo	€	208.000
De factuur voor de laatste in 2015 ingekochte partij vermeldde 5.000 stuks Loxo à €6,20.		
• overige handelsgoederen	-	812.000

3 Verzonden facturen voor verkochte en afgeleverde

• 32.000 stuks artikel Loxo	€	320.000
• overige handelsgoederen	-	1.250.000

4 Ontvangen per Rabobank:

• van debiteuren	€	1.330.000
De nominale waarde van deze vorderingen was	-	1.380.000
Definitief oninbaar	€	50.000
• uit een aandelenemissie	€	170.000
De nominale waarde van deze emissie was	-	150.000
Agio	€	20.000
• verkoop inventaris	€	18.000

5 Betaald per Rabobank:

• aan crediteuren	€ 978.000
• huur	
per 1/2	€ 30.000
per 1/5	- 30.000
per 1/8	- 33.000
per 1/11	- 33.000
• interest 6% lening	
per 1/4	€ 9.000
per 1/10	- 8.100
• aflossing 6% lening	
per 1/4	€ 30.000
• lonen personeel	€ 220.000
• diverse bedrijfskosten	€ 23.200
• vennootschapsbelasting (in 2015 ontvangen aanslagen*)	€ 35.000
• tantièmes	€ 10.000
• aankoop inventaris	€ 80.000

* €18.500 over voorgaande jaren en €16.500 over 2015 (voorlopige aanslag).

6 Ontvangen per kas:

• van debiteuren	€ 7.000
De nominale waarde van deze vorderingen was	- 10.000
Definitief oninbaar	€ 3.000

7 Betaald per kas:

• diverse bedrijfskosten	€ 6.600

Gegevens per 31 december 2015
- Bij artikel Loxo is geen voorraadverschil geconstateerd.
  De waarde van de voorraad overige handelsgoederen is €327.600.
- Op de nominale waarde van de uitstaande vorderingen mag fiscaal €8.000 als afschrijving in mindering worden gebracht.
- Het bedrag van de over 2015 uit te keren tantièmes is €12.500; dit bedrag wordt fiscaal ook als kosten beschouwd.
- De nog te betalen diverse bedrijfskosten zijn €5.100.
  Van de diverse bedrijfskosten 2015 is een bedrag van €3.000 fiscaal niet aftrekbaar.

a Stel de voorlopige fiscale balans per 31 december 2015 samen.
NB In deze balans is nog niet de te betalen vennootschapsbelasting over 2015 opgenomen.
b Stel de fiscale winst- en verliesrekening over 2015 samen.
c Geef via vermogensvergelijking de voorlopige berekening van de belastbare winst (= het belastbaar bedrag) over 2015.

Het tarief vennootschapsbelasting is 25%.

d Bereken de over 2015 te betalen vennootschapsbelasting.

Na de berekening van het bij **d** gevraagde bedrag moeten in de bij **a** en **c** gevraagde overzichten enkele wijzigingen worden aangebracht om ze definitief te maken.

e Geef de zojuist bedoelde wijzigingen in de bij **a** en **c** gevraagde overzichten.

16.10 (§16.3) Van Gijsen bv zijn de volgende gegevens bekend:
- Fiscaal eindvermogen 2015 €568.934.
- Op de eindbalans is een bedrag van €3.000 aan te betalen tantième opgenomen.
- Fiscaal beginvermogen 2015 is €243.980.
- In 2015 is als kosten onder andere geboekt:
  - uitbetaald dividend €5.000;
  - Gijsen bv heeft in 2015 een pand verkocht aan Franklin Gijsen (directeur-grootaandeelhouder) voor €230.000. De boekwaarde van dit pand was €200.000 en de werkelijke waarde €300.000;
  - Representatiekosten €6.000;
  - Vennootschapsbelasting €35.000;
  - Commissarisbeloning €4.000; deze commissaris heeft 10% van de aandelen van Gijsen bv. Omdat de commissaris een aanmerkelijk belang heeft is slechts de helft van de vergoeding aan hem aftrekbaar van de winst.

Gevraagd
Bereken het Saldo fiscale winstberekening 2015 voor Gijsen bv.

16.11** (§ 16.4) Hanekamp bv in Deventer produceert trekkers en onderdelen voor trekkers. In bijlage I zijn van Hanekamp bv opgenomen:
- de commerciële balansen per 31 december 2014 en 2015;
- de commerciële winst- en verliesrekening over 2015;
- de fiscale balans per 31 december 2014.

Door langdurige ziekte heeft de fiscalist de fiscale balans per 31 december 2015 van Hanekamp bv niet kunnen afmaken.
Hierna volgt de gedeeltelijke fiscale balans:

Gedeeltelijke fiscale balans per 31 december 2015 Hanekamp bv

Parkeerplaatsen	€	84.000	Fiscaal vermogen	€	...
Gebouwen	-	...	Overige passiva	-	885.053
Machines	-	83.300			
Deelneming	-	356.750			
Voorraad	-	743.040			
Debiteuren	-	...			
Vennootschapsbelasting 2015	-	30.000			
Overige activa	-	10.300			
	€	...		€	...

Nadere gegevens

- *Parkeerplaatsen*
  In 2015 zijn parkeerplaatsen bijgekocht voor €18.000.

- *Gebouwen*
  In 1997 werd de ondergrond van het bedrijfsgebouw voor €100.000 gekocht; de bouwkosten waren €900.000. Commercieel wordt jaarlijks 2% van het verschil tussen de bouwkosten en de restwaarde van het bedrijfsgebouw afgeschreven; fiscaal is dit 3%. De afschrijving ving aan op 1 januari 1998. De restwaarde van het bedrijfsgebouw is €50.000.
  De WOZ-waarde van het gebouw + ondergrond is voor 2015 vastgesteld op €1.100.000; de bodemwaarde is dus €550.000.
  Op 1 januari 2015 is een mobiele loods met een aanschafprijs van €80.000, waarop zowel commercieel als fiscaal 10 jaar was afgeschreven, verkocht aan een projectontwikkelaar voor €60.000. Commercieel werd jaarlijks 5% van de aanschafprijs afgeschreven; fiscaal was dit 4%.
  De bij de verkoop van deze loods behaalde boekwinst dient fiscaal per 31 december 2015 als herinvesteringsreserve in het fiscaal vermogen te worden opgenomen.

- *Machines*
  Op de machines wordt zowel commercieel als fiscaal hetzelfde percentage afgeschreven.
  In 2015 is een nieuwe machine gekocht, terwijl een oude machine met een verlies is verkocht.

- *Deelneming*
  Het is een minderheidsdeelneming, die zowel commercieel als fiscaal wordt gewaardeerd tegen verkrijgingsprijs. Op het jaarlijks te ontvangen dividend is de deelnemingsvrijstelling van toepassing.

- *Voorraad*
  Op de commerciële balans wordt de voorraad gewaardeerd tegen de bestede directe kosten, vermeerderd met een opslag voor algemene kosten van 12% van die directe kosten.
  De waardering op de fiscale balans per 31 december 2014 bedraagt €478.440 en per 31 december 2015 €743.040.

- *Debiteuren*
  Jaarlijks wordt commercieel 0,10% van de netto-omzet gedoteerd aan de voorziening debiteuren. De voorziening bedraagt commercieel per 31 december 2014 €72.000 en per 31 december 2015 €77.000. Deze voorziening is op de commerciële balans in mindering gebracht op het nominale bedrag aan debiteuren.
  Fiscaal is de dotatie aan de voorziening 0,05% van de netto-omzet.
  In 2015 is commercieel een bedrag wegens insolventie van debiteuren ten laste van deze voorziening gebracht.
  Fiscaal is per 31 december 2014 een voorziening opgenomen van €55.000. Ook per 31 december 2015 is een bedrag voor deze voorziening opgenomen.
  Statische toetsing van de omvang van de voorziening geeft dezelfde uitkomst.

- *Vennootschapsbelasting*
  Per 31 december 2014 is de te vorderen vennootschapsbelasting €36.000; dit betreft een schatting van de definitieve aanslag over 2013. In 2015 wordt de definitieve aanslag over 2013 ontvangen; hieruit blijkt dat de te vorderen vennootschapsbelasting €34.500 bedraagt. Dit bedrag is in 2015 ontvangen. Het verschil is ten laste van de overige reserves geboekt.
  In 2015 is een voorlopige aanslag over 2015 van €30.000 ontvangen en betaald. Het tarief vennootschapsbelasting is 25%.

- *Winstverdeling*
  De winst over 2014 (na belasting) is in 2015 geheel toegevoegd aan de overige reserves.
  In de loop van 2015 is een interimdividend van €40.000 gedeclareerd en uitbetaald. Dit interimdividend is ten laste van de overige reserves geboekt.

a Geef over 2015 een verloopoverzicht van het bedrag bij de post overige reserves op de commerciële balans van Hanekamp bv.
b Bereken de ontbrekende bedragen op de fiscale balans per 31 december 2015 van Hanekamp bv.
c Bereken het bedrag bij de post Kostprijs omzet op de fiscale winst- en verliesrekening over 2015 van Hanekamp bv.
d Bepaal voor Hanekamp bv het fiscaal belastbaar bedrag 2015 door vermogensvergelijking.

(SPD-examen, herzien)

Bijlage I

Commerciële balans Hanekamp bv

	31-12-2015 voorlopig	31-12-2014 definitief		31-12-2015 voorlopig	31-12-2014 definitief
Terreinen	€ 84.000	€ 66.000	Aandelenkapitaal	€ 800.000	€ 500.000
Gebouwen	- 694.000	- 751.000	Agioreserve	- 150.000	
Machines	- 83.300	- 99.700	Overige reserves	- 853.892	- 671.612
Deelneming	- 356.750	- 356.750	Winst 2014 (na bel.)		- 223.780
Voorraad	- 770.560	- 496.160	Winst 2015 (voor bel.)	- 540.000	
Debiteuren	- 1.233.090	- 1.195.030	Latente belastingen	- 33.055	- 33.055
Venn. belasting 2013		- 36.000	Te betalen venn. belasting 2014		- 88.000
Vooruitbetaalde Venn. belasting 2015	- 30.000		Overige passiva	- 885.053	- 1.484.553
Overige activa	- 10.300	- 360			
	€ 3.262.000	€ 3.001.000		€ 3.262.000	€ 3.001.000

Commerciële winst- en verliesrekening 2015 Hanekamp bv (voorlopig)

Netto-omzet			€	9.320.000
Kostprijs netto-omzet			-	7.560.340
			€	1.759.660
Afschrijvingen:				
• Gebouwen		€ 17.000		
• Machines		- 35.200		
			-	52.200
			€	1.707.460
Dotatie voorziening debiteuren		- 9.320		
Overige kosten		- 1.217.340		
			-	1.226.660
Resultaat uit gewone bedrijfsuitoefening			€	480.800
Winst verkoop loods		€ 20.000		
Verlies verkoop machine	-/-	- 1.200	-	18.800
			€	499.600
Dividend deelneming			-	40.400
Winst boekjaar (voor belasting)			€	540.000

Fiscale balans per 31 december 2014 Hanekamp bv

Terreinen	€	66.000	Fiscaal vermogen	€	1.296.227
Gebouwen	-	614.500	Te betalen venn.		
Machines	-	99.700	belasting 2014	-	88.000
Deelneming	-	356.750	Overige passiva	-	1.484.553
Voorraad	-	478.440			
Debiteuren	-	1.217.030			
Vennootschapsbelasting 2013	-	36.000			
Overige activa	-	360			
	€	2.868.780		€	2.868.780

16.12 (§ 16.4) *In deze opgave hoeft geen rekening gehouden te worden met omzetbelasting.*

Van onderneming Oevers bv te Haarlem zijn de volgende gegevens bekend.

Materiële vaste activa
In 2015 heeft Oevers bv de volgende investeringen gedaan:
- Een bedrijfshal voor €120.000 (inclusief de waarde van de ondergrond ad €30.000);
- Een personenauto voor €35.000 (fiscaal is hier een herinvesteringsreserve in mindering op gebracht voor €5.000);
- Een stuk gereedschap van €1.000.

Op grond van deze investeringen heeft Oevers recht op een investeringsaftrek van €15.609.

Voorraden

Voorraad 31 december 2014   11.600 stuks:
Inkoopwaarde van de voorraad per 31 december 2014:

	Aantal	Prijs p. eenh.		Inkoopwaarde	
12 november	6.400 stuks	€	14,20	€	90.880
21 december	5.200 stuks	€	13,80	-	71.760
				€	162.640

De marktwaarde per eenheid per 1 januari 2015 bedraagt €13,40.

Voorraad per 31 decembber 2015   12.600 stuks.
Inkoopwaarde van de voorraad per 31 december 2015:

	Aantal	Prijs p. eenh.		Inkoopwaarde	
12 november	5.400 stuks	€	14,49	€	78.246
21 december	7.200 stuks	€	14,91	-	107.352
				€	185.598

De marktwaarde per eenheid per 31 december 2015 bedraagt €15,33.

Fiscaal wordt de waarde van voorraad goederen bepaald met behulp van het ijzeren-voorraadstelsel. De gegevens met betrekking tot dit stelsel zijn:
IJzeren-voorraadhoeveelheid   12.000 eenheden
IJzeren-voorraadprijs   €9 per eenheid

De inkopen bedroegen €15.184.000.

Debiteuren
De waardering van de debiteuren op de commerciële balans is verminderd met een voorziening voor dubieuze debiteuren. De voorziening bedraagt 2% van de nominale waarde van de debiteuren. De waarde op de commerciële balans is:
31 december 2014   €1.503.320
31 december 2015   €1.578.780

De dotatie aan de voorziening debiteuren bedroeg in 2015 €378.960.
In 2015 is van debiteuren ontvangen een bedrag van €18.493.580.

De voorziening van debiteuren is fiscaal niet geaccepteerd en de werkelijke verliezen van debiteuren worden als verlies geaccepteerd.

Vergoeding commissaris
Een aandeelhouder van de bv (met een aanmerkelijk belang) is tevens commissaris van deze bv. Uit hoofde van dit commissariaat ontvangt hij een beloning van €20.000. Op grond van de fiscale wetgeving is de helft van deze vergoeding aftrekbaar van de fiscale winst, maar met een maximum van €9.076.

Overige kosten
De bv heeft acht werknemers in loondienst. Deze zijn in 2015 op kosten van de bv naar een receptie van een afnemer geweest. De kosten hiervan bedroegen €6.000. Het gezamelijke belastbaar loon is €1.250.000. Deze kosten zijn fiscaal beperkt aftrekbaar. De eerste drempel wordt bepaald op het hoogste bedrag van 0,4% van de totale loonsom of €4.500.
De tweede drempel wordt alleen toegepast als deze gunstiger is dan de eerste drempel. Deze tweede drempel wordt bepaald door 73,5% als aftrekbaar te beschouwen.

Dividend
In de loop van het jaar is in totaal €500.000 aan dividend uitgekeerd. Hiervan is €250.000 in de vorm van bonusaandelen.

Vennootschapsbelasting
De vennootschapsbelasting maakt onderdeel uit van het fiscaal vermogen. In de loop van het jaar is een bedrag van €100.000 aan vennootschapsbelasting betaald.
Het tarief is 25%.

Verliescompensatie
Met betrekking tot de resultaten is gegeven:

Jaar	2013	2014
Belastbare winst	€ 100.000 winst	€ 400.000 verlies

Het belastbare verlies van 2014 is voor een gedeelte verrekend met de belastbare winst van 2013.

Fiscaal vermogen
31 december 2014   €2.458.120
31 december 2015   €2.654.006

a Stel de fiscale winst- en verliesrekening op door volgend model in te vullen:

Omzet (op rekening)			€	...
Kostprijs van de omzet	€	...		
Loonkosten	€	1.250.000		
Afschrijvingen	€	400.000		
Debiteurenverliezen	€	...		
Commissarisvergoeding	€	...		
Overige kosten	€	1.180.000		
...	€			
			€	...
Saldo fiscale winst- en verliesrekening			€	...

b Bepaal het belastbaar bedrag door middel van de vermogensvergelijking.

17 De verwerking van de verschuldigde en verrekenbare, en latente vennootschapsbelasting in de commerciële jaarrekening

1 (§ 17.1) Van Dungen bv in Schagen heeft de volgende commerciële winst- en verliesrekening over 2015 opgesteld.

Winst- en verliesrekening over 2015

Inkoopprijs verkopen	€	500.000	Opbrengst verkopen	€ 800.000
Afschrijvingskosten bedrijfsauto's	-	50.000		
Verlies oninbare vorderingen	-	18.000		
Overige bedrijfskosten	-	152.000		
Winst vóór belasting	-	80.000		
	€	800.000		€ 800.000

Het tarief voor de vennootschapsbelasting is 25%.

a Bereken de belastinglast over 2015.

De fiscale winst- en verliesrekening over 2015 wijkt op de volgende twee punten af van het voorgaande commerciële overzicht:
1 Commercieel worden de jaarlijkse afschrijvingskosten op de bedrijfsauto's berekend door 20% te nemen van de aanschafprijs.
Fiscaal worden deze kosten bepaald door 20% te nemen van de aanschafprijs verminderd met de geschatte restwaarde (groot 10% van de aanschafprijs).
2 Het verlies op oninbare vorderingen in 2015 is fiscaal vastgesteld op €15.000.

b 1 Bereken de fiscale winst (= belastbare winst = belastbaar bedrag) over 2015.
2 Bereken de over 2015 te betalen vennootschapsbelasting.

2 (§ 17.1) Vogelaar bv beschikt over de volgende gegevens over het afgelopen jaar:

Fiscaal beginvermogen	€	285.000
Fiscaal eindvermogen	€	275.000
Terugbetaling kapitaal	€	5.000
Representatiekosten en deelnamekosten congressen directie	€	8.000
Tantième directie	€	5.000
Giften	€	2.000
Betaalde vennootschapsbelasting	€	8.000
Fiscale reserves op 1/1 en 31/12	€	35.000
Aanschafprijs magazijn	€	60.000

De te betalen vennootschapsbelasting is opgenomen onder het fiscaal vermogen.
Vorig jaar was het belastbaar bedrag van Vogelaar bv €58.000.

a Bereken het belastbaar bedrag van Vogelaar bv.
b Geef de journaalpost die Vogelaar bv moet maken om de vennootschapsbelasting te verwerken naar aanleiding van de aangifte.

17.03 (§ 17.2)

a Hoe kunnen verschillen ontstaan tussen de fiscale en de commerciële periodewinst?
b Wat verstaan we onder verschillen in toerekening aan jaren?
c Wanneer is bij verschillen in toerekening aan jaren sprake van een positief verschil?
d Wanneer is bij verschillen in toerekening aan jaren sprake van een negatief verschil?
e Noem enkele oorzaken waardoor bij verschillen in toerekening aan jaren positieve en negatieve verschillen kunnen ontstaan.
f Een onderneming hanteert bij de afschrijving op machines
  • commercieel de methode 'afschrijven met een vast percentage van de boekwaarde';
  • fiscaal de methode 'afschrijven met een vast percentage van de aanschafprijs'.
  Commercieel en fiscaal wordt voor elke machine uitgegaan van dezelfde levensduur en dezelfde restwaarde.
  Is het verschil in toerekening aan jaren dat door de afwijkende afschrijvingssystemen ontstaat, positief of negatief? Motiveer het antwoord.
g Bedenk een voorbeeld waarbij door een afwijking in de fiscale en commerciële voorraadwaardering een verschil in toerekening aan jaren ontstaat dat positief is.
h Wat verstaan we onder een belastbaar tijdelijk verschil en wat onder een verrekenbaar tijdelijk verschil?

17.04 (§ 17.2) Van Mercur bv in Amsterdam zijn van de post milieubedrijfsmiddelen de volgende gegevens bekend.

Datum	Boekwaarde milieubedrijfsmiddelen	
	Commercieel	Fiscaal
1 januari 2015	€ 600.000	€ 600.000
31 december 2015	- 400.000	- 200.000
31 december 2016	- 200.000	- 100.000
31 december 2017	- 0	- 0

De fiscale winst over de jaren 2015 t/m 2017 is respectievelijk €800.000, €880.000 en €600.000. Het tarief van de vennootschapsbelasting is 25%. Ter berekening van belastinglatenties past Mercur bv de balansbenadering toe.

a Geef de journaalpost van
   1 de verschuldigde vennootschapsbelasting over 2015.
   2 de belastinglatentie over 2015.
b Wijst de bij **a**2 gevraagde correctie op een belastbaar tijdelijk verschil of op een verrekenbaar tijdelijk verschil? Motiveer het antwoord.
c Stel de grootboekrekening *068 Latente belastingverplichtingen* samen over de periode 1 januari 2015 tot en met 31 december 2017.

5 (§ 17.2) De handelsonderneming Van Zutphen bv in Almelo is per 1 januari 2015 van start gegaan en beschikt over de volgende overzichten.

(Commerciële) Balans per 31 december 2015

Voorraad goederen	€	600.000	Aandelenkapitaal	€	800.000
Overige activa	-	800.000	Winst vóór belasting	-	200.000
			6% Lening	-	400.000
	€	1.400.000		€	1.400.000

(Commerciële) Winst- en verliesrekening over 2015

Inkoopprijs verkopen	€	1.100.000	Opbrengst verkopen	€	2.000.000
Bedrijfskosten	-	700.000			
Winst vóór belasting	-	200.000			
	€	2.000.000		€	2.000.000

De fiscale waardering van de voorraad goederen per 31 december 2015 is €60.000 lager dan de commerciële waardering, omdat fiscaal een ander systeem van voorraadwaardering wordt toegepast.
Het belastingtarief is 25%.
Ter berekening van belastinglatenties past Van Zutphen bv de balansbenadering toe.

a Stel de fiscale balans per 31 december 2015 samen.
b Stel de fiscale winst- en verliesrekening over 2015 samen.
c Bereken het bedrag dat over 2015 aan vennootschapsbelasting moet worden betaald.
d Journaliseer het bij **c** gevraagde bedrag.
e Per ultimo 2015 dient een belastinglatentie geboekt te worden. Bereken deze en geef de journaalpost om deze latentie in de jaarrekening te verwerken.
f Stel de commerciële balans per 31 december 2015 samen waarop de winst na belasting wordt gepresenteerd.

6 (§ 17.2) De *voorlopige* commerciële balans per 31 december 2015 (vóór winstverdeling) van Villosa bv in Arnhem vertoont het volgende beeld:

Voorlopige balans per 31 december 2015

Machines	€	1.200.000	Aandelenkapitaal	€	1.000.000
Overige activa*	-	2.600.000	Agio	-	400.000
			Overige reserves	-	910.000
			Winst (vóór belasting)	-	330.000
			Voorziening groot onderhoud	-	220.000
			6,5% Hypothecaire lening	-	700.000
			Handelscrediteuren	-	240.000
	€	3.800.000		€	3.800.000

* Eenvoudigheidshalve gecombineerd.

Eind 2015 is een machine verkocht met een commerciële (= fiscale) boekwaarde van €120.000 en een opbrengst van €170.000.
De winst bij verkoop maakt commercieel deel uit van het (totale) winstbedrag van €330.000. Fiscaal is voor de gemaakte winst op de verkochte machine een herinvesteringsreserve gevormd.

Afgezien van het voorgaande zijn er *inhoudelijk* geen verschillen tussen de commerciële balans en de fiscale balans per 31 december 2015.

De presentatie op de creditkant van de fiscale balans is als volgt:
- fiscaal vermogen (exclusief fiscaal toelaatbare reserves);
- fiscaal toelaatbare reserves (gespecificeerd);
- vreemd vermogen (gespecificeerd).

a Stel de voorlopige fiscale balans per 31 december 2015 samen.

Het tarief voor de vennootschapsbelasting is 25%.

b Bereken de te betalen vennootschapsbelasting over 2015.

In verband met de fiscaal gevormde herinvesteringsreserve wordt op de definitieve commerciële balans per 31 december 2015 een post 'Latente belastingverplichtingen' opgenomen.

c Bereken het belastbaar tijdelijk verschil als gevolg van de fiscaal gevormde herinvesteringsreserve en het belastingeffect daarvan.

De voorgestelde verdeling van de commerciële winst 2015 na belasting is als volgt:

Dividend	€	70.000
Winstreservering		het restant

Het dividend wordt op de balans per 31 december 2015 (zowel commercieel als fiscaal) vermeld bij de post 'Te betalen dividend'.

d Geef – in de vorm van journaalposten – de wijzigingen die Villosa bv moet aanbrengen in:
- de commerciële balans per 31 december 2015, en
- de fiscale balans per 31 december 2015

om deze van 'voorlopig' om te zetten in 'definitief'.

Eind 2016 beschikt Villosa bv over de volgende *voorlopige* commerciële balans.

Voorlopige balans per 31 december 2016

Machines	€ 1.070.000	Aandelenkapitaal	€	1.000.000
Overige activa	- 2.930.000	Agio	-	400.000
		Overige reserves	-	1.087.500
		Winst (vóór belasting)	-	410.000
		Voorziening groot onderhoud	-	200.000
		Latente belastingverplichtingen	-	12.500
		6,5% Hypothecaire lening	-	665.000
		Handelscrediteuren	-	225.000
	€ 4.000.000		€	4.000.000

In april 2016 is de definitieve verdeling van de winst na belasting over 2015 vastgesteld. Deze was overeenkomstig de voorgestelde verdeling.
De te betalen vennootschapsbelasting over de winst 2015 en het te betalen dividend uit de winst 2015 zijn in 2016 volledig betaald.

Medio 2016 is een nieuwe machine gekocht, die in de plaats komt van de in 2015 verkochte machine. Fiscaal is daarom de in 2015 gevormde herinvesteringsreserve op de aanschafprijs van de nieuwe machine – €300.000 (exclusief omzetbelasting) – in mindering gebracht.
Commercieel is op de nieuwe machine naar evenredigheid afgeschreven: 10% van €300.000 = €30.000.
Het percentage van 10 wordt ook fiscaal gehanteerd.
Afgezien van het voorgaande zijn er *inhoudelijk* geen verschillen tussen de commerciële balans en de fiscale balans per 31 december 2016.

e Stel de voorlopige fiscale balans per 31 december 2016 samen.
  NB De presentatiewijze is gelijk aan die eind 2015.
f 1 Bereken het 'Saldo fiscale winstberekening' over 2016 via vermogensvergelijking.
    NB Het 'Saldo fiscale winstberekening' is in deze opgave gelijk aan de belastbare winst (= belastbaar bedrag).
  2 Bereken de te betalen vennootschapsbelasting over 2016.
g Bereken de mutatie in het bij **c** gevraagde belastbaar tijdelijke verschil en het belastingeffect daarvan.

De voorgestelde verdeling van de commerciële winst 2016 na belasting is als volgt:

Dividend	€ 100.000
Winstreservering	het restant

Het dividend wordt op de balans per 31 december 2016 (zowel commercieel als fiscaal) vermeld bij de post 'Te betalen dividend'.

h Geef – in de vorm van journaalposten – de wijzigingen die Villosa bv moet aanbrengen in:
  • de commerciële balans per 31 december 2016, en
  • de fiscale balans per 31 december 2016 om deze van 'voorlopig' om te zetten in 'definitief'.

HOOFDSTUK 17

17.07* (§ 17.2) Onderneming Move heeft in 2014 een machine verkocht met een winst van €30.000. De machine was zowel fiscaal als commercieel volledig afgeschreven. Fiscaal is de winst in een herinvesteringreserve opgenomen. De belastbare winst bedroeg in 2014 €180.000. Er waren geen andere afwijkingen met betrekking tot de commerciële winst. Het tarief voor de vennootschapsbelasting bedraagt 25%.

Onderneming Move maakt gebruik van de volgende grootboekrekeningen:
068 Latente belastingverplichtingen
069 Latente belastingvorderingen
160 Te betalen belastingen
990 Belastingen

a Geef de journaalposten van de te betalen vennootschapsbelasting en de belastinglatentie.

Per 1 januari 2015 wordt een nieuwe machine aangeschaft voor €190.000. Commercieel wordt de machine in vier jaar, met gelijke bedragen per jaar, afgeschreven tot nihil.
Fiscaal wordt de machine willekeurig afgeschreven tot een restwaarde van €10.000. De afschrijving bedraagt in 2015 €80.000, in 2016 €40.000, in 2017 €20.000 en in 2018 €10.000. De herinvesteringreserve is gebruikt ter verlaging van de fiscale aanschafprijs.

b Vul de volgende tabel in.

	Commercieel			Fiscaal		
Jaar	Waarde begin	Afschrijving	Waarde eind	Waarde begin	Afschrijving	Waarde eind
2015						
2016						
2017						
2018						

De winst voor afschrijvingen bedraagt in 2015 zowel commercieel als fiscaal €200.000.

c Bepaal het saldo van de belastinglatenties. Ga uit van de methode balansbenadering.
d Geef de journaalpost van de te betalen vennootschapsbelasting en de belastinglatentie.
e Bereken het saldo van de belastinglatenties per ultimo 2017.

Aan het einde van het jaar 2018 wordt de machine verkocht voor een bedrag van €10.000. De winst voor afschrijvingen en verkoop machine bedraagt zowel commercieel als fiscaal €275.000.

f Bereken de commerciële en de belastbare winst in 2018.
g Geef de journaalpost van de te betalen vennootschapsbelasting en de belastinglatentie in 2018.

VERWERKING VAN VERSCHULDIGDE/VERREKENBARE/LATENTE VENNOOTSCHAPSBELASTING

(§ 17.3) Wertheim bv in Kamerik begint haar handelsactiviteiten op 1 januari 2015. Het eigen vermogen (fiscaal en commercieel) op deze datum bestaat uitsluitend uit €1.000.000 geplaatst aandelenkapitaal (geheel volgestort).

Per 31 december 2015 beschikt Wertheim bv over de volgende voorlopige overzichten.

Voorlopige commerciële balans per 31 december 2015

Bedrijfsgebouw	€	780.000	Aandelenkapitaal	€	1.000.000
Inventaris	-	270.000	Winst vóór belasting	-	165.000
Bedrijfsauto's	-	200.000	5% Hypothecaire lening	-	300.000
Voorraad goederen	-	180.000	Crediteuren	-	120.000
Debiteuren	-	120.000	Te betalen tantieme	-	15.000
Liquide middelen	-	50.000			
	€	1.600.000		€	1.600.000

Voorlopige commerciële winst- en verliesrekening over 2015

Inkoopwaarde verkopen	€	1.500.000	Opbrengst verkopen	€	2.000.000
Afschrijvingskosten:					
• bedrijfsgebouw	-	20.000			
• inventaris	-	30.000			
• bedrijfsauto's	-	50.000			
Overige bedrijfskosten	-	235.000			
Winst vóór belasting	-	165.000			
	€	2.000.000		€	2.000.000

Bij het opstellen van de fiscale balans houdt Wertheim bv rekening met de volgende afwijkingen ten opzichte van de commerciële balans:
- *Inventaris*
  Commercieel wordt op de inventaris jaarlijks afgeschreven 10% van de aanschafprijs.
  Fiscaal wordt eenzelfde gedragslijn gevolgd, met dit verschil dat één onderdeel van de inventaris, dat als milieu-investering wordt gezien, geheel in 2015 wordt afgeschreven. De aanschafprijs van dit inventarisonderdeel is €40.000.
- *Bedrijfsauto's*
  Commercieel wordt op de bedrijfsauto's jaarlijks afgeschreven 20% van de aanschafprijs.
  Fiscaal wordt op de bedrijfsauto's jaarlijks afgeschreven 20% over (aanschafprijs – restwaarde). De restwaarde is begroot op 10% van de aanschafprijs.
- *Voorraad goederen*
  Bij de commerciële waardering is een aftrekpost voor incourant gehanteerd van €20.000.
  Fiscaal wordt slechts een aftrek van €9.000 toegestaan.

- *Tantièmes*
  Het uit de winst 2015 in 2016 uit te keren bedrag aan tantièmes (groot €15.000) is bij het samenstellen van de commerciële en fiscale winst- en verliesrekening over 2015 opgevoerd als kosten, omdat op dat moment sprake is van een verplichting op basis van de arbeidsovereenkomst waarvan de omvang betrouwbaar vast te stellen is.

a Stel de fiscale balans per 31 december 2015 op.
   NB Op de creditkant van deze balans komen uitsluitend de volgende posten voor:
   - eigen vermogen;
   - 5% Hypothecaire lening;
   - crediteuren;
   - te betalen tantièmes.
b Stel de fiscale winst- en verliesrekening over 2015 samen.
c Controleer het bedrag van de fiscale winst volgens de fiscale winst- en verliesrekening over 2015 door:
   1 vergelijking van het fiscaal vermogen per 31 december 2015 met het fiscaal vermogen per 1 januari 2015;
   2 uit te gaan van de winst vóór belasting volgens de commerciële winst- en verliesrekening over 2015 en daarop de noodzakelijke correcties toe te passen.
d Bereken het over 2015 te betalen bedrag aan vennootschapsbelasting.
   NB   Het tarief vennootschapsbelasting is 25%.
e Verklaar de mutatie in de belastinglatenties over 2015 volgens de balansbenadering.
f Geef de journaalposten voor de vennootschapsbelasting over 2015 volgens de balansbenadering.
g Stel de definitieve commerciële winst- en verliesrekening over 2015 samen.
h Stel de definitieve commerciële balans per 31 december 2015 samen.
   NB De vennootschapsbelasting moet worden vermeld bij de balansposten:
   - Te betalen vennootschapsbelasting, en
   - Belastinglatenties (actief en passief apart).

17.09 (§ 17.3) Deze opgave is een vervolg op opgave **17.08**.

Op de commerciële balans per 31 december 2016 van Wertheim bv staan onder andere de volgende posten.

(Commerciële) Balans per 31 december 2016

Inventaris	€	240.000
Bedrijfsauto's	-	150.000
Voorraad goederen	-	200.000

Toelichting
- In 2016 is geen inventaris gekocht of verkocht.
- In 2016 zijn geen bedrijfsauto's gekocht of verkocht.

- Bij de commerciële waardering van de voorraad goederen is een aftrekpost voor incourant gehanteerd van €25.000.
  Fiscaal wordt slechts een aftrek van €10.000 toegestaan.

a Bereken de bedragen waarvoor de drie genoemde posten worden opgenomen op de fiscale balans per 31 december 2016.

Uitsluitend ten aanzien van de eerder genoemde drie balansposten bestaan verschillen tussen de commerciële waardering en de fiscale waardering.

b Bereken de mutatie in de belastinglatenties die moet worden verwerkt in de commerciële jaarrekening 2016.
NB Ook in 2016 is het tarief vennootschapsbelasting 25%.
c Geef aansluitend op vraag **b** de te maken journaalpost.
d 1 Met welk bedrag moeten de belastinglatenties worden opgenomen op de commerciële balans per 31 december 2016 (debet en credit)?
  2 Geef een zo beknopt mogelijke controleberekening van het bij **d**1 gevraagde bedrag.

(§ 17.3) In de bijlage zijn van Stroper bv de volgende overzichten opgenomen:
- de commerciële balans per 31 december 2014 (na winstverdeling);
- de voorlopige commerciële balans per 31 december 2015 (voor winstverdeling);
- de voorlopige commerciële winst- en verliesrekening over 2015;
- de fiscale balans per 31 december 2014.

Nadere gegevens per 31 december 2015
Hierna volgt informatie over de verschillende posten in de overzichten.

Bedrijfshallen
Stroper bv bezit twee bedrijfshallen. De aanschafprijs van bedrijfshal I bedroeg €900.000 en die van bedrijfshal II €850.000. Zowel commercieel als fiscaal wordt jaarlijks 4% van de aanschafprijs afgeschreven.
Begin 2015 is bedrijfshal II gedeeltelijk door brand verwoest. Na herstel van de schade werd deze eind 2015 weer in gebruik genomen.
De kosten van herstel bedroegen €400.000, waarvan door de verzekeringsmaatschappij 80% werd vergoed. Het restant – €80.000 – werd commercieel geactiveerd.

Fiscaal wordt de volgende gedragslijn gevolgd:
1 De uitkering van de verzekeringsmaatschappij – €320.000 – wordt gezien als een toeneming van het fiscaal vermogen en daarom opgenomen in een herinvesteringsreserve.
2 De waardedaling van bedrijfshal II door de brand wordt gezien als een afneming van het fiscaal vermogen en geeft daarom aanleiding tot een extra afschrijving op de hal. Deze is gelijk aan de boekwaarde van de hal op het tijdstip van de brand – €600.000 – verminderd met de uitkering van de verzekeringsmaatschappij.
De extra afschrijving moet op de herinvesteringsreserve in mindering worden gebracht.
3 De herstelkosten mogen worden geactiveerd; op het te activeren bedrag moet echter het restant van de herinvesteringsreserve in mindering worden gebracht.

Aangezien de onder 1, 2 en 3 genoemde gebeurtenissen zich alle in 2015 voltrekken, is het per saldo voor bedrijfshal II fiscaal geactiveerde bedrag gelijk aan het commercieel geactiveerde bedrag.

Voor bedrijfshal II werd fiscaal in 2015 geen normale afschrijving toegepast. Commercieel is op bedrijfshal II 4% van €850.000 – ofwel €34.000 afgeschreven.

Machines
De specificatie van de commerciële boekwaarde per 31 december 2014 is als volgt:

	Aanschafprijs	Cumulatieve afschrijving	Boekwaarde
Machine B	€ 800.000	€ 760.000	€ 40.000
Machine C	€ 600.000	€ 570.000	€ 30.000
	€ 1.400.000	€ 1.330.000	€ 70.000

De machines worden commercieel met jaarlijks gelijke bedragen afgeschreven in vijf jaar, waarbij rekening wordt gehouden met een restwaarde van 5% van de aanschafprijs.
Fiscaal worden de machines eveneens met jaarlijks gelijke bedragen in vijf jaar afgeschreven, echter met inachtneming van een restwaarde van 10% van de aanschafprijs.

In december 2014 is machine A verkocht voor €60.000. De fiscale boekwaarde op het moment van verkoop bedroeg €56.000. De behaalde boekwinst werd fiscaal opgenomen in een herinvesteringsreserve. Op 1 januari 2015 werd machine D in gebruik genomen. De aanschafprijs bedroeg €804.000. De herinvesteringsreserve ultimo 2014 is fiscaal op machine D in mindering gebracht. Machine B werd in november 2015 verkocht voor €90.000; fiscaal is de boekwinst toegevoegd aan de herinvesteringsreserve.

Inventaris
De commerciële waardering van de post inventaris is fiscaal geaccepteerd.

Deelnemingen
De deelnemingen worden commercieel gewaardeerd tegen de nettovermogenswaarde, fiscaal tegen de verkrijgingsprijs.

Naam deelneming	Belang	Netto-vermogenswaarde		Verkrijgingsprijs
		31-12-2014	31-12-2015	
A bv	100%	€ 400.000	€ 430.000	€ 300.000
B bv	60%	€ 200.000		€ 270.000
		€ 600.000	€ 430.000	€ 570.000

De mutatie in de netto-vermogenswaarde van het belang in A bv is veroorzaakt door de declaratie van dividend uit de winst over 2014 en de behaalde winst over 2015. De winst over 2015 was €60.000. Fiscaal is de deelnemingsvrijstelling van toepassing.
B bv is begin 2015 geliquideerd. De liquidatie is in 2015 voltooid (= financieel afgewikkeld). Het hierbij door Stroper bv geleden liquidatieverlies is fiscaal aftrekbaar.

Grondstoffen, gereed product
Commercieel worden de grondstoffen gewaardeerd tegen inkoopprijs. Op 31 december 2014 bedroeg de inkoopprijs van de dan aanwezige voorraad grondstof €20 per kg. Van de aanwezige voorraad op 31 december 2015 was de inkoopprijs €22 per kg.
Het gereed product bestaat uit grondstoffen en bewerkingskosten. In het gereed product per 31 december 2014 bedroeg het grondstoffenbestanddeel 1.000 kg à €20 per kg. Op 31 december 2015 was dit grondstoffenbestanddeel 4.000 kg à €22 per kg.
De bewerkingskosten zijn zowel op 31 december 2014 als op 31 december 2015 €5 per kg grondstof. Fiscaal wordt voor de waardering van de grondstoffen – inclusief de grondstoffen in het gereed product – het ijzeren-voorraadstelsel toegepast. De ijzeren voorraad bedraagt 5.000 kg; De ijzeren-voorraadprijs is €14 per kg.

Handelsgoederen
Zowel commercieel als fiscaal worden de handelsgoederen gewaardeerd tegen de inkoopprijs verminderd met een voorziening wegens incourantheid. De omvang van de voorziening wegens incourantheid op de balansdatum is commercieel 12,5% van de verkoopprijs van de dan aanwezige voorraad; fiscaal wordt gerekend met 10%.

Debiteuren
De commerciële voorziening debiteuren per 31 december 2014 ad €30.000 en 31 december 2015 ad €25.000 is fiscaal geaccepteerd.

Voorziening garantieverplichtingen
Jaarlijks wordt commercieel 1% van de omzet aan deze voorziening toegevoegd. De uit de garanties voortvloeiende kosten worden ten laste van deze voorziening geboekt. Fiscaal mag jaarlijks 0,5% van de omzet aan deze voorziening worden toegevoegd. Aan de voorziening is door de fiscus een plafond gesteld van €60.000.

Voorziening onderhoud bedrijfshallen
In 2015 zijn onderhoudswerkzaamheden aan bedrijfshal I uitgevoerd. De voorziening wordt fiscaal geaccepteerd als onderhoudsreserve.

Vennootschapsbelasting
Zowel in 2014 als in 2015 is het tarief vennootschapsbelasting 25%.

Latente belastingvorderingen
Bij controlewerkzaamheden door de accountant in het jaar 2015 constateert hij dat het bedrag van de post 'Latente belastingvorderingen' per 31 december 2014 ad €26.000 niet juist is.

1. Bereken het bedrag per 31 december 2014 van de belastinglatenties en splits deze in latente belastingvorderingen en latente belastingverplichtingen. Geef de in 2015 te maken corrrectiejournaalpost.
2. a Geef de fiscale balans per 31 december 2015.
   b Stel de fiscale winst- en verliesrekening over 2015 samen.
   c Geef de berekening van het belastbaar bedrag over 2015.

Bijlage

Commerciële balans per 31 december 2014 (na winstverdeling) en voorlopige Commerciële balans per 31 december 2015 (vóór winstverdeling)

	31-12-2014	31-12-2015
Materiële vaste activa		
Terreinen	€ 200.000	€ 200.000
Bedrijfshallen	- 1.160.000	- 1.170.000
Machines	- 70.000	- 681.240
Inventaris	- 10.000	- 12.000
Financiële vaste activa: Deelnemingen	- 600.000	- 430.000
Voorraden Grondstoffen	- 120.000	- 154.000
Gereed product	- 25.000	- 108.000
Handelsgoederen	- 490.000	- 420.000
Vorderingen Debiteuren	- 570.000	- 475.000
Overlopende activa		
Actieve belastinglatentie	- 26.000	- 26.000
Vooruitbetaalde vennootschapsbelasting	- 60.000	- 80.000
Liquide middelen	- 15.000	- 17.760
	€ 3.346.000	€ 3.774.000

	31-12-2014	31-12-2015
Eigen vermogen		
Geplaatst kapitaal	€ 1.000.000	€ 1.000.000
Winstreserve	- 501.000	- 501.000
Onverdeelde winst (vóór belasting)	- –	- 685.000
Voorzieningen		
Voorziening garantieverplichtingen	- 100.000	- 150.000
Voorziening onderhoud bedrijfshallen	- -40.000	- 27.500
Langlopende schulden		
6% Obligatielening	- 1.200.000	- 1.100.000
Kortlopende schulden		
Handelscrediteuren	- 300.000	- 250.500
Overlopende passiva		
Te betalen vennootschapsbelasting	- 105.000	- 60.000
Te betalen dividend	- 100.000	- –
	€ 3.346.000	€ 3.774.000

VERWERKING VAN VERSCHULDIGDE/VERREKENBARE/LATENTE VENNOOTSCHAPSBELASTING

Voorlopige commerciële winst- en verliesrekening over 2015

Afschrijvingen:			Omzet	€	7.000.000
• bedrijfshallen	€	70.000	Kostprijs omzet inclusief		
• machines	-	152.760	voorraadmutaties	-	5.000.000
Salariskosten	-	922.000			€ 2.000.000
Overige kosten	-	49.740	Resultaat verkochte machine	-	50.000
Interest vreemd vermogen	-	68.000			
Dotaties voorzieningen:			Resultaat deelnemingen	-	20.000
• incourante handelsgoederen	-	30.000			
• debiteuren	-	5.000			
• garantieverplichtingen	-	70.000			
• onderhoud bedrijfshallen	-	17.500			
Saldo winst vóór belastingen	-	685.000			
	€	2.070.000		€	2.070.000

Fiscale balans per 31 december 2014*

Terreinen	€	200.000	Fiscaal vermogen**	€	1.734.000
Bedrijfshallen	-	1.160.000			
Machines	-	140.000	Voorziening garantieverplichtingen	-	50.000
Inventaris	-	10.000	6% Obligatielening	-	1.200.000
Deelnemingen	-	570.000	Handelscrediteuren	-	300.000
Grondstoffen inclusief in gereed product	-	110.000			
Bewerkingskosten gereed product	-	5.000			
Handelsgoederen	-	504.000			
Debiteuren	-	570.000			
Liquide middelen	-	15.000			
	€	3.284.000		€	3.284.000

* Overlopende posten uit hoofde van vennootschapsbelasting en dividend worden niet vermeld op de fiscale balans.
** Deze post bevat een herinvesteringsreserve op machines van €4.000.

** (§ 17.4) Onderneming Tarik bv schaft aan het begin van jaar 1 een machine aan voor €300.000. Commercieel wordt de machine afgeschreven met gelijke bedragen in 6 jaar. Fiscaal wordt gebruikgemaakt van willekeurige afschrijving. In dit geval wordt in het 1e jaar €150.000 afgeschreven. Het tweede tot en met het zesde jaar, elk jaar €30.000. De restwaarde is zowel commercieel als fiscaal nihil.
In de volgende tabel zijn de resultaten van Tarik bv opgenomen gedurende de 6 jaren van de economische levensduur van de machine. Het verschil in afschrijving is het enige verschil tussen de commerciële en fiscale winst. Het tarief van de vennootschapsbelasting is 25%. Verliezen kunnen fiscaal 1 jaar terug en 9 jaar vooruit verrekend worden.

Jaar	Resultaat voor afschrijving	Afschrijvingen		Resultaat voor belasting		Verschillen
		Commercieel	Fiscaal	Commercieel	Fiscaal	
1	100.000	50.000	150.000	50.000	-50.000	-100.000
2	80.000	50.000	30.000	30.000	50.000	20.000
3	65.000	50.000	30.000	15.000	35.000	20.000
4	60.000	50.000	30.000	10.000	30.000	20.000
5	40.000	50.000	30.000	-10.000	10.000	20.000
6	10.000	50.000	30.000	-40.000	-20.000	20.000

NB Voor de behandeling van de uit voorwaartse verliescompensatie voortvloeiende latente belastingvordering kan niet worden aangenomen dat deze, gegeven het winstverloop of zo men wil de verwachtingen ten aanzien van de resultaten, voor verrekening in aanmerking komt. De actieve latentie mag dan ook niet voor een hoger bedrag worden opgevoerd, dan de passieve latentie toelaat.

Gebruik voor de beantwoording van vraag a t/m f zo nodig de volgende grootboekrekeningen:
068 Latente belastingverplichtingen
069 Latente belastingvorderingen
160 Te betalen belasting
138 Te vorderen belasting
990 Belastingen

a 1 Geef een specificatie van het bedrag van elke te gebruiken grootboekrekening voor jaar 1.
2 Geef de journaalposten naar aanleiding van de belastingen voor jaar 1.

b 1 Geef een specificatie van het bedrag van elke te gebruiken grootboekrekening voor jaar 2.
2 Geef de journaalposten naar aanleiding van de belastingen voor jaar 2.

c 1 Geef een specificatie van het bedrag van elke te gebruiken grootboekrekening voor jaar 3.
2 Geef de journaalposten naar aanleiding van de belastingen voor jaar 3.

d 1 Geef een specificatie van het bedrag van elke te gebruiken grootboekrekening voor jaar 4.
2 Geef de journaalposten naar aanleiding van de belastingen voor jaar 4.

e 1 Geef een specificatie van het bedrag van elke te gebruiken grootboekrekening voor jaar 5.
2 Geef de journaalposten naar aanleiding van de belastingen voor jaar 5.

f 1 Geef een specificatie van het bedrag van elke te gebruiken grootboekrekening voor jaar 6.
2 Geef de journaalposten naar aanleiding van de belastingen voor jaar 6.

17.12** (§ 17.4) Meranti bv is een houtbewerkingbedrijf, dat hardhouten kozijnen fabriceert in diverse afmetingen. Met betrekking tot de jaarrekening 2015 is de volgende informatie beschikbaar.

VERWERKING VAN VERSCHULDIGDE/VERREKENBARE/LATENTE VENNOOTSCHAPSBELASTING

Balansgegevens	31-12-2015 voorlopig	31-12-2014 definitief
Terreinen	€ 600.000	€ 500.000
Onroerende goederen	- 1.036.250	- 820.000
Machines	- 532.500	- 725.000
Deelneming	- 370.000	- 200.000
Voorraad grondstoffen	- 440.000	- 240.000
Voorraad gereed product	- 215.000	- 200.000
Debiteuren	- 216.000	- 198.000
Latente belastingvorderingen	- 4.000	- 4.000
Vooruitbetaalde vennootschapsbelasting	- 10.000	- 90.000
Liquide middelen	- 10.000	- 5.000
	€ 3.433.750	€ 2.982.000
Gestort en opgevraagd kapitaal	- 1.600.000	- 1.600.000
Winstreserve	- 885.000	- 825.000
Onverdeelde winst 2014 (na belastingen)	- 0	- 100.000
Onverdeelde winst 2015 (voor belastingen)	- 173.000	-
Latente belastingverplichtingen	- 95.250	- 95.250
6,5% Onderhandse lening o/g	- 100.000	-
Crediteuren	- 375.800	- 116.750
Overige schulden	- 139.700	- 90.000
Te betalen tantième	- 60.000	- 50.000
Te betalen vennootschapsbelasting	- 5.000	- 105.000
	€ 3.433.750	€ 2.982.000
Resultaatgegevens		
Omzet houten kozijnen		€ 1.720.000
Omzet houtafval		- 30.000
Mutatie voorraad gereed product		- 15.000
Winst verkochte machine		- 15.000
		€ 1.780.000
Kosten houtverbruik	€ 520.000	
Lonen en salarissen (incl. tantième 2015)	- 770.750	
Afschrijving onroerend goed	- 33.750	
Afschrijving machines	- 187.500	
Dotatie voorziening dubieuze debiteuren	- 15.000	
Rentelasten	- 3.000	
Overige bedrijfskosten	- 237.000	€ 1.777.000
		- 13.000
Resultaat deelneming		- 160.000
Winst voor belastingen		- 173.000
Winstverdeling resultaat 2014		
Dividend		- 40.000
Winstreservering		- 60.000

Fiscale balansen per		31-12-2015		31-12-2014
Terreinen	€	580.000	€	500.000
Onroerend goed	-	737.500	-	704.000
Machines	-	532.500	-	725.000
Deelneming	-	140.000	-	100.000
Voorraad grondstoffen	-	367.500	-	195.000
Voorraad gereed product	-	215.000	-	200.000
Debiteuren	-	231.000	-	214.000
Liquide middelen	-	10.000	-	5.000
	€	2.813.500	€	2.643.000
Fiscaal vermogen inclusief reserves	-	2.138.000	-	2.386.250
6,5% Onderhandse lening o/g	-	100.000	-	0
Crediteuren	-	375.800	-	116.750
Overige schulden	-	139.700	-	90.000
Te betalen tantièmes	-	60.000	-	50.000
	€	2.813.500	€	2.643.000

Toelichting
Aansluitend gaan we in op alle onderdelen van de voorgaande overzichten.

1 *Terreinen*
Op de terreinen wordt commercieel en fiscaal niet afgeschreven. In 2015 werd een terrein gekocht. Een herinvesteringsreserve groot €20.000 is fiscaal aangewend.

2 *Onroerende goederen*
De onroerende goederen zijn per 1 januari 2009 aangekocht voor €1.000.000 en hierin vinden bedrijfsactiviteiten plaats. Op de aanschafprijs werd fiscaal een herinvesteringsreserve van €200.000 in mindering gebracht. Op 1 juli 2015 is een renovatie gereedgekomen, waarvan alle uitgaven zowel fiscaal als commercieel werden geactiveerd. Fiscaal is op het geactiveerde bedrag een onderhoudsreserve van €200.000 in mindering gebracht.
Op onroerende goederen wordt jaarlijks commercieel 3% en fiscaal 2% afgeschreven van de aanschafprijs (inclusief geactiveerde renovatie-uitgaven). Met restwaarden wordt geen rekening gehouden. Over delen van een jaar wordt naar evenredigheid afgeschreven. Fiscaal kan worden afgeschreven tot 50% van de WOZ-waarde die €980.000 is in 2015.

3 *Machines*
Op machines wordt jaarlijks, zowel commercieel als fiscaal, 20% van de aanschafprijs afgeschreven, waarbij geen restwaarden in acht genomen worden. Over delen van een jaar wordt naar evenredigheid afgeschreven. Op 1 oktober 2015 werd een machine met een aanschafprijs van €260.000 verkocht. Tot 1 oktober 2015 was hierop €255.000 afgeschreven. De boekwinst wordt fiscaal gereserveerd. Geen van de overige machines is eind 2014 langer dan 4 jaar in gebruik.

VERWERKING VAN VERSCHULDIGDE/VERREKENBARE/LATENTE VENNOOTSCHAPSBELASTING **175**

4 *Deelneming*
Meranti bv bezit een meerderheidsdeelneming in Merbau bv. Commercieel wordt deze deelneming gewaardeerd volgens de vermogensmutatiemethode. In 2015 is deze deelneming uitgebreid door overname van een pakket aandelen van een minderheids-aandeelhouder tegen betaling van €40.000 in contanten. Hierbij is geen goodwill betaald. In 2015 is van deze deelneming dividend ontvangen waarop de deelnemingsvrijstelling van toepassing is.
Fiscaal wordt de deelneming gewaardeerd tegen verkrijgingsprijs.

5 *Voorraad grondstoffen*
De voorraad grondstoffen bestaat uit hout. Commercieel wordt het hout gewaardeerd tegen inkoopprijs met fifo uitgangspunt. Fiscaal wordt het ijzeren-voorraadstelsel toegepast.

6 *Voorraad gereed product*
Er bestaat geen verschil tussen de commerciële en fiscale waardering.

7 *Debiteuren*
Op de nominale waarde van de debiteurenvorderingen is commercieel een voorziening voor oninbare vorderingen van 10% van de nominale waarde in mindering gebracht.
De fiscus accepteert slechts een voorziening die gebaseerd is op de individuele waardering van de vorderingen. Op grond van dit systeem bedraagt de voorziening voor oninbare vorderingen per ultimo 2014 €6.000 en per ultimo 2015 €9.000.

8 *Onderhoudsreserve*
Aan de onderhoudsreserve is €200.000 onttrokken in verband met de renovatie. Daarnaast is €15.000 aan deze reserve gedoteerd.

9 *Tantième*
Het uit de winst 2015 in 2016 uit te keren bedrag aan tantièmes (groot €60.000) is bij het samenstellen van de commerciële en fiscale winst- en verliesrekening over 2015 opgevoerd als kosten, omdat op dat moment sprake is van een verplichting op basis van de arbeidsovereenkomst waarvan de omvang betrouwbaar vast te stellen is. Dit gold ook voor het tantième 2014 (groot €50.000).

Het tarief voor de vennootschapsbelasting is 25%.
Het belastbaar bedrag 2014 bedroeg €10.000.

a Geef een controleberekening van de belastinglatenties per 31 december 2014.
b Geef door middel van de vermogensvergelijking de berekening van het belastbaar bedrag vennootschapsbelasting over 2015.
c Bereken het bedrag dat op de definitieve commerciële balans moet worden opgenomen bij de actieve en passieve belastinglatenties.
d Geef de journaalposten ter verwerking van de vennootschapsbelasting in 2015.

18 De verwerking van de vennootschapsbelastinglast in de commerciële jaarrekening

18.01 (§ 18.1) Viking bv in Arnhem heeft een deelneming in Lantrix bv in Nijmegen. In de Wet op de vennootschapsbelasting is een vrijstelling opgenomen voor winsten van een deelneming.
De commerciële winst- en verliesrekening over 2015 van Viking bv vermeldt:

Winst 2015	€	4.700.000
waarin begrepen winst deelneming Lantrix bv	-	1.200.000

De fiscale winst over 2015 bedraagt €4.700.000 – €1.200.000 = €3.500.000. Het tarief voor de vennootschapsbelasting is 25%.

In het grootboek van Viking bv zijn onder meer de volgende rekeningen in gebruik:
020 Deelneming Lantrix bv
068 Latente belastingverplichtingen
160 Te betalen vennootschapsbelasting
975 Resultaat deelneming Lantrix bv
990 Vennootschapsbelasting

a Is bij het verschil tussen de commerciële winst en de fiscale winst van Viking bv sprake van 'tijdelijke verschillen' of van 'permanente verschillen'? Motiveer het antwoord.
b Geef de journaalpost waarmee de belastinglast en de te betalen vennootschapsbelasting bij Viking bv tot uitdrukking worden gebracht.
c Bereken het effectieve belastingpercentage over 2015 (afronden op een geheel percentage).

18.02 (§ 18.1) Lillybell bv in Tilburg heeft een 100% deelneming, Shipco bv, eveneens gevestigd in Tilburg. Lillybell bv beschikt over de volgende gegevens:

	2016			2015		
Commercieel resultaat exclusief aandeel resultaat deelneming Shipco bv en afschrijving op goodwill deelneming Shipco bv	W	€	2.000.000	W	€	1.800.000
Aandeel resultaat deelneming Shipco bv	V	-	100.000	W	-	500.000
Afschrijving op goodwill deelneming Shipco bv	V	-	100.000	V	-	100.000
Commercieel resultaat Lillybell bv	W	€	1.800.000	W	€	2.200.000
Gedeclareerd dividend Shipco bv		€	0		€	300.000

De deelneming Shipco bv is per 1 januari 2015 verworven.

Verkrijgingsprijs (fiscale waarde)	€ 2.000.000
Netto-vermogenswaarde (commerciële waarde)	- 1.500.000
In 5 jaar af te schrijven goodwill	€ 500.000

De volgende vragen hebben betrekking op Lillybell bv.

a Bereken, uitgaande van een tatief van 25% vennootschapsbelasting, het te betalen belastingbedrag
 1 over 2015;
 2 over 2016.
 NB Op de deelneming Shipco bv is de deelnemingsvrijstelling van toepassing.
b Bepaal de bedragen waarvoor de deelneming en de goodwill fiscaal en commercieel te boek staan
 1 per 1 januari 2015;
 2 per 31 december 2015;
 3 per 31 december 2016.
c Bepaal de aard van de verschillen tussen fiscale en commerciële boekwaarden
 1 per 1 januari 2015;
 2 per 31 december 2015;
 3 per 31 december 2016.
d Geef de journaalposten die met betrekking tot de belastinglast (en de belastingschuld) in 2015 en 2016 moeten worden gemaakt.
e Waarom wordt de post Latente belastingverplichtingen niet gemuteerd bij **d**?

In december 2014 is bij Mario bv in Amstelveen een nieuw gebouw opgeleverd.
De factuur voor dit gebouw vermeldt een bedrag van €200.000 (exclusief omzetbelasting) en wordt geheel betaald in 2015.
Het gebouw wordt op 2 januari 2015 in gebruik genomen. Het gebouw wordt zowel commercieel als fiscaal per jaar met 2,5% van de aanschafprijs afgeschreven.

Op het nieuwe gebouw wordt in 2015 een kleinschaligheidsinvesteringsaftrek genoten van (stel) 8%.
Besloten is het nettovoordeel van de investeringsaftrek ten gunste van de winst- en verliesrekening 2015 te brengen.
Het tarief vennootschapsbelasting is 25%.

In 2015 is de commerciële winst – voordat rekening is gehouden met het voordeel van de investeringsaftrek – €750.000.
Dit bedrag is gelijk aan het 'Saldo (fiscale) winst- en verliesrekening'.

a Bereken:
 1 de te betalen vennootschapsbelasting over 2015;
 2 het nettovoordeel in verband met de investeringsaftrek.

b Welke journaalpost wordt in 2015 gemaakt van de vennootschapsbelasting?

18.04 (§ 18.1) Cees de Vooght bv in Maastricht heeft op 2 januari 2015 een nieuwe machine gekocht en in gebruik genomen.
De aanschafprijs van de machine was €100.000. De machine wordt in vijf jaar met jaarlijks gelijke bedragen volledig afgeschreven.
De investeringsaftrek in verband met de aanschaf van deze machine is (stel) 16% van €100.000 = €16.000.

In 2015 was zowel de commerciële winst als de fiscale winst (vóór verwerking van de kleinschaligheidsinvesteringsaftrek en vóór afschrijving op de nieuwe machine) €275.000.
Het tarief vennootschapsbelasting is 25%.

Cees de Voogt bv maakt gebruik van *055 Egalisatierekening investeringsaftrek*.

a 1 Bereken het belastbaar bedrag over 2015.
   2 Bereken het nettovoordeel van de investeringsaftrek.
b Geef de journaalposten van
   1 de te betalen vennootschapsbelasting over 2015;
   2 de vrijval van de investeringsaftrek in elk van de jaren 2015 t/m 2019.
c Bereken de effectieve belastingdruk over 2015.

18.05 (§ 18.1) In het grootboek van Bertens bv in Hoorn komen onder andere de volgende rekeningen voor:
002 Inventaris
012 Afschrijving inventaris
080 Belastinglatentie
090 Egalisatierekening investeringsaftrek
170 Te betalen vennootschapsbelasting
432 Afschrijvingskosten inventaris
990 Vennootschapsbelasting

Eind 2015 wordt bij Bertens bv een koelinstallatie geplaatst. De ontvangen factuur voor een bedrag van €200.000 (exclusief omzetbelasting) wordt geheel in 2015 betaald. Over het bedrag van €200.000 bestaat in 2015 een recht op kleinschaligheidsinvesteringsaftrek van (stel) 5%. Op de investering wordt in 2015 niet afgeschreven. Voordat rekening is gehouden met de invloed van de investeringsaftrek, bedraagt de commerciële winst over 2015 €250.000. Dit bedrag is gelijk aan de fiscale winst.
Het tarief vennootschapsbelasting is 25%.

a Bereken:
   1 de te betalen vennootschapsbelasting over 2015;
   2 het nettovoordeel van de investeringsaftrek.

Besloten wordt het nettovoordeel van de investeringsaftrek te boeken op de rekening *090 Egalisatierekening investeringsaftrek*.

b Geef de journaalpost waarmee de onder **a** gevraagde bedragen worden vastgelegd in de boekhouding van Bertens bv.

De koelinstallatie wordt – te beginnen in 2016 – lineair tot op €0 afgeschreven:
- commercieel in 5 jaar;
- fiscaal in 8 jaar.

Als gevolg van het commercieel afschrijvingssysteem wordt het nettovoordeel van de investeringsaftrek in vijf jaarlijks gelijke bedragen ten gunste van de commerciële winst- en verliesrekening gebracht.

Voordat rekening is gehouden met de invloed van de investeringsaftrek en de afschrijving op de koelinstallatie, bedraagt de commerciële winst over 2016 €280.000. Dit bedrag is gelijk aan het 'Saldo (fiscale) winst- en verliesrekening' (vóór aftrek van de afschrijving op de koelinstallatie). Ook in 2016 is het tarief vennootschapsbelasting 25%.

c Geef de journaalpost van de vrijgevallen investeringsaftrek in 2016.
d Bereken:
  1 het verschil (belastbaar tijdelijk of verrekenbaar tijdelijk?) tussen de fiscale en de commerciële boekwaarden van de koelinstallatie per 31 december 2016 en het hierdoor ontstane belastingeffect;
  2 de te betalen vennootschapsbelasting over 2016.
e Geef de journaalpost waarmee de onder **d** gevraagde bedragen worden vastgelegd in de boekhouding van Bertens bv.

6 (§ 18.1) Laban bv in Enkhuizen heeft in 2015 bij verkoop van een machinegroep zowel commercieel als fiscaal een winst gemaakt van €300.000. Fiscaal is deze winst opgenomen in een herinvesteringsreserve (per 1 januari 2015 is het saldo van deze reserve €0).
De totale commerciële winst over 2015 was €1.400.000, inclusief de €300.000 winst op de verkochte machinegroep.
In de commerciële winst- en verliesrekening neemt Laban bv de belastinglast op; deze wordt berekend op basis van een percentage vennootschapsbelasting van 25.

a Bereken:
  1 het te betalen belastingbedrag over 2015;
  2 het bedrag van het belastbaar tijdelijk verschil volgens de balansbenadering;
  3 de belastinglast over 2015.
  NB Bij deze opgave mag worden aangenomen dat de verstrekte gegevens over de machinegroep de enige oorzaak vormen voor een afwijking tussen de commercieel en de (fiscaal) belastbare winst.
b Geef de journaalposten ter verwerking van de vennootschapsbelasting in de jaarrekening 2015 volgens de balansbenadering.

Begin 2016 werd een vervangende machinegroep geleverd en door Laban bv in gebruik genomen. De totale aanschafprijs was €2.000.000.
Commercieel wordt deze nieuwe machinegroep met gelijke bedragen afgeschreven in 8 jaar, te beginnen in 2016.
Fiscaal vindt de afschrijving op de nieuwe machinegroep plaats in 10 jaar, te beginnen in 2016.
De totale commerciële winst over 2016 is €1.500.000.

c Bereken:
  1 de belastbare winst over 2016;
  2 het te betalen belastingbedrag over 2016;

3 het bedrag van het belastbaar tijdelijk verschil volgens de balansbenadering en de mutatie ten opzichte van 2015;
4 de belastinglast over 2016.
d Geef de journaalposten ter verwerking van de vennootschapsbelasting in de jaarrekening 2016 volgens de balansbenadering.
e Wat noteert Laban bv voor de nieuwe machinegroep op de fiscale winst- en verliesrekening over 2016?
f Met welk bedrag komt de nieuwe machinegroep voor op de fiscale balans per 31 december 2016?

18.07 (§ 18.1) De handelsonderneming Tressel bv in Oss heeft de volgende overzichten samengesteld.

Commerciële balansen per 31 december

	2015 (voorlopig)	2014 (definitief)		2015 (voorlopig)	2014 (definitief)
Inventaris	€ 660.000	€ 560.000	Aandelenkapitaal	€ 3.500.000	€ 3.000.000
Goederen	- 950.000	- 900.000	Agioreserve	- 700.000	- 300.000
Latente belastingvordering	- 12.000	- 12.000	Overige reserves	- 820.000	- 800.000
Overige activa	- 4.548.000	- 3.657.000	Winst na belasting		- 320.000
			Winst vóór belasting	- 380.000	
			Latente belastingverplichtingen	- 50.000	- 50.000
			Te betalen venn.belasting	- 90.000	- 40.000
			Dividend vorig jaar	- 3.000	- 2.000
			Overige schulden	- 627.000	- 617.000
	€ 6.170.000	€ 5.129.000		€ 6.170.000	€ 5.129.000

Fiscale balansen per 31 december

	2015 (voorlopig)	2014 (definitief)		2015 (voorlopig)	2014 (definitief)
Inventaris	(a)	€ 608.000	Fiscaal vermogen	(c)	€ 4.306.000
Goederen	(b)	- 800.000	Te betalen venn.belasting	- 90.000	- 40.000
Overige activa	- 4.548.000	- 3.557.000	Dividend vorig jaar	- 3.000	- 2.000
			Overige schulden	- 627.000	- 617.000
	€ ...	€ 4.965.000		€ ...	€ 4.965.000

Het tarief vennootschapsbelasting is 25%.

De winst 2014 na belasting is in 2015 als volgt verdeeld en geboekt:

dividend	€	300.000
gereserveerd	-	20.000

DE VERWERKING VAN DE VENNOOTSCHAPSBELASTINGLAST

Inventaris
De afschrijving is per jaar: commercieel 10% en fiscaal 8% van de aanschafprijs van de op 31 december aanwezige inventaris.
In 2015 is geen inventaris verkocht. De afschrijving op de commerciële winst- en verliesrekening van 2015 is €100.000.

Goederen
De onderneming handelt uitsluitend in goederen soort X. Op de beide commerciële balansen zijn de goederen opgenomen tegen de werkelijke inkoopprijzen, namelijk per 31 december 2014: 100.000 kg à €9 = €900.000 per 31 december 2015: 95.000 kg à €10 = €950.000.
Op de fiscale balansen wordt het ijzeren-voorraadstelsel toegepast (ijzeren voorraad 100.000 kg à €8); marktprijs per 31 december 2015 €11 per kg.

Tantièmes
Het uit de winst 2015 in 2016 uit te keren bedrag aan tantièmes (groot €40.000) is bij het samenstellen van de commerciële en fiscale winst- en verliesrekening over 2015 opgevoerd als kosten, omdat op dat moment sprake is van een verplichting op basis van de arbeidsovereenkomst waarvan de omvang betrouwbaar vast te stellen is. Dit gold ook voor het tantième 2014 (groot €40.000).
De tantièmes worden op de fiscale en commerciële balans opgenomen onder 'Overige schulden'.

Winst 2015
De voorgestelde verdeling van de winst over 2015 (na belasting) is als volgt:

dividend	€	350.000
te reserveren	-	30.000

a Geef de berekening van de bedragen (a) t/m (c) op de fiscale balans per 31 december 2015.
b Geef de (voorlopige) berekening van de belastbare winst over 2015 door vermogensvergelijking.
c Bereken het te betalen bedrag aan vennootschapsbelasting.
d Geef een controleberekening van de belastbare winst over 2015, uitgaande van de commerciële winst over 2015 (vóór belasting).
e Geef met behulp van de balansbenadering een berekening van het op de definitieve balans per 31 december 2015 te vermelden bedrag bij de post 'Latente belastingvorderingen' en de post 'Latente belastingverplichtingen'.
f Bereken het op de definitieve commerciële winst- en verliesrekening 2015 op te nemen bedrag bij de post 'Vennootschapsbelasting'.
g Geef de wijzigingen (in de vorm van journaalposten) die nodig zijn om:
  1 de voorlopige commerciële winst- en verliesrekening 2015 om te zetten in de definitieve commerciële winst- en verliesrekening 2015;
  2 de voorlopige commerciële balans per 31 december 2015 om te zetten in de definitieve commerciële balans per 31 december 2015.
h Geef de wijzigingen (in de vorm van journaalposten) die nodig zijn om:
  1 de voorlopige fiscale balans per 31 december 2015 om te zetten in de definitieve fiscale balans per 31 december 2015;

2 de voorlopige berekening van de belastbare winst over 2015 door vermogensvergelijking om te zetten in de definitieve berekening van de belastbare winst over 2015 door vermogensvergelijking.

18.08 (§ 18.2) Per 31 december 2014 vermeldt de balans van Espo nv in Maassluis onder meer de volgende post:

Balans per 31 december 2014		
Machines	€	1.400.000

Ook de fiscale boekwaarde per 31 december 2014 is €1.400.000. Deze boekwaarde wordt zowel commercieel als fiscaal afgeschreven in 7 jaarlijkse bedragen van €200.000.

Op 1 januari 2015 stijgt de nieuwprijs van de machinetypes die bij Espo nv in gebruik zijn, met 15%. Espo nv neemt aan dat ook de boekwaarde van de machines die bij haar in gebruik zijn, met 15% stijgt.
Per 2 januari 2015 gaat Espo nv in de boekhouding over tot herwaardering van de machines. Hierbij moet rekening worden gehouden met het ontstaan van een belastinglatentie; het percentage vennootschapsbelasting is 25.

In het grootboek van Espo nv komen onder andere voor de rekeningen:
004 Machines
045 Herwaardering machines
068 Latente belastingverplichtingen
160 Te betalen vennootschapsbelasting
990.0 Belasting over commerciële winst
990.1 Belasting over schijnwinst

In 2015 is de commerciële winst €300.000.
Espo nv past ter berekening van belastinglatenties de balansbenadering toe.

a Geef de journaalposten bij toepassing van de methode De Blaey van
  1 de herwaardering per 2 januari 2015;
  2 de constatering van het waarderingsverschil per 2 januari 2015;
  3 de verschuldigde belasting in 2015;
  4 het belastingeffect als gevolg van de mutatie in het boekwaardeverschil van de machines in 2015.
b Geef opnieuw de bij **a** gevraagde journaalposten, maar nu bij toepassing van de methode Nederstigt.

18.09 (§ 18.2) Per 31 december 2015 komen op de balans (vóór winstverdeling) van Gelderman nv in Leeuwarden met betrekking tot het fabrieksgebouw de volgende gegevens voor:

Balans per 31 december 2015		
Gebouw	€	4.000.000
Afschrijving gebouw	-	2.400.000
	€	1.600.000

Indertijd is besloten het gebouw (aangegeven op voorgaande balans) zowel commercieel als fiscaal per jaar af te schrijven met 2% van de aanschafprijs. De boekwaarde van het gebouw op basis van de per 31 december 2015 geldende bouwkosten bedraagt €2.000.000.
In verband hiermee gaat Gelderman nv per 31 december 2015 alsnog over tot herwaardering van het gebouw in de boekhouding. Hierbij moet rekening worden gehouden met het ontstaan van een belastinglatentie; het tarief van de vennootschapsbelasting is 25%.
Ter berekening van belastinglatenties past Gelderman nv de balansbenadering toe.

a Geef de per 31 december 2015 te maken journaalpost van de herwaardering van het gebouw, inclusief het ontstaan van een belastinglatentie.
NB Bij de onder **a** en **b** te gebruiken rekeningen de rubrieknummers vermelden.

De commerciële winst (vóór aftrek van de afschrijvingskosten op het gebouw en vóór aftrek van belasting) over 2016 is €400.000.

b Geef alle journaalposten die op basis van de hiervóór vermelde gegevens bij toepassing van de methode Nederstigt kunnen worden gemaakt per 31 december 2016.
c Waarom is het hanteren van de naam Voorziening latente belastingverplichtingen bij de uitwerking van het voorgaande minder fraai?

.10 (§ 18.2) In deze opgave maken we gebruik van de in **18.09** vermelde gegevens.
Nu wordt echter de methode De Blaey toegepast. Ook moet met betrekking tot de herwaardering van het gebouw het onderscheid ongerealiseerd/gerealiseerd worden gehanteerd.

a Geef de per 31 december 2015 te maken journaalpost van de herwaardering van het gebouw.
b Geef alle journaalposten die kunnen worden gemaakt per 31 december 2016.

.11 (§ 18.2) Maxis bv in Gouda is opgericht per 1 januari 2014.
Op die datum is een machinepark aangeschaft voor €10.000.000. De afschrijving verloopt lineair in 10 jaar (geen restwaarde).
Per 1 januari 2011 vindt als gevolg van een prijsstijging een opwaardering plaats met €900.000.
Tussen commerciële en fiscale resultaten bestaan geen andere verschillen dan die welke voortvloeien uit de herwaardering van het machinepark.
De fiscale winst over 2015 bedraagt €1.500.000. Het tarief van de vennootschapsbelasting is 25%.

Om de herwaardering en de latente belastingverplichtingen die daaruit voortvloeien te verwerken, kunnen we onder meer een van de volgende twee methoden toepassen:
A De herwaardering wordt in het vermogen opgenomen na aftrek van latente belastingverplichtingen. In de winst- en verliesrekening wordt belasting opgenomen op basis van de commerciële winst.
B Idem als methode A, maar in de winst- en verliesrekening wordt nu belasting opgenomen op basis van de commerciële winst, vermeerderd met de belasting die een gevolg is van de overdruk.

Het eigen vermogen wordt jaarlijks met dit bedrag aangevuld.

In de boekhouding van Maxis bv komt naast de rekening *Machines* de rekening
Afschrijving machines voor.

Gevraagd
Geef achtereenvolgens voor elk van de twee methoden:
1 de journaalpost voor de herwaardering per 1 januari 2015;
2 de journaalposten om de vennootschapsbelasting over 2015 in de boekhouding te verwerken.

(SPD, gewijzigd)

18.12 (§ 18.2) De commerciële jaarrekening over 2015 van Geelvink nv in Rotterdam vertoont het volgende beeld.

Balans per 31 december 2015

Duurzame productiemiddelen	€ 6.000.000	Aandelenkapitaal	€	6.000.000
Voorraden grondstoffen	2.400.000	Reserves	-	3.300.000
Handelsdebiteuren	3.200.000	Winst na belasting 2015	-	2.600.000
Deelnemingen	3.500.000	Latente belastingverplichtingen		300.000
Kas	2.200.000	Lening	-	3.600.000
		Crediteuren	-	1.500.000
	€ 17.300.000		€	17.300.000

Winst- en verliesrekening over 2015

Kostprijs verkopen	€ 16.000.000	Omzet	€	20.000.000
Vennootschapsbelasting	- 1.400.000			
Winst na belasting 2015	- 2.600.000			
	€ 20.000.000		€	20.000.000

Toelichtingen bij voorgaande overzichten
- Als grondslag voor de bepaling van de waarde en het resultaat wordt in de commerciële jaarrekening de uitgaafprijs (met fifo-volgorde) gehanteerd.
- De duurzame productiemiddelen worden zowel commercieel als fiscaal in vijf jaar lineair afgeschreven. Ze werden op 1 januari 2014 aangeschaft. Geelvink nv gaat uit van een restwaarde van nihil na vijf jaar.
- De Latente belastingverplichtingen worden voor het nominale bedrag opgenomen. Het bedrag is gebaseerd op een vennootschapsbelastingtarief van 25%.

a 1 Hoeveel bedraagt de waarde van de voorraden grondstoffen op de fiscale balans per 31 december 2015, aangenomen dat de belastinglatentie op voorgaande balans uitsluitend is gekoppeld aan deze voorraden?
2 Geef een voorbeeld van een winstbepalingsstelsel dat fiscaal met betrekking tot de voorraden grondstoffen door Geelvink nv toegepast zou kunnen worden.

Stel dat de fiscale afschrijving op de duurzame productiemiddelen zou hebben plaatsgevonden in vijf jaarlijkse bedragen die zich verhouden als 5 : 4 : 3 : 2 : 1, terwijl men voor de commerciële jaarrekening lineair had afgeschreven.

b 1 Zou dit een reden zijn tot het opvoeren van een belastinglatentie? Motiveer het antwoord.
2 Als vraag 1 bevestigend wordt beantwoord, hoe groot is dan deze belastinglatentie per 31 december 2015 (actief of passief)?

Geelvink nv besluit per 1 januari 2016 over te gaan op waardering op actuele kostprijs. Zij wenst daarbij de methode De Blaey te hanteren.
De zogenaamde overdruk van de vennootschapsbelasting wordt op het moment van een waardeverandering tot uitdrukking gebracht.
Zij komt overigens pas op het moment van realisatie ten laste van de jaarwinst.
Aangenomen moet worden dat alleen bij de duurzame productiemiddelen de actuele kostprijs afwijkt van de tot nu toe geboekte waarde.
De actuele kostprijs per 1 januari 2016 is 30% hoger dan de uitgaafprijs.

In het grootboek van Geelvink nv komt in rubriek 0 naast de rekening *Duurzame productiemiddelen* de rekening *Afschrijving duurzame productiemiddelen* voor.

c Geef de journaalposten die per 1 januari 2016 moeten worden gemaakt in verband met de stelselwijziging.
d Geef de journaalposten die in 2016 moeten worden gemaakt van
1 de jaarlijkse afschrijvingskosten op de duurzame productiemiddelen;
2 de overdruk van de vennootschapsbelasting als gevolg van de afwijking in de afschrijvingskosten voor de fiscale en de commerciële jaarrekening;
3 het terugboeken van een gedeelte van de belastinglatentie naar de herwaardering op de duurzame productiemiddelen.

13* (§ 18.2) De sterk vereenvoudigde commerciële balans per 31 december 2015 van Obelix bv in Goes vertoont het volgende beeld.

Balans per 31 december 2015

Bedrijfsgebouw	€ 5.000.000		Aandelenkapitaal	€	2.500.000
Afschr. bedrijfsgebouw	- 1.100.000		Agio	-	600.000
			Overige reserves	-	1.410.000
		- 3.900.000	Vermogenssurplus	-	190.000
Machine	€ 1.000.000				
Afschrijving machine	- 400.000		Eigen vermogen	€	4.700.000
			Vreemd vermogen	-	300.000
		- 600.000			
Overige activa		- 500.000			
		€ 5.000.000		€	5.000.000

De materiële vaste activa hebben als waarderingsgrondslag voor de balans de historische verkrijgingsprijs. De jaarlijkse afschrijving op de materiële vaste activa, die ten laste wordt gebracht van de commerciële winst- en verliesrekening, vindt echter plaats op basis van de actuele kostprijs. Bij het verwerken van de jaarlijkse afschrijving in de boekhouding wordt gebruikgemaakt van de rekening *Vermogenssurplus in verband met afschrijving materiële vaste activa tegen actuele kostprijs* (op de balans kortheidshalve aangegeven met *Vermogenssurplus*).

Hierna volgen enkele detailgegevens over de materiële vaste activa.

Bedrijfsgebouw
Geschatte gebruiksduur 40 jaar.
Geschatte restwaarde na 40 jaar €1.000.000. Afschrijving met jaarlijks gelijke bedragen.
Op 31 december 2015 zijn de verkrijgingsprijs, de boekwaarde en de restwaarde op basis van de actuele kostprijs 30% hoger dan die tegen de historische verkrijgingsprijs.

Machine
Geschatte gebruiksduur 5 jaar. Geschatte restwaarde na 5 jaar nihil. Afschrijving met jaarlijks gelijke bedragen.

Op 31 december 2014 zijn de verkrijgingsprijs en de boekwaarde op basis van de actuele kostprijs 6% hoger dan die tegen de historische verkrijgingsprijs. Op 31 december 2015 was dit cijfer 10%.

De prijsstijgingen op het bedrijfsgebouw en op de machine vonden steeds plaats op 1 januari.

Bij het maken van de in deze opgave gevraagde journaalposten mag uitsluitend gebruik worden gemaakt van de grootboekrekeningen, die zijn vermeld in de bijlage.

a 1 Geef de journaalpost die op 31 december 2015 is gemaakt voor de afschrijving op het bedrijfsgebouw over 2015.
  2 Geef de journaalpost die op 31 december 2015 is gemaakt voor de afschrijving op de machine over 2015.

Op 1 januari 2016 besluit Obelix bv tot wijziging van de waarderingsgrondslag van de materiële vaste activa voor de balans. De onderneming gaat over van historische verkrijgingsprijs op waardering op de actuele kostprijs en wel volgens de 'methode De Blaey'.
Overigens wil Obelix bv bij deze stelselwijziging rekening houden met het onderscheid tussen niet-gerealiseerde en gerealiseerde herwaardering. Het jaarlijks te realiseren bedrag van de herwaardering staat in een vaste verhouding tot de afschrijvingskosten en de restwaarde aan het eind van de gebruiksduur (bij het bedrijfsgebouw).

De stelselwijziging per 1 januari 2016 heeft tot gevolg dat in het grootboek de volgende rekeningen worden toegevoegd:
- Niet-gerealiseerde herwaardering bedrijfsgebouw
- Niet-gerealiseerde herwaardering machine
- Gerealiseerde herwaardering bedrijfsgebouw

- Gerealiseerde herwaardering machine
- Latente belastingverplichtingen

De rekening *Vermogenssurplus in verband met afschrijving materiële vaste activa tegen actuele kostprijs* wordt ten gevolge van de stelselwijziging per 1 januari 2016 opgeheven.

Het tarief van de vennootschapsbelasting is 25%.

b Geef alle journaalposten die naar aanleiding van de stelselwijziging per 1 januari 2016 moeten worden gemaakt.
NB Geef voor de 'eigenlijke' herwaardering van het bedrijfsgebouw en van de machine afzonderlijke journaalposten.

In 2016 doen zich op de materiële vaste activa geen prijswijzigingen voor.

c 1 Geef de journaalpost die op 31 december 2016 wordt gemaakt voor de afschrijving op het bedrijfsgebouw over 2016.
2 Geef de journaalpost die op 31 december 2016 wordt gemaakt voor de afschrijving op de machine over 2016.

De commerciële winst over 2016 (vóór aftrek van vennootschapsbelasting) bedraagt €700.000.
Dit bedrag verschilt uitsluitend van het 'Saldo (fiscale) winst- en verliesrekening' als gevolg van een afwijking tussen de commerciële en de fiscale waardering van de materiële vaste activa.
De overdruk van de vennootschapsbelasting wordt op de commerciële winst- en verliesrekening over 2016 afzonderlijk opgevoerd.

d Geef de journaalposten die per 31 december 2016 worden gemaakt van:
1 de gerealiseerde herwaardering bedrijfsgebouw;
2 de gerealiseerde herwaardering machine;
3 de werkelijk over 2016 aan de fiscus verschuldigde vennootschapsbelasting.

Bijlage

Het grootboek van Obelix bv bevat onder meer de volgende in groepen ingedeelde rekeningen.

Groep boekwaarde materiële vaste activa
Bedrijfsgebouw
Machine
Afschrijving bedrijfsgebouw
Afschrijving machine

Groep eigen vermogen
Aandelenkapitaal
Agio
Overige reserves
Vermogenssurplus in verband met afschrijving materiële vaste activa tegen actuele kostprijs*
Niet-gerealiseerde herwaardering bedrijfsgebouw**

Niet-gerealiseerde herwaardering machine**
Gerealiseerde herwaardering bedrijfsgebouw**
Gerealiseerde herwaardering machine**

Groep voorzieningen
Latente belastingverplichtingen**

Groep vreemd vermogen op korte termijn
Te betalen vennootschapsbelasting

Groep afschrijvingskosten materiële vaste activa
Afschrijvingskosten bedrijfsgebouw
Afschrijvingskosten machine

Groep specifieke rekeningen op winst- en verliesrekening
Belasting over commerciële winst
Belasting in verband met overdruk vennootschapsbelasting
* Opgeheven per 1 januari 2016.
** Ingevoerd per 1 januari 2016.

(SPD, gewijzigd)

18.14** (§ 18.3) Bremhorst bv heeft over het boekjaar 2015 volgend overzicht opgesteld, waarbij het commercieel resultaat voor belasting wordt herleid tot de fiscaal belastbare winst.

Commercieel resultaat voor belasting				+/-	€ 67.700
Post winst- en verliesrekening	commercieel		fiscaal		
Afschrijvingskosten gebouw	€	25.200	€ 22.500	-	2.700
Afschrijvingskosten auto's	€	21.960	€ 21.800	-	160
Verlies oninbare vorderingen	€	43.400	€ 45.700	-	2.300
Inkoopwaarde omzet	€	1.425.000	€ 1.416.000	-	9.000
Overige bedrijfskosten	€	221.500	€ 217.900	-	3.600
Resultaat verkochte auto	€		€	-	
Resultaat deelneming	€	42.500		-	42.500
Fiscaal belastbare winst				€	
(+ of – invullen!)					

Toelichting
Hierna volgt een toelichting op de posten in voorgaand overzicht.

Gebouw
Het gebouw is aangeschaft in 2013 en wordt commercieel in 40 jaar afgeschreven tot een restwaarde van nihil, uitgaande van de actuele kostprijs. Deze is sinds het aanschafmoment met 5% gestegen. Overdruk vennootschapsbelasting wordt ten laste van het vermogen gebracht. Fiscaal wordt dezelfde levensduur gehanteerd, maar er wordt rekening gehouden met een restwaarde van €60.000.

Auto's
Op 1 juli 2015 is één van de auto's vervangen. De behaalde boekwinst is in het commerciële resultaat opgenomen. Fiscaal is deze boekwinst in mindering gebracht op de investering. De auto's worden zowel commercieel als fiscaal afgeschreven in 5 jaar met gelijke jaarlijkse bedragen tot 10% van de aanschafwaarde. Over delen van een jaar wordt naar evenredigheid afgeschreven.

Debiteuren
Commercieel wordt gewerkt met een voorziening debiteuren. Aan het einde van het jaar wordt de hoogte van de voorziening op de statische manier vastgesteld.
Fiscaal worden alleen de werkelijk afgeboekte vorderingen als verlies geaccepteerd.

Inkoopwaarde omzet
Commercieel worden de goederen gewaardeerd tegen inkoopprijzen en wordt de inkoopprijs van de omzet bepaald met behulp van fifo. Fiscaal wordt gebruikgemaakt van het ijzerenvoorraadstelsel.

Overige bedrijfskosten
Van de overige bedrijfskosten is fiscaal een deel niet of slechts gedeeltelijk geaccepteerd, omdat sprake is van representatiekosten.

Deelneming
Fiscaal geldt voor de deelneming de deelnemingsvrijstelling.

a Bereken de behaalde boekwinst bij de inruil van de auto.
b Vul de ontbrekende bedragen in het overzicht in bij 'Resultaat verkochte auto'.
c Noteer bij elke post in de laatste kolom een -/- of + en bereken daarna de fiscaal belastbare winst.
d Bereken de belastinglast.
e Bereken in een percentage de belastingdruk (2 decimalen).
f Geef een herleiding van het nominale belastingpercentage naar het effectieve belastingpercentage.
(Onderdeel SPD-examen)

** (§ 18.3) In deze opgave is de vennootschapsbelasting 25%.
Van Wijk bv is een handelsonderneming met verscheidene kapitaal- en zeggenschapsbelangen. Al deze belangen vallen onder de deelnemingsvrijstelling. Over 2015 heeft de administrateur de volgende overzichten opgesteld:
- commerciële winst- en verliesrekening 2015;
- fiscale winst- en verliesrekening 2015 (gedeeltelijk);
- toelichting op beide overzichten; overige gegevens.

Toelichting
Het verschil in inkoopwaarde van de omzet wordt veroorzaakt doordat commercieel en fiscaal een andere methode wordt gebruikt. Beide methodes gaan uit van inkoopprijzen.
Het verschil in de afschrijvingskosten van het gebouw wordt veroorzaakt doordat fiscaal een herinvesteringsreserve is verrekend na een verbouwing.

Commerciële winst- en verliesrekening Van Wijk bv 2015

Omzet			€	3.240.000
Resultaat verkochte machine			-/- -	2.000
Resultaat deelnemingen			-	46.000
Liquidatieresultaat deelneming			-	3.000
			€	3.287.000
Inkoopwaarde van de omzet	€	1.416.000		
Afschrijving gebouw	-	14.400		
Afschrijving machines	-	56.200		
Afschrijving inventaris	-	16.500		
Loonkosten (incl. tantième 2015)	-	640.900		
Verkoopkosten	-	429.300		
Overige kosten	-	316.700		
Som van de bedrijfskosten			€	2.890.000
Bedrijfsresultaat			€	397.000
Interestkosten			-	42.000
Resultaat voor belastingen			€	355.000

Fiscale winst- en verliesrekening Van Wijk bv 2015

Omzet			€	3.240.000
Resultaat verkochte machine			€	3.000
Dividend deelnemingen			€	13.000
...			€	...
Inkoopwaarde van de omzet	€	1.403.000		
Afschrijving gebouw	-	13.800		
Afschrijving machines	-	38.400		
Afschrijving inventaris	-	15.800		
Loonkosten	-	640.900		
Verkoopkosten	-	429.300		
Overige kosten	-	...		
Interestkosten	-	42.000		
...	-	...		
...	-	...		
Liquidatieverlies deelneming	-	...		
			€	...
Saldo fiscale winstberekening			€	...

Het verschil in afschrijvingskosten bij machines en inventaris wordt veroorzaakt door een afwijkend afschrijvingssysteem.
Van de overige kosten is een bedrag van €12.400 fiscaal niet geaccepteerd. Onder de overige kosten bevindt zich de dotatie voor groot onderhoud gebouwen. Aan deze voorziening is in 2015 €15.000 gedoteerd en €28.000 onttrokken. Fiscaal is deze voorziening volledig geaccepteerd. De fiscale voorziening voor groot onderhoud is als fiscale reserve onder het fiscaal vermogen opgenomen. Begin 2015 is een machine verkocht voor €18.000. De commerciële boekwaarde was op het moment van verkoop €20.000; fiscaal was de boekwaarde

€15.000. Aangezien het voornemen tot vervangen bestaat is de winst opgenomen in een herinvesteringsreserve.
In 2015 is dividend ontvangen van deelnemingen uit de winsten van 2014. Van Alpha bv werd €5.000 ontvangen en van Beta bv €8.000.
In 2015 is deelneming Gamma bv geliquideerd. Het belang was commercieel gewaardeerd voor €22.000; fiscaal bedroeg de waardering €48.000. De bij liquidatie verkochte activa brachten €25.000 op. Dit bedrag is als liquidatie-uitkering aan Van Wijk bv uitbetaald.

Overige gegevens
Van de winst 2014 is in 2015 €75.000 ter beschikking gesteld aan de aandeelhouders, waarvan €45.000 in de vorm van aandelen en het restant in geld. Met dividendbelasting hoeft geen rekening te worden gehouden.
Commercieel bedroeg het saldo van de balanspost 'Te betalen dividend' op 31 december 2014 €2.300. Een jaar later was dit €3.200. In 2015 is geen interimdividend boekjaar 2015 ter beschikking gesteld aan de aandeelhouders.
Het uit de winst 2015 in 2016 uit te keren bedrag aan tantièmes (groot €25.000) is bij het samenstellen van de commerciële en fiscale winst- en verliesrekening over 2015 opgevoerd als kosten, omdat op dat moment sprake is van een verplichting op basis van de arbeidsovereenkomst waarvan de omvang betrouwbaar vast te stellen is.
Van de winst 2015 na belasting zullen de aandeelhouders €90.000 dividend ontvangen (hierbij geen rekening houden met dividendbelasting). Het restant van de winst wordt gereserveerd. Deze winstverdeling 2015 is niet in de definitieve commerciële balans van 31 december 2015 opgenomen.
Gedurende 2015 is nominaal €120.000 aandelenkapitaal geplaatst tegen een koers van 140%.
In 2015 is een voorlopige aanslag vennootschapsbelasting 2015 van €42.000 betaald. Commercieel is deze vooruitbetaling geactiveerd.

Op de fiscale eindbalans wordt de te betalen vennootschapsbelasting en het te betalen dividend niet apart als verplichting opgenomen.
Gedurende het jaar is een investering gedaan van €40.000 waarvoor recht bestaat op investeringsaftrek. Het percentage is 28.
Het fiscale beginvermogen 2015 bedroeg €1.587.000. Het fiscale eindvermogen 2015 is €2.004.000.
Beide fiscale vermogens zijn inclusief eventuele fiscale reserves.

a Bereken het fiscale liquidatieverlies van deelneming Gamma bv.
b Geef de ontbrekende posten en bereken de ontbrekende getallen op de fiscale winst- en verliesrekening.
c Stel de fiscale vermogensvergelijking op. Vermeld daarbij als tussentelling het saldo fiscale winstberekening.
d Bereken voor 2015 het saldo fiscale winstberekening, uitgaande van het commercieel resultaat voor belasting.
e Bereken de belastinglast.
f Bereken in een percentage de belastingdruk (2 decimalen).
g Geef een herleiding van het nominale belastingpercentage naar het effectieve belastingpercentage.

(Bewerkte SPD-opgave).

19 Integratieve benadering van de vennootschapsbelasting in de commerciële jaarrekening

19.01* (H 19) Van de handelsonderneming Samson bv in Arnhem worden de volgende jaarstukken verstrekt.

Commerciële balansen

	31-12-2015 (voorlopig)	1-1-2015 (definitief)		31-12-2015 (voorlopig)	1-1-2015 (definitief)
Terrein	€ 92.000	€ 80.000	Aandelenkapitaal	€ 240.000	€ 200.000
Gebouw	- 103.000	- 107.000	Agioreserve	- 49.000	- 35.000
Inventaris	- 46.000	- 40.000	Winstreserve	- 193.900	- 172.900
Deelneming	- 60.000	- 50.000	Winstsaldo (na belasting)		- 31.000
Voorraad goederen	- 72.000	- 65.000	Winstsaldo (vóór belasting)	- 70.000	
Debiteuren	- 198.000	- 160.000	Crediteuren	- 51.000	- 56.000
Latente belastingvordering	- 8.500	- 8.500	Te betalen venn.belasting	- 17.000	- 59.000
Transitoria	- 20.400	- 19.400	Transitoria	- 3.000	- 18.000
Liquide middelen	- 24.000	- 42.000			
	€ 623.900	€ 571.900		€ 623.900	€ 571.900

Fiscale balans per 1 januari 2015

Terrein	€ 86.000	Fiscaal vermogen	€ 464.400
Gebouw	- 117.000	Te betalen vennootschapsbelasting	- 59.000
Inventaris	- 50.000	Crediteuren	- 56.000
Deelneming	- 50.000	Transitoria	- 18.000
Voorraad goederen	- 68.000		
Debiteuren	- 165.000		
Transitoria	- 19.400		
Liquide middelen	- 42.000		
	€ 597.400		€ 597.400

Voorlopige commerciële winst- en verliesrekening over 2015

Inkoopwaarde omzet	€ 168.000	Omzet	€ 300.000
Afschrijving terrein	- 5.000	Dividend deelneming	- 5.000
Afschrijving gebouw	- 4.000		
Afschrijving inventaris	- 15.000		
Dotatie voorziening incourant	- 5.000		
Dotatie voorziening debiteuren	- 4.000		
Diverse kosten	- 19.000		
Personeelskosten (tantième)	- 15.000		
Winstsaldo (vóór belasting)	- 70.000		
	€ 305.000		€ 305.000

Gegevens

1 *Terrein*
In verband met de expansie van de onderneming is een nieuw terrein aangekocht.
Fiscaal kan op het terrein niet worden afgeschreven.

2 *Gebouw*
De fiscaal toegestane afschrijving is per jaar 2% van €150.000 (de aanschafprijs) = €3.000.

3 *Inventaris*
In de loop van 2015 werden enkele inventarisstukken, die fiscaal en commercieel volledig waren afgeschreven, verkocht voor €2.000. Deze opbrengst is commercieel gecrediteerd op de rekening *Inventaris*.
In de loop van 2015 is een emballeermachine aangeschaft.
De fiscaal toegestane afschrijving op de per 31 december 2015 aanwezige inventaris bedraagt €12.000.

4 *Deelneming*
Zowel op de commerciële balans als op de fiscale balans wordt de deelneming gewaardeerd tegen aankoopprijs.
In de loop van 2015 werden enkele aandelen bijgekocht voor €10.000; verkopen vonden niet plaats.

5 *Voorraad goederen*
In de waardering voor de commerciële balansen wordt een voorziening voor incourant verwerkt. Deze bedroeg per 1 januari 2015 €3.000 en per 31 december 2015 €2.000.
Fiscaal worden slechts de werkelijk bij opruiming geleden verliezen geaccepteerd.

6 *Debiteuren*

	1-1-2015	31-12-2015
Nominaal bedrag	€ 170.000	€ 210.000
Voorziening	- 10.000	- 12.000
Op commerciële balans	€ 160.000	€ 198.000
Fiscaal toegestane voorziening	€ 5.000	€ 10.000

7 *Aandelenkapitaal en agioreserve*
In de loop van 2015 is:
- een agiobonus van 5% in aandelen uitgekeerd;
- daarna zijn €30.000 nominaal aandelen geplaatst à €18 per aandeel van €10 nominaal.

8 *Tantième*
Het uit de winst 2015 in 2016 uit te keren bedrag aan tantièmes (groot €15.000) is bij het samenstellen van de commerciële en fiscale winst- en verliesrekening over 2015 opgevoerd als kosten, omdat op dat moment

sprake is van een verplichting op basis van de arbeidsovereenkomst waarvan de omvang betrouwbaar vast te stellen is.
Dit geldt ook voor het tantième over 2014 (groot €13.000).
Fiscaal en commercieel worden de tantièmes aan het eind van het jaar waarover deze worden uitgekeerd, op de balans onder 'Crediteuren' opgenomen.

9 *Verdelingen winst na belasting*
De verdeling van de winst 2014 na belasting is in mei 2015 als volgt vastgesteld:

Dividend	€	10.000
Reservering	-	21.000
	€	31.000

a Geef de voorlopige fiscale balans per 31 december 2015.
b Stel de fiscale winst- en verliesrekening over 2015 samen. Maak hierbij gebruik van het volgende overzicht.

Netto-omzet		€	.....
Inkoopwaarde omzet		-	.....
		€	.....
Personeelskosten		-	.....
Afschrijvingen	zoveel	-	.....
Waardeveranderingen	mogelijk	-	.....
Overige bedrijfskosten	specificeren	-	.....
Overige bedrijfsresultaten		-	.....
Saldo fiscale winst- en verliesrekening		€	.....

NB Voorzie de posten in dit overzicht van een + of een −/−.
c Geef de (voorlopige) berekening van de belastbare winst over 2015 door vermogensvergelijking.
NB Het in 2015 ontvangen dividend uit de deelneming is fiscaal onbelast.
d Geef de afleiding van de belastbare winst 2015 uit de commerciële winst 2015 vóór belasting (reconciliatie).
e Bereken het bedrag dat per 31 december 2015 op de commerciële balans opgenomen moet worden als belastinglatentie. Hanteer hierbij de balansbenadering en geef per post aan of deze tot een actieve danwel passieve latentie leidt.
f Bereken het bedrag dat op de definitieve commerciële winst- en verliesrekening over 2015 moet worden vermeld bij de post 'Vennootschapsbelasting' (de belastinglast).
NB Het tarief vennootschapsbelasting is 25%.
g Geef de wijzigingen (in de vorm van journaalposten) die nodig zijn om:

1 de voorlopige commerciële winst- en verliesrekening 2015 om te zetten in de definitieve commerciële winst- en verliesrekening 2015;
2 de voorlopige commerciële balans per 31 december 2015 om te zetten in de definitieve balans per 31 december 2015.

h Beschrijf de wijzigingen die moeten worden aangebracht in:
- de fiscale balans per 31 december 2015 volgens vraag **a**;
- de 'Berekening belastbare winst' volgens vraag **c**.

02** (H 19) Van bv Engewormer is in de bijlage gegeven:
1 de commerciële balans ultimo 2014 (definitief) en ultimo 2015 (voorlopig);
2 de voorlopige commerciële winst- en verliesrekening over 2015;
3 de fiscale balans ultimo 2014.

In de commerciële balans ultimo 2015 en de commerciële winst- en verliesrekening over 2015 moet de vennootschapsbelasting nog worden verwerkt.

Toelichting
1 *Gebouwen*
Het bedrijf van bv Engewormer is gevestigd in drie gebouwen. De gebouwen worden zowel commercieel als fiscaal in 40 jaar met jaarlijks gelijke bedragen tot op nihil afgeschreven.
Met ingang van het boekjaar 2008 mag de fiscale boekwaarde van een pand niet lager zijn dan de fiscale bodemwaarde, dat is 50% van de WOZ-waarde. Voor gebouwen die op 1 januari 2008 een lagere fiscale boekwaarde hebben, wordt de fiscale afschrijving gestopt.
Van de gebouwen is het volgende overzicht gegeven:

Gebouw	Aanschaf-prijs	Datum aanschaf	Fiscale bodem-waarde 2014	Fiscale boekwaar-de ultimo 2014	Commerciële boekwaar-de ultimo 2014
1	€ 1.200.000	01-01-1980	€ 500.000	€ 210.000	€ 150.000
2	€ 800.000	01-01-1999	€ 470.000	- 480.000	- 480.000
3	€ 1.400.000	01-01-2010	€ 800.000	- 1.225.000	- 1.225.000
				€ 1.915.000	€ 1.855.000

Op advies van de accountant van bv Engewormer is besloten om de fiscale afschrijving van gebouw 3 met ingang van het boekjaar 2015 te stellen op 1,75% per jaar, te berekenen over de aanschafprijs.
Begin 2015 werd in gebouw 1 een stofafzuigingsinstallatie geplaatst. De uitgaven hiervoor zijn commercieel geactiveerd en worden met ingang van 1 januari 2015 in acht jaar met jaarlijks gelijke bedragen volledig afgeschreven. Fiscaal voldoet de installatie aan de normen voor een milieu-investering. Fiscaal worden de uitgaven in 2015 en 2016 met jaarlijks gelijke bedragen afgeschreven. In overleg met de Belastingdienst is verder besloten om met ingang van het boekjaar 2015 een kostenegalisatiereserve (KER) te vormen voor het groot onderhoud aan de gebouwen. In 2015 wordt hieraan een bedrag van €20.000 gedoteerd; de KER maakt onderdeel uit van het Fiscaal vermogen.

2 Machines

Er zijn twee groepen machines, groep A en groep B. De machines in groep A worden commercieel en fiscaal in 10 jaar met jaarlijks gelijke bedragen afgeschreven, zonder rekening te houden met een restwaarde. De machines in groep B worden zowel commercieel als fiscaal in 8 jaar afgeschreven, zonder rekening te houden met een restwaarde. Over delen van een jaar wordt naar evenredigheid afgeschreven. Bij de aanschaf van de machines in groep A in 2010 is een herinvesteringsreserve (HIR) verrekend van €60.000.

Van de machines is het volgende overzicht gegeven:

Groep	Datum van aanschaf	Aanschafprijs
A	01-01-2010	€ 800.000
B	01-01-2012	€ 400.000

Op 1 juli 2015 is een nieuwe machine, behorende tot groep B, in bedrijf genomen. Fiscaal wordt de bestaande herinvesteringsreserve van €46.000 verrekend.

3 Deelnemingen

bv Engewormer bezit twee meerderheidsdeelnemingen: in bv Wadway en in bv Eenigenburg. De deelnemingen worden commercieel gewaardeerd volgens de vermogensmutatiemethode; de fiscale waardering vindt plaats op basis van de aanschafprijs. Fiscaal geldt voor de resultaten uit de deelnemingen de deelnemingsvrijstelling.

Het mutatieoverzicht (commercieel) over 2015 van de deelnemingen is:

Mutatieoverzicht over 2015	bv Wadway	bv Eenigenburg
Boekwaarde op 1 januari 2015	€ 400.000	€ 200.000
Aandeel in resultaat over 2015	- 80.000	- (60.000)
Aandeel in het dividend	- (38.000)	
Boekwaarde op 31 december 2015	€ 442.000	€ 140.000

bv Eenigenburg was tot en met het boekjaar 2012 winstgevend. In 2013 en in 2014 werd een groot verlies geleden door problemen op een buitenlandse afzetmarkt. Na de reorganisatie in 2013 en 2014 werd in 2015, mede als gevolg van de kredietcrisis, weer een verlies geleden.

4 Overige activa en passiva

Bij deze posten zijn er geen verschillen tussen de commerciële en de fiscale waardering.

5 *Geplaatst kapitaal*
Door conversie van de 6% Converteerbare obligatielening zijn het aandelenkapitaal en het agio uitgebreid.

6 *Latente belastingen*
De latenties zijn berekend tegen het nominale belastingtarief van 25%. De specificatie van de tijdelijke verschillen op de balans ultimo 2014 is:

Post	Commerciële boekwaarde	Fiscale boekwaarde		Tijdelijk verschil	
Gebouwen	€ 1.855.000	€ 1.915.000	–/–	€	60.000
Machines	€ 650.000	€ 620.000	+	-	30.000
Herinvesteringsreserve		- 46.000	+	-	46.000

Stand van de latentie: €15.000 actieve latentie
€19.000 passieve latentie

7 *Vennootschapsbelasting*
Het belastingtarief is 25%. In 2015 is de gehele voorlopige aanslag vennootschapsbelasting voor 2015 betaald.

8 *Winstverdeling 2014*
Over 2014 is €112.000 dividend gedeclareerd en uitbetaald. De rest van de winst is toegevoegd aan de overige reserves.

9 *Overige bedrijfskosten*
Onder de post overige bedrijfskosten zijn de volgende bedragen geboekt die fiscaal niet als last in aanmerking komen: het niet aftrekbare deel van de betaalde representatiekosten bedraagt €7.175 en betaalde geldboetes ad €9.100 (geheel niet aftrekbaar).

a Stel de (voorlopige) fiscale balans ultimo 2015 op.
b Stel de fiscale winst- en verliesrekening over 2015 op.
c Bereken de belastbare winst over 2015 via vermogensvergelijking.
  NB Duidelijk bij elke post + en –/– vermelden.
d Bereken het bedrag dat per 31 december 2015 op de commerciële balans opgenomen moet worden als belastinglatentie. Hanteer hierbij de balansbenadering en geef per post aan of deze tot een actieve danwel passieve latentie leidt.
e Bereken het bedrag waarover de belastinglast moet worden berekend die ten laste van de commerciële winst- en verliesrekening moet worden geboekt. Dit is de commerciële winst, gecorrigeerd voor de permanente verschillen.
f Geef de journaalpost om de belastingen over 2015 te verwerken in de commerciële jaarrekening.
g Bereken de effectieve belastingdruk.
h Geef een herleiding van het nominale belastingpercentage naar het effectieve belastingpercentage.

Bijlage

Commerciële balansen van bv Engewormer

	31-12-2015 voorlopig	31-12-2014 definitief
Gebouwen	€ 1.945.000	€ 1.855.000
Machines	- 632.500	- 650.000
Deelnemingen	- 582.000	- 600.000
Vorderingen op deelneming bv Eenigenburg	- 40.000	- 40.000
Overige activa	- 1.424.200	- 1.425.500
Latente belastingvordering	- 15.000	- 15.000
Vooruitbetaalde vennootschapsbelasting 2015	- 25.000	- —
	€ 4.663.700	€ 4.585.500
Geplaatst kapitaal	€ 1.600.000	€ 1.400.000
Agio	- 620.000	- 360.000
Overige reserves	- 1.351.500	- 1.223.500
Resultaat boekjaar (na belastingen)		- 240.000
Resultaat boekjaar (voor belastingen)	- 270.550	
6% Converteerbare obligatielening	- —	- 200.000
Latente belastingverplichtingen	- 19.000	- 19.000
Overige passiva	- 802.650	- 1.125.750
Te betalen vennootschapsbelasting		- 17.250
	€ 4.663.700	€ 4.585.500

Voorlopige commerciële winst- en verliesrekening over 2015

Afschrijving gebouwen	€ 110.000	Omzet		€ 7.999.200
Afschrijving machines	- 137.500	Kostprijs omzet		- 3.816.500
Lonen en salarissen	- 1.618.200			
Overige bedrijfskosten	- 2.056.450	Brutowinst		€ 4.182.700
Rentelasten	- 10.000	Aandeel in resultaat deelnemingen		- 20.000
Winst voor belastingen	- 270.550			
	€ 4.202.700			€ 4.202.700

Fiscale balans ultimo 2014

Gebouwen	€ 1.915.000	Fiscaal vermogen		€ 3.057.500
Machines	- 620.000	6% Converteerbare obligatielening		- 200.000
Deelnemingen	- 400.000	Overige passiva		- 1.125.750
Vorderingen op deelnemingen	- 40.000	Te betalen vennootschapsbelasting		- 17.250
Overige activa	- 1.425.500			-
	€ 4.400.500			€ 4.400.500

(SPD)

3** (H 19) De handelsonderneming Korevaar nv in Hengelo beschikt over de volgende overzichten.

Voorlopige commerciële balans per 31 december 2015

Terreinen		€ 540.000	Aandelenkapitaal	€ 1.400.000
Gebouwen	€ 1.020.000		Agioreserve	- 250.000
Afschrijving gebouwen	- 712.800		Overige reserves	- 1.872.000
			Winst (vóór belasting)	- 411.200
		- 307.200	7% Obligatielening	- 600.000
Voorraad handelsgoederen		- 2.400.000	Handelscrediteuren	856.000
Handelsdebiteuren		- 1.586.000		
Betaalde vennootschaps-belasting 2015		- 296.000		
Liquide middelen		- 260.000		
		€ 5.389.200		€ 5.389.200

Voorlopige commerciële winst- en verliesrekening over 2015

Inkoopwaarde omzet	€ 10.100.000	Omzet	€ 12.000.000
Afschrijvingskosten gebouwen	- 68.800	Winst verkocht terrein	- 20.000
Overige kosten	- 1.440.000		
Winst (vóór belasting)	- 411.200		
	€ 12.020.000		€ 12.020.000

Fiscale balans per 31 december 2014

Terreinen		€ 200.000	Fiscaal vermogen	€ 2.637.400
Gebouwen	€ 600.000		7% Obligatielening	- 640.000
Afschrijving gebouwen	- 448.400		Handelscrediteuren	- 690.000
		- 151.600	Te betalen vennootschapsbelasting	- 36.000
Voorraad handelsgoederen		- 1.799.800		
Handelsdebiteuren	€ 1.500.000			
Afschrijving handelsdeb.	- 12.000			
		- 1.488.000		
Liquide middelen		- 364.000		
		€ 4.003.400		€ 4.003.400

Nadere gegevens

1 Terreinen
   Deze staan op de commerciële balans gewaardeerd tegen actuele kostprijs.
   Oorspronkelijk is voor de terreinen €200.000 betaald. In de loop van 2015 is aan de gemeente 1/10 deel van deze terreinen verkocht voor €80.000.
   In de actuele kostprijs kwam gedurende 2015 geen wijziging.

2 *Gebouwen*
Ook de gebouwen staan op de commerciële balans gewaardeerd tegen actuele kostprijs.
Op 1 januari 2015 bezit de onderneming de gebouwen A, B en C, waarvan hierna enkele gegevens zijn opgenomen.

Gebouw	Aanschafdatum	Aanschafprijs	Afschrijvingspercentage		Actuele kostprijs 1-1-2015
			comm. jaarrekening	fiscale jaarrekening	
A	1 januari 2003	€ 160.000	4	2	€ 400.000
B (hout)	1 januari 2004	- 400.000	10	10	- 500.000
C	1 juli 2002	- 40.000	4	2	- 100.000

In de actuele kostprijs van de gebouwen A en B kwam gedurende 2015 geen wijziging.

Voor de commerciële jaarrekening over 2002 is op gebouw C over het gehele jaar afgeschreven.
In januari 2015 is gebouw C gesloopt en vervangen door gebouw D, waarvan de nieuwbouwprijs €120.000 bedroeg. Dit is tevens de actuele kostprijs per 31 december 2015.

Voor de commerciële jaarrekening over 2015 is op gebouw D over het gehele jaar 4% van de genoemde nieuwbouwprijs afgeschreven.
Voor de fiscale winstbepaling over 2002 is op gebouw C naar evenredigheid van de gebruiksduur afgeschreven.
De fiscale boekwaarde per 1 januari 2015 van dit gesloopte gebouw behoort tot de fiscale bouwkosten van het vervangende gebouw D, dat op dezelfde plaats is verrezen. Gebouw D is op 1 september 2015 in gebruik genomen. Vanaf die datum wordt voor de berekening van de fiscale winst op basis van 2% per jaar van de fiscale bouwkosten naar evenredigheid van de gebruiksduur afgeschreven.

3 *Voorraad handelsgoederen*
De handelsgoederen zijn op de commerciële balans opgenomen tegen actuele kostprijs. Op de commerciële balans per 31 december 2014 stond de voorraad handelsgoederen vermeld voor €2.000.000.
In 2015 werd de voorraad handelsgoederen geherwaardeerd voor in totaal €160.000.
Fiscaal wordt gewaardeerd tegen historische inkoopprijzen; op basis hiervan is de balanswaarde van de voorraad handelsgoederen per 31 december 2015 €2.260.000.

4 *Handelsdebiteuren*
In de commerciële jaarrekening worden de debiteuren op de balans opgevoerd voor de nominale waarde, verminderd met de daarop nodig geachte afschrijving.
Op de fiscale balans wordt de nodig geachte afschrijving afzonderlijk tot uitdrukking gebracht. Deze was zowel per 31 december 2014 als per

31 december 2015 gelijk aan het voor de commerciële balans bepaalde bedrag en was per 31 december 2015 €14.000.

5 *Aandelenkapitaal en Agioreserve*
In 2015 vond een aandelenemissie plaats van €100.000 nominaal tegen de emissiekoers van €150 per aandeel van €100 nominaal. De nieuw geëmitteerde aandelen delen volledig mee in het dividend uit de winst over 2015.

6 *Overige reserves*
Deze post is ontstaan door winstinhouding en door herwaardering van de terreinen, de gebouwen en de voorraad handelsgoederen.

7 *Vennootschapsbelasting*
Het op de voorlopige commerciële balans opgenomen bedrag betreft hetgeen op de voorlopige aanslag vennootschapsbelasting over 2015 in 2015 is betaald.
Daarnaast is in 2015 nog betaald aan vennootschapsbelasting een bedrag van €36.000. Dit is de nog te betalen vennootschapsbelasting over 2014.

8 *Winst (vóór belasting) op de voorlopige commerciële winst- en verliesrekening*
Na aftrek van vennootschapsbelasting wordt uit de daarna resterende winst over een bepaald jaar in het jaar daarna een dividendbedrag gedeclareerd. Sinds 2010 is het dividend gestabiliseerd op €10 per aandeel van €100 nominaal.

a Stel de voorlopige fiscale balans per 31 december 2015 samen.
b Stel de fiscale winst- en verliesrekening over 2015 samen.

Om controle te kunnen uitoefenen op het 'Saldo fiscale winst- en verliesrekening' over 2015 volgens het bij **b** gevraagde overzicht, wordt dit bedrag nogmaals berekend via vermogensvergelijking.

c Bereken het 'Saldo fiscale winstberekening' over 2015 via vermogensvergelijking.

Om te voldoen aan de RvJ gaat Korevaar nv op de *definitieve* commerciële balans per 31 december 2015 voor het eerst actieve en passieve belastinglatenties opvoeren.
De belastinglatenties worden nominaal berekend, uitgaande van een tarief vennootschapsbelasting van 25%.

d 1 Geef aan voor welke posten op de commerciële balans een belastinglatentie bestaat.
  2 Geef bij elk van de onder 1 bedoelde balansposten aan of de latentie actief, passief dan wel gedeeltelijk actief en gedeeltelijk passief is.
  3 Bereken vervolgens het bij elk van de onder 1 bedoelde balansposten behorende bedrag van de latentie.

Op de *definitieve* commerciële balans per 31 december 2015 wil Korevaar nv de winst (vóór belasting) over 2015, groot €411.200, splitsen in:
- het bedrag van de acute belastingschuld/belastingvordering per 31 december 2015.
  Voor de berekening van dit bedrag moet gestart worden met het 'Saldo fiscale winst- en verliesrekening' (zie bij **b**).
  Het tarief vennootschapsbelasting is 25%;
- de posten als gevolg van de voorgestelde verdeling van de winst (na belasting) over 2015.

Ook de actieve en passieve belastinglatenties moeten op de definitieve commerciële balans per 31 december 2015 worden opgenomen.

e Geef – in de vorm van journaalpost(en) – alle zojuist bedoelde aanpassingen in de commerciële balans per 31 december 2015.
f Stel de definitieve fiscale balans per 31 december 2015 samen.

20 De geconsolideerde jaarrekening

1 (§ 20.1)
a Wat wordt verstaan onder een consolidatiekring?
b 1 Is de eis van centrale leiding van toepassing bij het begrip groep?
   2 Is de eis van het hebben van een financieel belang van de ene onderneming in een andere onderneming voorwaarde voor het bestaan van een groep?

2 (§ 20.2)
Houdstermaatschappij nv A bezit alle aandelen van bv B, bv C en bv D. Nv A waardeert de deelnemingen in bv B, bv C en bv D volgens de vermogensmutatiemethode.

a Stel dat aan de aandeelhouders van nv A uitsluitend informatie zou worden verschaft door middel van de enkelvoudige jaarrekening van nv A. Welke bezwaren zijn verbonden aan deze wijze van informatieverschaffing?
b Stel nu dat aan de aandeelhouders van nv A informatie wordt verschaft over de gehele groep door middel van de enkelvoudige jaarrekeningen van nv A, bv B, bv C en bv D.
   1 Welke voordelen biedt deze vorm van informatieverschaffing boven die bedoeld bij vraag **a**?
   2 Welke nadelen zijn verbonden aan de informatieverschaffing over de groep door middel van vier enkelvoudige jaarrekeningen?
c Stel nu dat aan de aandeelhouders van nv A informatie wordt verschaft over de gehele groep door middel van een geconsolideerde jaarrekening, waarin alle vennootschappen zijn betrokken.
   1 Wat wordt verstaan onder een geconsolideerde jaarrekening?
   2 Welke voordelen biedt deze vorm van informatieverschaffing boven die bedoeld bij vraag **b**?
   3 Welke nadelen zijn verbonden aan de informatieverschaffing over de groep door middel van een geconsolideerde jaarrekening?
d Maak duidelijk dat een aandeelhouder van nv A meestal een voldoende inzicht in de omvang en de samenstelling van het eigen vermogen van de groep kan krijgen aan de hand van de enkelvoudige balans van de houdstermaatschappij.
e Maak duidelijk dat een aandeelhouder van nv A onvoldoende inzicht in de omvang en de samenstelling van de bezittingen en schulden van de groep kan krijgen aan de hand van de enkelvoudige balans van de houdstermaatschappij.
f Waarom kan een aandeelhouder van nv A zich meestal geen verantwoord oordeel over omvang en samenstelling van het resultaat vormen aan de hand van de enkelvoudige winst- en verliesrekening van de houdstermaatschappij?
g 1 Wat zijn intercompanywinsten?
   2 Waarom worden deze meestal bij het consolidatieproces geëlimineerd?
h 1 Wat verstaat men onder het begrip solvabiliteit?
   2 Kan een aandeelhouder van nv A de solvabiliteit het best beoordelen aan de hand van de enkelvoudige balans van de houdstermaatschappij of aan de hand van de geconsolideerde balans?
   Motiveer het antwoord.

i 1 Wat verstaat men onder het begrip liquiditeit?
2 Kan een aandeelhouder van nv A de liquiditeit het best beoordelen aan de hand van de enkelvoudige balans van de houdstermaatschappij of aan de hand van de geconsolideerde balans?
Motiveer het antwoord.

20.03 (§ 20.3)

a Moet een dochtermaatschappij die niet kan worden aangemerkt als groepsmaatschappij, in de geconsolideerde jaarrekening van de groep worden betrokken?
b Geef uw oordeel over de vraag of een onderneming die wel als groepsmaatschappij maar niet als deelneming kan worden gezien, moet worden meegeconsolideerd in de geconsolideerde jaarrekening.
c Wat wordt bedoeld met de uitspraak: 'In de huidige wettelijke bepalingen in het BW is voor de vraag of een kapitaalparticipatie in de consolidatie moet worden betrokken de beslissende zeggenschap (centrale leiding) een belangrijke rol gaan spelen'.
d Nv A bezit 60% van de aandelen van bv B en 25% van de aandelen van bv C. bv B bezit 35% van de aandelen van bv C.
Dient bv C als dochtermaatschappij van nv A en nv B te worden beschouwd, als:
1 het kapitaalscriterium wordt gehanteerd;
2 het criterium zeggenschap wordt gehanteerd?
NB Motiveer de antwoorden met berekeningen.
3 Dient nv A bij de consolidatie bv C te betrekken?
e Neem aan dat in de situatie beschreven onder **d** bv B en bv C in de consolidatie worden betrokken.
Voor welke percentages worden de belangen in bv B en bv C meegeconsolideerd?
f Wat wordt verstaan onder de toerekeningsregel?
g Bv A heeft 40% van het geplaatst kapitaal van bv C verschaft. Bv B heeft 20% van het kapitaal van bv C verschaft. De resterende 40% van het kapitaal van bv C is in handen van diverse particuliere aandeelhouders. Bv A en bv B zijn groepsmaatschappijen.
1 Is bv C een dochtermaatschappij van bv A?
2 Is bv C een dochtermaatschappij van bv B?
h Wat wordt bedoeld met 'vrijstelling van deelconsolidatie door tussenholdings'?
i Welke procedure wordt doorgaans bij de balans- en de resultatenconsolidatie toegepast met betrekking tot de balans en de winst- en verliesrekening van een te consolideren belang dat in de loop van het verslagjaar wordt verworven of waarvoor het voornemen ontstaat om ze op termijn af te stoten?

21 Technische aspecten van de consolidatie

01 (§ 21.1) In het algemeen geldt bij consolidatie van jaarrekeningen de eis van formele en materiële eenheid in de te consolideren posten.

a Wat wordt hiermee bedoeld?
b Bedenk een voorbeeld waarbij aan de eis van de formele eenheid niet wordt voldaan.
c Bedenk een voorbeeld waarbij aan de eis van de materiële eenheid niet wordt voldaan.

02 (§ 21.2) Marnix nv in Heerlen bezit alle aandelen van Daltrea bv in Maastricht. De balansen per 31 december 2015 van beide vennootschappen zien er als volgt uit:

Balans per 31 december 2015 Marnix nv

Deelneming Daltrea bv	€	530.000	Aandelenkapitaal	€	800.000
Gebouwen	-	700.000	Overige reserves	-	300.000
Machines	-	400.000	Winst na belasting	-	250.000
Voorraden	-	250.000	6% Hypothecaire lening	-	300.000
Debiteuren*	-	100.000	Crediteuren	-	250.000
Liquide middelen	-	20.000	Te betalen belasting	-	100.000
	€	2.000.000		€	2.000.000

* Bevat een vordering van €80.000 op Daltrea bv.

Balans per 31 december 2015 Daltrea bv

Gebouwen	€	300.000	Aandelenkapitaal	€	350.000
Inventaris	-	100.000	Overige reserves	-	100.000
Voorraden	-	350.000	Winst na belasting	-	80.000
Debiteuren	-	70.000	7% Onderhandse lening	-	200.000
Liquide middelen	-	30.000	Crediteuren*	-	100.000
			Te betalen belasting	-	20.000
	€	850.000		€	850.000

* Bevat een schuld van €80.000 aan Marnix nv.

a Geef de eliminatieposten ten behoeve van de consolidatie van de hiervóór gegeven twee balansen.
b Stel de geconsolideerde balans per 31 december 2015 samen met behulp van het consolidatiewerkblad.

03 (§ 21.2) Mirjam nv bezit 100% van de aandelen in Dallea bv. Bij de waardering van deze aandelen past Mirjam nv de vermogensmutatiemethode toe met als eerste boekwaarde de netto-vermogenswaarde.
Per 31 december 2015 beschikken beide vennootschappen over de volgende jaarstukken.

Balans per 31 december 2015 Mirjam nv

Deelneming in Dallea bv		€ 430.000	Aandelenkapitaal	€	350.000
Inventaris	€ 300.000		Agio	-	100.000
Afschrijving inventaris	- 80.000		Overige reserves	-	130.000
			Winst boekjaar	-	140.000
		- 220.000	6% Lening	-	80.000
Voorraad goederen		- 175.000	Crediteuren	-	88.000
Debiteuren		- 45.000	Te betalen interest	-	2.000
Liquide middelen		- 20.000			
		€ 890.000		€	890.000

Balans per 31 december 2015 Dallea bv

Inventaris	€ 180.000	Aandelenkapitaal	€	250.000
Voorraad goederen	- 280.000	Overige reserves	-	150.000
Debiteuren	- 60.000	Winst boekjaar	-	30.000
Liquide middelen	- 30.000	7% Lening	-	50.000
		Crediteuren	-	70.000
	€ 550.000		€	550.000

Winst- en verliesrekening 2015 Mirjam nv

Lonen en sociale lasten	€ 85.000	Brutowinst verkopen	€	300.000
Afschrijvingskosten inventaris	- 40.000	Aandeel resultaat deelneming	-	30.000
Afschrijvingskosten debiteuren	- 25.000			
Interestkosten	- 5.000			
Huur	- 28.000			
Overige kosten	- 7.000			
Saldo winst	- 140.000			
	€ 330.000		€	330.000

Winst- en verliesrekening 2015 Dallea bv

Lonen en sociale lasten	€ 70.000	Brutowinst verkopen	€	200.000
Afschrijvingskosten inventaris	- 30.000			
Afschrijvingskosten debiteuren	- 6.000			
Overige kosten	- 64.000			
Saldo winst	- 30.000			
	€ 200.000		€	200.000

Om formele en materiële eenheid in de posten op de jaarstukken te krijgen, moet rekening worden gehouden met het volgende:
1 De aanschafprijs van de inventaris bij Dallea bv is €240.000.
2 Op de balans van Dallea bv is een bedrag van €1.000 aan te betalen interest opgenomen onder 'Crediteuren'.
3 Op de winst- en verliesrekening van Dallea bv is opgenomen onder de post 'Overige kosten':

Interestkosten	€	4.000
Huur	-	15.000

4 Eenvoudigheidshalve wordt afgezien van vennootschapsbelasting.

a Geef de correctieposten – in de vorm van journaalposten – waarmee formele en materiële eenheid in de posten op de jaarstukken wordt verkregen.

Eind 2015 wordt besloten tot consolidatie van de balansen en de winst- en verliesrekeningen van beide vennootschappen. Hierbij moet worden uitgegaan van overzichten waarin de onder **a** gevraagde correctieposten zijn verwerkt.
Bij het consolideren van de balansen is nog van belang dat Mirjam nv een schuld van €25.000 heeft aan Dallea bv, opgenomen onder 'Crediteuren'. Dallea bv heeft dit bedrag als vordering op Mirjam nv opgenomen onder 'Debiteuren'.

b Geef de eliminatieposten ten behoeve van de balansconsolidatie.
c Geef de eliminatiepost ten behoeve van de resultatenconsolidatie.
d Stel het werkblad samen voor de geconsolideerde balans per 31 december 2015.
e Stel het werkblad samen voor de geconsolideerde winst- en verliesrekening over 2015.

04 (§ 21.3) Muxum bv in Middelburg verwierf per 1 januari 2015 alle aandelen van Dunax bv in Goes. Muxum bv betaalde voor deze aandelen per bank €700.000; dit bedrag is gelijk aan de netto-vermogenswaarde van Dunax bv op 1 januari 2015. Muxum bv waardeert de deelneming in Dunax bv volgens de vermogensmutatiemethode met als eerste boekwaarde de nettovermogenswaarde.

a Geef de journaalpost van het verwerven van de aandelen Dunax bv door Muxum bv.

Eind 2015 zijn voor beide bv's de volgende overzichten opgesteld, waarbij dezelfde waarderingsgrondslagen zijn gehanteerd.

Balans per 31 december 2015 Muxum bv

Deelneming in Dunax bv	€	850.000	Aandelenkapitaal	€ 1.200.000
Gebouw	-	1.000.000	Agio	- 200.000
Bedrijfsauto's	-	420.000	Overige reserves	- 314.000
Voorraden	-	530.000	Winst na belasting	- 390.000
Debiteuren	-	200.000	6,2% Lening	- 800.000
Liquide middelen	-	100.000	Overige schulden op korte termijn	- 196.000
	€	3.100.000		€ 3.100.000

Balans per 31 december 2015 Dunax bv

Gebouw	€	550.000	Aandelenkapitaal	€ 400.000
Bedrijfsauto's	-	200.000	Agio	- 100.000
Voorraden	-	300.000	Overige reserves	- 200.000
Debiteuren	-	170.000	Winst na belasting	- 150.000
Liquide middelen	-	80.000	6,2% lening	- 300.000
			Overige schulden op korte termijn	- 150.000
	€	1.300.000		€ 1.300.000

Winst- en verliesrekening 2015 Muxum bv

Kostprijs verkopen	€	1.650.000	Opbrengst verkopen	€ 2.500.000
Diverse bedrijfskosten	-	530.000	Aandeel resultaat Dunax bv	- 150.000
Vennootschapsbelasting	-	80.000		
Winst na belasting	-	390.000		
	€	2.650.000		€ 2.650.000

Winst- en verliesrekening 2015 Dunax bv

Kostprijs verkopen	€	1.000.000	Opbrengst verkopen	€ 1.800.000
Diverse bedrijfskosten	-	600.000		
Vennootschapsbelasting	-	50.000		
Winst na belasting	-	150.000		
	€	1.800.000		€ 1.800.000

b Geef de journaalpost(en) die Muxum bv per 31 december 2015 *heeft gemaakt* naar aanleiding van de informatie die beschikbaar kwam uit de overzichten van Dunax bv.

Besloten wordt aan de hand van de verstrekte overzichten te komen tot:
- een geconsolideerde balans per 31 december 2015;
- een geconsolideerde winst- en verliesrekening over 2015.

c Stel het werkblad voor de balansconsolidatie per 31 december 2015 samen.
d Stel het werkblad voor de consolidatie van de winst- en verliesrekeningen over 2015 samen.

In de aandeelhoudersvergadering van Dunax bv in maart 2016 wordt de bestemming van de winst na belasting over 2015 vastgesteld:

Dividend	€	40.000
Winstreservering	-	110.000
	€	150.000

e Welke journaalpost maakt Dunax bv in 2016 van de bestemming van de winst na belasting over 2015?
f Welke journaalpost maakt Muxum bv in 2016 van de bestemming van de winst na belasting over 2015 door Dunax bv?

5 (§ 21.3) Multex bv in Venray heeft een 100% belang in Dreize bv in Cuijk.

Eind 2015 zijn voor beide bv's de volgende voorlopige balansen en winst- en verliesrekeningen opgesteld. De waarderingsgrondslagen voor de bv's zijn gelijk.

Balans per 31 december 2015 Multex bv

Deelneming Dreize bv	€	...	Aandelenkapitaal	€	1.000.000
Overige bezittingen	-	...	Overige reserves	-	600.000
			Winst na belasting	-	...
			Vreemd vermogen lang	-	800.000
			Rekening-courant Dreize bv	-	80.000
			Te betalen vennootschapsbelasting	-	...
			Overige korte schulden	-	250.000
	€	...		€	...

Balans per 31 december 2015 Dreize bv

Rekening-courant Multex bv	€	80.000	Aandelenkapitaal	€	500.000
Overige bezittingen	-	...	Overige reserves	-	300.000
			Winst na belasting	-	...
			Vreemd vermogen lang	-	380.000
			Te betalen vennootschapsbelasting	-	0
			Overige korte schulden	-	120.000
	€	...		€	...

Winst- en verliesrekening 2015 Multex bv

Inkoopwaarde omzet	€	1.200.000	Omzet	€	2.000.000
Diverse bedrijfskosten	-	550.000	Aandeel resultaat Dreize bv	-	...
Vennootschapsbelasting	-	...			
Winst na belasting	-	...			
	€	...		€	...

Winst- en verliesrekening 2015 Dreize bv

Inkoopwaarde omzet	€	900.000	Omzet	€ 1.400.000
Diverse bedrijfskosten	-	300.000		
Vennootschapsbelasting	-	...		
Winst na belasting	-	...		
	€	1.400.000		€ 1.400.000

Verdere gegevens
- Multex bv waardeert de deelneming in Dreize bv volgens de vermogensmutatiemethode met als eerste boekwaarde de netto-vermogenswaarde.
- Het tarief vennootschapsbelasting is 25%.
De fiscale winst 2015 is bij beide bv's gelijk aan de vennootschappelijke winst 2015, met dien verstande dat voor Multex bv met betrekking tot haar relatie met Dracht bv de deelnemingsvrijstelling geldt.

a Stel voor Multex bv en voor Dreize bv op:
- de balans per 31 december 2015, en
- de winst- en verliesrekening over 2015

nadat rekening is gehouden met alle hiervoor vermelde 'verdere gegevens'. De onder **a** gevraagde overzichten worden vervolgens geconsolideerd.

b Geef de eliminatieposten voor het opstellen van:
1 de geconsolideerde balans per 31 december 2015;
2 de geconsolideerde winst- en verliesrekening over 2015.

c Met welk bedrag verschijnt
1 het eigen vermogen op de geconsolideerde balans per 31 december 2015;
2 de winst na belasting op de geconsolideerde winst- en verliesrekening over 2015?

21.06 (§ 21.4) Per 1 januari 2015 verwierf Mennen bv in Tiel een 75% deelneming in Dracht bv in Wageningen. Mennen bv betaalde voor deze deelneming €1.500.000. Het eigen vermogen van Dracht bv op haar balans per 1 januari 2015 was als volgt samengesteld:

Aandelenkapitaal	€	1.000.000
Overige reserves	-	1.000.000
	€	2.000.000

Het bedrag van €2.000.000 werd door Mennen bv gezien als de 'fair value' van Dracht bv op 1 januari 2015.
Bij de waardering van de deelneming in Dracht bv past Mennen bv de vermogensmutatiemethode toe met als eerste boekwaarde de nettovermogenswaarde (= 'fair value').
Per 31 december 2015 hebben de bv's de volgende balansen (na winstverdeling) opgesteld.

Balans per 31 december 2015 Mennen bv

Deelneming in Dracht bv	€ (a)	Aandelenkapitaal	€	2.500.000
Te vorderen kosten op Dracht bv	10.000	Herwaardering		
Diverse bezittingen	7.190.000	• materiële activa	-	1.000.000
		• deelneming Dracht bv	-	(b)
		Overige reserve		(c)
		(c) Winst na belasting	-	200.000
		Diverse schulden	-	2.800.000
	€		€	.....

Balans per 31 december 2015 Dracht bv

Diverse bezittingen	€ 4.000.000	Aandelenkapitaal	€	1.000.000
		Herwaardering materiële activa	-	120.000
		Overige reserves	-	1.180.000
		Winst na belasting	-	100.000
		Diverse schulden	-	1.600.000
	€ 4.000.000		€	4.000.000

a Bereken de bedragen (a), (b) en (c) op de balans per 31 december 2015 van Mennen bv.
b Geef de eliminatieposten voor de balansconsolidatie per 31 december 2015.
c Stel het werkblad samen voor de geconsolideerde balans per 31 december 2015.

7 (§ 21.4) Per 1 januari 2015 heeft Mahonia nv in Oss 80% van de aandelen in Duindoorn bv in Soest gekocht tegen betaling van €1.200.000.
Mahonia nv waardeert de deelneming in Duindoorn bv volgens de vermogensmutatiemethode met als eerste boekwaarde de netto-vermogenswaarde. De netto-vermogenswaarde van Duindoorn bv op 1 januari 2015 was €1.500.000.

Voor de samenstelling van de geconsolideerde jaarrekening per 31 december 2015 zijn van beide vennootschappen de volgende balansen (vóór winstverdeling) en winst- en verliesrekeningen beschikbaar.

Balans per 31 december 2015 Mahonia nv

Gebouwen	€ 1.225.000	Aandelenkapitaal	€	2.000.000
Inventaris	- 500.000	Overige reserves	-	1.050.000
Deelneming Duindoorn bv	- 1.464.000	Winst 2015 (na belasting)	-	639.000
Voorraad goederen	- 1.000.000	Voorziening debiteuren	-	100.000
Debiteuren	- 500.000	Hypothecaire lening	-	800.000
Transitoria	- 100.000	Crediteuren	-	320.000
Liquide middelen	- 336.000	Te betalen vennootschapsbelasting	-	150.000
		Transitoria	-	66.000
	€ 5.125.000		€	5.125.000

Winst- en verliesrekening over 2015 Mahonia nv

Kostprijs verkopen	€	6.000.000	Opbrengst verkopen	€ 6.900.000
Dotatie voorziening debiteuren	-	69.000	Aandeel resultaat deelneming	- 264.000
Diverse kosten	-	331.000		
Vennootschapsbelasting	-	125.000		
Winst 2015 (na belasting)	-	639.000		
	€	7.164.000		€ 7.164.000

Balans per 31 december 2015 Duindoorn bv

Gebouwen	€	1.000.000	Aandelenkapitaal	€ 1.000.000
Machines	-	600.000	Overige reserves	- 500.000
Voorraad grondstoffen	-	500.000	Winst 2015 (na belasting)	- 330.000
Voorraad goederen	-	400.000	Hypothecaire lening	- 800.000
Debiteuren	-	300.000	Crediteuren	- 300.000
Transitoria	-	50.000	Te betalen vennootschapsbelasting	- 140.000
Liquide middelen	-	300.000	Transitoria	- 80.000
	€	3.150.000		€ 3.150.000

Winst- en verliesrekening over 2015 Duindoorn bv

Kostprijs verkopen	€	3.000.000	Opbrengst verkopen	€ 3.750.000
Dotatie voorziening debiteuren	-	15.000		
Diverse kosten	-	295.000		
Vennootschapsbelasting	-	110.000		
Winst 2015 (na belasting)	-	330.000		
	€	3.750.000		€ 3.750.000

Voordat wordt overgegaan tot consolidatie moet eerst het volgende gegeven in de balans van Duindoorn bv worden verwerkt.

Op de gegeven balans van Duindoorn bv is de voorziening debiteuren, groot €8.000, in mindering gebracht op het debiteurensaldo.

a Geef in de vorm van een journaalpost de wijziging die op grond van voorgaand gegeven moet worden aangebracht in de verstrekte balans van Duindoorn bv.

Besloten wordt over te gaan tot consolidatie van de balansen per 31 december 2015 en de winst- en verliesrekeningen over 2015 van beide vennootschappen. Daarbij moet nog rekening worden gehouden met het feit dat de post 'Crediteuren' op de balans van Mahonia nv een schuld aan Duindoorn bv bevat van €150.000.

b 1 Geef de eliminatieposten voor de balansconsolidatie per 31 december 2015.
    2 Stel het werkblad samen voor de geconsolideerde balans per 31 december 2015.

c Welke wijzigingen in de geconsolideerde balans per 31 december 2015 moeten worden aangebracht als het nodig zou zijn een wettelijke reserve deelnemingen op te nemen.
d 1 Geef de eliminatieposten voor de consolidatie van de winst- en verliesrekeningen over 2015.
  2 Stel het werkblad samen voor de geconsolideerde winst- en verliesrekening over 2015.
e Geef de geconsolideerde winst- en verliesrekening over 2015 in verticale vorm.

Uit de winst 2015 (na belasting) wordt in 2016 door beide vennootschappen €5 per aandeel van €50 nominaal aan dividend uitgekeerd. De rest wordt gereserveerd.

f Geef de journaalposten die in 2016 van deze besluiten worden gemaakt door
  1 Duindoorn bv;
  2 Mahonia nv.

8 (§ 21.5) Per 2 januari 2015 verwerft Mango nv in Breda 60% van de uitstaande aandelen (*ex* dividend 2014) van Druif bv in Roosendaal. De betaling van het verworven aandelenpakket door Mango nv vindt plaats door afgifte van 10.000 aandelen Mango nv à €100 nominaal tegen de koers van €170.
In de boekhouding van Mango nv wordt de deelneming in Druif bv blijvend geadministreerd tegen de verkrijgingsprijs.

a Geef de journaalpost in de boekhouding van Mango nv van de door haar per 2 januari 2015 verworven deelneming in Druif bv.

De bij het verwerven van de deelneming in Druif bv betaalde goodwill berekent Mango nv door vergelijking van de verkrijgingsprijs met de netto-vermogenswaarde van de deelneming op het verkrijgingstijdstip. Voor het bepalen van laatstgenoemde waarde beschikt Mango nv over de volgende balans per 1 januari 2015 van Druif bv.

Balans per 1 januari 2015 Druif bv

Activa	€ 3.500.000	Aandelenkapitaal	€ 1.200.000
		Agio	- 300.000
		Overige reserves	- 820.000
		Winst 2014 (na belasting)	- 300.000
		Diverse schulden	- 880.000
	€ 3.500.000		€ 3.500.000

Het *voorstel* voor de verdeling van de winst 2014 (na belasting) is als volgt:

Dividend	€ 120.000
Winstreservering	- 180.000
	€ 300.000

b Bereken de bij het verwerven van de deelneming in Druif bv door Mango nv betaalde goodwill.

Besloten wordt bij het opstellen van de geconsolideerde jaarrekening de betaalde goodwill als 'afschrijvingskosten goodwill' met jaarlijks gelijke bedragen ten laste te brengen van de jaren 2015 t/m 2019.

Per 31 december 2015 luidt de balans van Druif bv op basis van de waarderingsgrondslagen van Mango nv als volgt:

Balans per 31 december 2015 Druif bv

Activa	€ 3.700.000	Aandelenkapitaal	€	1.200.000
		Agio	-	300.000
		Overiges reserves	-	1.000.000
		Winst 2015 (na belasting)	-	200.000
		Diverse schulden	-	1.000.000
	€ 3.700.000		€	3.700.000

c Geef voor de balansconsolidatie per 31 december 2015 de te maken eliminatieposten met betrekking tot:
1 de deelneming die Mango nv heeft in Druif bv;
2 de afschrijving op de door Mango nv betaalde goodwill;
3 het minderheidsbelang dat derden hebben in Druif bv.

Per 2 januari 2016 breidt Mango nv haar deelneming in Druif bv uit met 20% van de uitstaande aandelen (*ex dividend* 2015) van Druif bv. De verkrijgingsprijs van het nieuw verworven pakket ligt 10% onder de nettovermogenswaarde, vast te stellen op basis van de hiervoor gegeven balans van Druif bv per 31 december 2015.
De aldus ontstane negatieve goodwill wordt veroorzaakt door de minder goede gang van zaken bij Druif bv en de daardoor voor de toekomst verwachte extra kosten. In het voorstel winstverdeling 2015 bij voorgaande balans wordt de geringe winst over 2015 dan ook geheel gereserveerd.
De betaling van het nieuw verworven aandelenpakket door Mango nv vindt plaats per bank. In de boekhouding van Mango nv wordt het pakket blijvend geadministreerd tegen de verkrijgingsprijs.

d Bereken het bedrag van de hiervoor bedoelde negatieve goodwill.
e Geef de journaalpost in de boekhouding van Mango nv van de door haar per 2 januari 2016 verworven deelneming in Druif bv.

Besloten wordt bij het opstellen van de geconsolideerde jaarrekening de ontstane negatieve goodwill als 'vrijval negatieve goodwill wegens toekomstige kosten deelneming' met jaarlijks gelijke bedragen ten gunste te brengen van de jaren 2016 t/m 2020.

Per 31 december 2016 luidt de balans van Druif bv op basis van de waarderingsgrondslagen van Mango nv als volgt:

Balans per 31 december 2016 Druif bv

Activa	€ 3.900.000	Aandelenkapitaal	€	1.200.000
		Agio	-	300.000
		Overige reserves	-	1.200.000
		Winst 2016 (na belasting)	-	100.000
		Diverse schulden	-	1.100.000
	€ 3.900.000		€	3.900.000

f Geef voor de balansconsolidatie per 31 december 2016 de te maken eliminatieposten met betrekking tot:
1 de deelneming die Mango nv heeft in Druif bv;
2 de afschrijving op de door Mango nv betaalde goodwill voor het in 2015 verworven pakket aandelen in Druif bv en de vrijval van de bij het in 2016 nieuw verworven pakket aandelen in Druif bv ontstane negatieve goodwill;
3 het minderheidsbelang dat derden hebben in Druif bv.

9* (§ 21.5) Op 1 januari 2013 verwierf Etersheim bv 20% van de geplaatste aandelen (ex dividend 2017) van Warder bv tegen betaling van €200.000 in contanten. Het belang werd gewaardeerd tegen de verkrijgingsprijs.
Op 1 april 2015 verwierf Etersheim bv 40% van de geplaatste aandelen (cum dividend 2014) van Warder bv tegen afgifte van 2.500 aandelen van elk €100 nominaal. De waarde van 1 aandeel Warder bv werd gesteld op €172. Ook dit belang werd bij Etersheim bv gewaardeerd tegen de verkrijgingsprijs.
In de aandeelhoudersvergadering van Warder bv op 15 mei 2015 werd besloten een dividend over 2014 uit te keren van 10%; de rest van het resultaat over 2014 werd toegevoegd aan de winstreserves.
Het geplaatste kapitaal van Warder bv op 1 januari 2013 was €600.000 en is sindsdien niet gewijzigd.

a Geef de journaalposten die Etersheim bv heeft gemaakt op:
1 1 januari 2013;
2 1 april 2015;
3 15 mei 2015.
NB Bij de te gebruiken rekeningen ook de rubrieknummers vermelden.

Op 31 december 2015 wordt bij Etersheim bv besloten om met terugwerkende kracht vanaf 1 januari 2015 de deelneming in Warder bv te waarderen volgens de vermogensmutatiemethode. Warder bv past dezelfde waarderingsgrondslagen toe als Etersheim bv.

De creditzijden van de balansen van Warder bv op de data van verwerving van het belang door Etersheim bv en op 31 december 2015 zijn:

Creditkanten balansen Warder bv	01-01-2013	01-04-2015	31-12-2015
Geplaatst kapitaal	€ 600.000	€ 600.000	€ 600.000
Agioreserve	- 100.000	- 100.000	- 100.000
Overige reserves	- 160.000	- 190.000	- 190.000
Resultaat 2017	- 80.000		
Resultaat lopend jaar 2015		- 40.000	- 96.000
Voorzieningen	- 60.000	- 70.000	- 74.000
Langlopende schulden	- 120.000	- 110.000	- 105.000
Crediteuren	- 160.000	- 190.000	- 210.000
	€ 1.280.000	€ 1.300.000	€ 1.375.000

Het resultaat van Warder bv over 2012 is geheel uitgekeerd.

De betaalde goodwill wordt geactiveerd en in vijf jaar lineair afgeschreven, gerekend vanaf de data van verwerving van het belang.

b Geef de journaalposten die Etersheim bv op 31 december 2015 maakt in verband met de waardering van de deelneming in Warder bv volgens de vermogensmutatiemethode van:
1 de verwerving op 1 januari 2013;
2 de verwerving op 1 april 2015.
NB Bij de te gebruiken rekeningen ook de rubrieknummers vermelden.

22 Intercompanytransacties en consolidatie: downstream-sales en upstream-sales

01 (§ 22.2) Per 1 januari 2015 heeft Molimex bv in Groningen alle aandelen (cum dividend 2014) verworven van Damave bv in Heerenveen tegen betaling per bank van €1.000.000.
Molimex bv waardeert deze deelneming volgens de vermogensmutatiemethode met als eerste boekwaarde de netto-vermogenswaarde. Ter bepaling van deze netto-vermogenswaarde en de door Molimex bv betaalde goodwill is de volgende balans per 31 december 2014 van Damave bv beschikbaar.

Balans per 31 december 2014 Damave bv

Voorraad goederen	€	260.000*	Aandelenkapitaal	€ 400.000
Overige bezittingen	-	1.140.000	Overige reserves	- 300.000
			Winst na belasting	- 200.000
			Diverse schulden	- 500.000
	€	1.400.000		€ 1.400.000

* Geheel afkomstig van Molimex bv.

a Bereken de door Molimex bv bij het verwerven van de deelneming in Damave bv betaalde goodwill.

Molimex bv heeft besloten de betaalde goodwill te activeren en in vijf jaar met gelijke jaarlijkse bedragen af te schrijven.

b Geef de journaalpost die Molimex bv maakt van het verwerven van de aandelen Damave bv.
c Geef de journaalpost die Molimex bv in 2015 maakt van het door Damave bv over 2014 gedeclareerde dividend van €10 per aandeel van €100 nominaal.

De door Damave bv verhandelde goederen koopt zij al jaren lang *uitsluitend* bij Molimex bv. Molimex bv factureert de door haar verkochte goederen aan Damave bv tegen kostprijs + 30% winstopslag op deze kostprijs.
Eind 2015 zijn voor beide bv's de volgende balansen en winst- en verliesrekeningen opgesteld.

Balans per 31 december 2015 Molimex bv

Deelneming Damave bv	€	1.070.000	Aandelenkapitaal	€ 1.400.000
Goodwill*	-	80.000	Overige reserves	- 740.000
Voorraad goederen	-	700.000	Winst na belasting	- 660.000
Diverse bezittingen	-	2.150.000	Diverse schulden	- 1.200.000
	€	4.000.000		€ 4.000.000

* In verband met de verwerving van de deelneming in Damave bv.

Balans per 31 december 2015 Damave bv

Voorraad goederen	€	390.000	Aandelenkapitaal	€	400.000
Diverse bezittingen	-	1.210.000	Overige reserves	-	460.000
			Winst na belasting	-	210.000
			Diverse schulden	-	530.000
	€	1.600.000		€	1.600.000

Winst- en verliesrekening 2015 Molimex bv

Kostprijs verkopen	€	5.000.000	Opbrengst verkopen	€	6.500.000
Afschrijvingskosten goodwill	-	20.000	Aandeel resultaat Damave bv	-	210.000
Diverse bedrijfskosten	-	880.000			
Vennootschapsbelasting	-	150.000			
Saldo winst na belasting	-	660.000			
	€	6.710.000		€	6.710.000

Winst- en verliesrekening 2015 Damave bv

Kostprijs verkopen	€	1.300.000	Opbrengst verkopen	€	2.000.000
Diverse bedrijfskosten	-	420.000			
Vennootschapsbelasting	-	70.000			
Saldo winst na belasting	-	210.000			
	€	2.000.000		€	2.000.000

Er wordt voor de eerste keer overgegaan tot consolidatie van de balansen en winst- en verliesrekeningen. Daarbij moeten alle intercompanytransacties (inclusief de intercompanywinsten) worden geëlimineerd.
Het tarief vennootschapsbelasting is 25%.

d Geef de correctiejournaalpost in de boekhouding van Molimex bv over 2015 in verband met nog niet gerealiseerde intercompanywinst.
e Stel het werkblad voor de consolidatie van de winst- en verliesrekeningen over 2015 samen.
NB In de winst- en verliesrekening van Molimex bv moet de bij **d** gevraagde correctiejournaalpost worden verwerkt.
f Stel het werkblad voor de consolidatie van de balansen per 31 december 2015 samen.
NB In de balans van Molimex bv moet de bij **d** gevraagde correctiejournaalpost worden verwerkt.

22.02 (§ 22.2) In deze opgave maken we gebruik van de gegevens in opgave **22.01**.
Nu nemen we echter aan dat Molimex bv per 1 januari 2015 slechts 60% van de aandelen (cum dividend 2014) van Damave bv heeft verworven tegen betaling per bank van €600.000.

Gevraagd
Beantwoord opnieuw de in opgave **22.01** gestelde vragen **a** t/m **f**.
NB   Houd er rekening mee dat door de wijzigingen enkele bedragen op de gegeven balans en winst- en verliesrekening van Molimex bv veranderen.
Het bedrag bij de balanspost 'Diverse bezittingen' fungeert als sluitpost.

03 (§ 22.2)   Miedema bv in Leeuwarden heeft al enige jaren 70% van de aandelen in Dijkstra bv in Sneek. Er wordt daarom ook al enige jaren een geconsolideerde jaarrekening opgesteld.

Alle door Miedema bv gefabriceerde producten worden met 50% winstopslag op de fabricagekostprijs verkocht aan Dijkstra bv. Op de aan Dijkstra bv gefactureerde prijs legt zijzelf 25% winstopslag. Dijkstra bv betrekt alle door haar verhandelde producten van Miedema bv.

Over 2015 zijn voor de producten de volgende gegevens beschikbaar.

Balans per 1 januari 2015 Miedema bv		
Voorraad producten	€	700.000

Balans per 1 januari 2015 Dijkstra bv		
Voorraad producten	€	600.000

Winst- en verliesrekening 2015 Miedema bv					
Kostprijs omzet	€	2.000.000	Omzet	€	3.000.000

Winst- en verliesrekening 2015 Dijkstra bv					
Kostprijs omzet	€	2.700.000	Omzet	€	3.375.000

Balans per 31 december 2015 Miedema bv		
Voorraad producten	€	1.000.000

Balans per 31 december 2015 Dijkstra bv		
Voorraad producten	€	900.000

Het tarief vennootschapsbelasting is 25%.

a Geef de correctiejournaalpost om de enkelvoudige jaarrekening 2015 van Miedema bv aan te passen in verband met ongerealiseerde intercompanywinst.
b Geef de eliminatie- en toevoegingsposten in verband met intercompanytransacties voor de consolidatie van:
  1 de winst- en verliesrekeningen over 2015;
  2 de balansen per 31 december 2015.

22.04 (§ 22.2) Moree nv in Amsterdam is een industriële onderneming, die haar producten gedeeltelijk zelf aan derden verkoopt, gedeeltelijk via de dochteronderneming Dato bv in Rotterdam. Sinds 1 januari 2014 bezit Moree nv 80% van de aandelen in Dato bv. In 2014 is voor het eerst een geconsolideerde jaarrekening opgesteld.

Van deze ondernemingen zijn de volgende overzichten gegeven.

Balansen per 31 december 2015

	Moree nv	Dato bv		Moree nv	Dato bv
Deelneming Dato bv	€ 768.000	€ —	Aandelenkapitaal	€ 1.000.000	€ 600.000
Duurzame prod.middelen	- 722.000	- 280.000	Overige reserves	- 505.000	- 330.000
Voorraad grondstoffen	- 180.000	- —	Winst 2015 (na belasting)	- 265.000	- 120.000
Voorraad producten	- 200.000	- 390.000	Crediteuren	- 100.000	- 70.000
Debiteuren	- 170.000	- 190.000	Te betalen venn.belasting	- 90.000	- 50.000
Rekening-courant Moree nv		- 180.000	Rekening-courant Dato bv	- 180.000	- —
Liquide middelen	- 100.000	- 130.000			
	€ 2.140.000	€ 1.170.000		€ 2.140.000	€ 1.170.000

Winst- en verliesrekeningen over 2015

	Moree nv	Dato bv		Moree nv	Dato bv
Kostprijs verkopen	€ 1.350.000	€ 1.430.000	Opbrengst verkopen	€ 1.904.000	€ 1.800.000
Verkoopkosten	- 325.000	- 210.000	Aandeel resultaat Dato bv	- 96.000	- —
Vennootschapsbelasting	- 60.000	- 40.000			
Winstsaldo (na belasting)	- 265.000	- 120.000			
	€ 2.000.000	€ 1.800.000		€ 2.000.000	€ 1.800.000

Nadere gegevens
1 Moree nv waardeert haar deelneming in Dato bv volgens de vermogensmutatiemethode met als eerste boekwaarde de netto-vermogenswaarde.
2 In 2015 factureert Moree nv producten aan Dato bv voor in totaal €1.000.000 + een sinds 1 januari 2014 gehanteerde vaste winstopslag van 30% = €1.300.000. Dato bv koopt de door haar verhandelde producten uitsluitend bij Moree nv.
3 Het tarief vennootschapsbelasting is 25%.

a Geef de correctie journaalpost in verband met intercompany-profits in de boekhouding van Moree nv over 2015.
b Stel het werkblad voor de consolidatie van de winst- en verliesrekeningen over 2015 samen. In de winst- en verliesrekening van Moree nv moet de bij **a** gevraagde correctiejournaalpost worden verwerkt.
c Stel het werkblad voor de consolidatie van de balansen per 31 december 2015 samen. In de balans van Moree nv moet de bij **a** gevraagde correctiejournaalpost worden verwerkt.
d Verklaar het verschil tussen:
  1 de geconsolideerde winst 2015 (na belasting) en de winst 2015 (na belasting) van Moree nv na verwerking van de bij **a** gevraagde correctiejournaalpost;

2 het geconsolideerd eigen vermogen per 31 december 2015 en het eigen vermogen per 31 december 2015 van Moree nv na verwerking van de bij **a** gevraagde correctiejournaalpost.

Na de aandeelhoudersvergaderingen in 2016 zijn de winstverdelingen over 2015 als volgt vastgesteld.

	Moree nv	Dato bv
Dividend	€ 80.000	€ 30.000
Winstreservering	- 203.000	- 90.000
	€ 283.000	€ 120.000

e Geef de journaalposten van de winstverdelingen door beide vennootschappen in 2016.
f Geef de journaalpost die Moree nv in 2016 maakt naar aanleiding van de winstverdeling door Dato bv.

5* (§ 22.2) Mühlheim nv in Oldenzaal is een industriële onderneming, die haar producten gedeeltelijk zelf aan derden verkoopt en gedeeltelijk via de dochteronderneming Dohmen bv in Doetinchem. Mühlheim nv kocht op 1 januari 2015 80% van de aandelen in Dohmen bv.

Voor de samenstelling van de geconsolideerde jaarrekening per 31 december 2015 zijn de volgende balansen en winst- en verliesrekeningen van beide vennootschappen beschikbaar.

Balansen per 31 december 2015

	Mühlheim nv	Dohmen bv		Mühlheim nv	Dohmen bv
Materiële vaste activa	€ 850.000	€ 700.000	Aandelenkapitaal	€ 1.500.000	€ 800.000
Deelneming Dohmen bv	(a)	—	Overige reserves	- 455.000	- 320.000
Voorraad grondstoffen	- 160.000	—	Winst (na belasting)	- 465.000	- 300.000
Voorraad producten	- 330.000	- 490.000	Crediteuren	- 220.000	- 80.000
Debiteuren	- 180.000	- 280.000	Te betalen vennootschaps-		
Liquide middelen	(b)	- 130.000	belasting	- 60.000	- 100.000
	€ 2.700.000	€ 1.600.000		€ 2.700.000	€ 1.600.000

Winst- en verliesrekeningen over 2015

	Mühlheim nv	Dohmen bv		Mühlheim nv	Dohmen bv
Kostprijs verkopen	€ 3.000.000	€ 1.680.000	Opbrengst verkopen	€ (d)	€ 2.500.000
Verkoopkosten	- 960.000	- 420.000	Aandeel resultaat		
Vennootschapsbelasting	- 75.000	- 100.000	deelneming	- (c)	—
Winst (na belasting)	- 465.000	- 300.000			
	€ 4.500.000	€ 2.500.000		€ 4.500.000	€ 2.500.000

Opmerkingen
- De boekwaarde van de deelneming in Dohmen bv op de balans van Mühlheim nv wordt berekend volgens de vermogensmutatiemethode (eerste boekwaarde: netto-vermogenswaarde).
- De door Dohmen bv in 2015 verkochte producten én de bij Dohmen bv op 31 december 2015 aanwezige voorraad producten zijn alle ingekocht bij Mühlheim nv. Op 1 januari 2015 waren bij Dohmen bv geen producten aanwezig, die afkomstig waren van Mühlheim nv.
Mühlheim nv factureert alle aan Dohmen bv in 2015 geleverde producten tegen 140% van de kostprijs van Mühlheim nv.
- Bij de consolidatie van voorgaande overzichten moeten de ongerealiseerde intercompanywinsten worden uitgeschakeld. Aangezien beide vennootschappen ook over de ongerealiseerde intercompanywinsten belasting moeten betalen, moet bij het zojuist bedoelde uitschakelen rekening worden gehouden met de invloed van de vennootschapsbelasting (tarief 25%).

a Bereken de bedragen (a), (b), (c) en (d) op de balans per 31 december 2015 en de winst- en verliesrekening over 2015 van Mühlheim nv.
NB
- De correctiejournaalpost voor ongerealiseerde intercompanywinst in de eindvoorraad producten bij Dohmen bv is nog niet opgenomen in de boekhouding van Mühlheim nv.
- De bedragen (b) en (d) fungeren als sluitpost.

b Geef de in de boekhouding van Mühlheim nv op te nemen correctiejournaalpost in verband met de ongerealiseerde intercompanywinst in de eindvoorraad producten bij Dohmen bv.

c Geef het werkblad voor de consolidatie van de winst- en verliesrekeningen over 2015. In de winst- en verliesrekening van Mühlheim nv moet de bij **b** gevraagde correctiejournaalpost worden verwerkt.

d Geef het werkblad voor de consolidatie van de balansen per 31 december 2015. In de balans van Mühlheim nv moet de bij **b** gevraagde correctiejournaalpost worden verwerkt.

In april 2016 zijn in de aandeelhoudersvergaderingen van beide vennootschappen de volgende winstverdelingen vastgesteld.

	Mühlheim nv	Dohmen bv
Dividend	€ 150.000	€ 80.000
Winstreservering	- 231.000	- 220.000
	€ 381.000	€ 300.000

e Geef de journaalposten van de winstverdelingen door beide vennootschappen in 2016.

f Geef de journaalpost die Mühlheim nv in 2016 maakt naar aanleiding van de winstverdeling door Dohmen bv.

Voor de samenstelling van de geconsolideerde jaarrekening per 31 december 2016 zijn de volgende balansen en winst- en verliesrekeningen van beide vennootschappen beschikbaar.

Balansen per 31 december 2016

	Mühlheim nv	Dohmen bv		Mühlheim nv	Dohmen bv
Materiële vaste activa	€ 1.150.000	€ 1.160.000	Aandelenkapitaal	€ 1.500.000	€ 800.000
Deelneming Dohmen bv	(a)	—	Overige reserves	686.000	540.000
Voorraad grondstoffen	200.000	—	Winst (na belasting)	720.000	375.000
Voorraad producten	400.000	420.000	Crediteuren	254.000	160.000
Debiteuren	220.000	300.000	Te betalen		
Liquide middelen	(b)	120.000	vennootschapsbelasting	140.000	125.000
	€ 3.300.000	€ 2.000.000		€ 3.300.000	€ 2.000.000

Winst- en verliesrekeningen over 2016

	Mühlheim nv	Dohmen bv		Mühlheim nv	Dohmen bv
Kostprijs verkopen	€ 3.400.000	€ 1.890.000	Opbrengst verkopen	€ (d)	€ 2.900.000
Verkoopkosten	1.040.000	510.000	Aandeel resultaat		
Vennootschapsbelasting	140.000	125.000	deelneming	(c)	—
			Winst (na belasting)	720.000	375.000
	€ 5.300.000	€ 2.900.000		€ 5.300.000	€ 2.900.000

Opmerkingen

- De door Dohmen bv in 2016 verkochte producten én de bij Dohmen bv op 1 januari 2016 en 31 december 2016 aanwezige voorraad producten zijn alle ingekocht bij Mühlheim nv.
  Mühlheim nv factureert alle aan Dohmen bv in 2016 geleverde producten tegen 140% van de kostprijs van Mühlheim nv.
- In de hiervóór gegeven balans en winst- en verliesrekening van Mühlheim nv is de voor 2016 te maken correctiejournaalpost voor ongerealiseerde intercompanywinst in de begin- en eindvoorraad producten bij Dohmen bv nog niet verwerkt.
- Alle overige opmerkingen zijn gelijk aan die welke werden vermeld bij de jaarstukken voor 2015.

g Bereken de bedragen (a), (b), (c) en (d) op de balans per 31 december 2016 en de winst- en verliesrekening over 2016 van Mühlheim nv.
   NB De bedragen (b) en (d) fungeren als sluitpost!
h Geef de in de boekhouding van Mühlheim nv op te nemen correctiejournaalpost in verband met de intercompanywinst in de begin- en eindvoorraad producten bij Dohmen bv.
i Geef het werkblad voor de consolidatie van de winst- en verliesrekeningen over 2016. In de winst- en verliesrekening van Mühlheim nv moet de bij **h** gevraagde correctiejournaalpost nog worden verwerkt.
j Geef het werkblad voor de consolidatie van de balansen per 31 december 2016. In de balans van Mühlheim nv moet de bij **h** gevraagde correctiejournaalpost nog worden verwerkt.

6* (§ 22.3) Levico nv in Nunspeet heeft een 70% deelneming in Bernardo bv in Schijndel.
Omdat Levico nv haar enkelvoudige jaarrekening opstelt op basis van IFRS, waardeert zij de deelneming in Bernardo bv tegen verkrijgingsprijs.
Levico nv levert in 2015 goederen aan Bernardo bv voor een bedrag van €5.000.000.

Levico nv hanteert hierbij een winstopslag van 25% van haar inkoopprijs. Ook in 2014 hanteerde Levico nv dit percentage bij haar leveringen aan Bernardo bv. Onder de voorraden van Bernardo bv bevinden zich voor de volgende bedragen goederen, die afkomstig zijn van Levico nv:

• 31 december 2014	€	500.000
• 31 december 2015	€	800.000

Het tarief vennootschapsbelasting is 25%.
Sinds enkele jaren wordt voor Levico nv en Bernardo bv op basis van IFRS een geconsolideerde jaarrekening samengesteld.

Bij de uitwerking van deze opgave mag u uitsluitend de volgende rekeningen gebruiken.

Balansrekeningen
Voorraden
Overige reserves
Latente belastingvordering
Winst boekjaar 2015 (na belasting)

Resultaatrekeningen
Netto-omzet
Kostprijs netto-omzet
Vennootschapsbelasting
Winst 2015 (na belasting)

a Op welke manieren kan – op basis van IFRS – een deelneming in de enkelvoudige jaarrekening van een nv/bv worden gewaardeerd?
b Geef aan de hand van voorgaande gegevens de toevoegings- en eliminatieposten voor de consolidatie van de enkelvoudige balansen van Levico nv en Bernardo bv.
c Geef aan de hand van voorgaande gegevens de toevoegings- en eliminatieposten voor de consolidatie van de enkelvoudige winst- en verliesrekeningen van Levico nv en Bernardo bv.

(SPD)

22.07* (§ 22.3) *In deze opgave blijft de vennootschapsbelasting buiten beschouwing.*

Op 1 juli 2015 verwerft Duplex bv in Zwolle 80% van de aandelen (cum dividend 2015) van Hout bv in Hattem tegen betaling per bank van €1.300.000. Door Hout bv werd de volgende balans per 30 juni 2015 opgesteld.

Balans per 30 juni 2015 Hout bv					
Gebouwen	€	393.000	Aandelenkapitaal	€	900.000
Machines	-	171.500	Overige reserves	-	361.500
Inventaris	-	128.700	Onverdeelde winst		
Voorraad hout	-	902.500	(1 januari 2015 – 30 juni 2015)	-	60.000
Debiteuren	-	110.000	Crediteuren	-	400.000
Liquide middelen	-	15.800			
	€	1.721.500		€	1.721.500

Duplex bv waardeert de verworven deelneming in Hout bv tegen verkrijgingsprijs.

a Geef de journaalpost die Duplex bv maakt van het verwerven van de aandelen van Hout bv.

Duplex bv past bij de waardering en de resultaatbepaling voor alle materiële activa de vervangingswaardetheorie toe. Hierbij ziet zij af van de 'normale voorraad gedachte'.
Ter bepaling van de door Duplex bv betaalde goodwill bij het verwerven van de aandelen van Hout bv moet de reële waarde van de identificeerbare bezittingen en schulden van Hout bv per 30 juni 2015 worden berekend. Hiertoe moeten de gebouwen en de voorraad hout met behulp van de volgende gegevens worden herrekend naar vervangingswaarde.

Gebouwen
Hout bv waardeert de gebouwen, die zijn aangekocht voor €600.000, op basis van de aanschafprijs.
Per jaar wordt 3% afgeschreven, berekend over de aanschafprijs.
De vervangingswaarde voor nieuwbouw per 30 juni 2015 is €800.000.

Voorraad hout
Hout bv waardeert de voorraad hout volgens het fifo-stelsel. Op basis hiervan is de voorraad per 30 juni 2015 gewaardeerd tegen €19 per m^3. De vervangingsprijs op deze datum is €20 per m^3.

b 1 Bereken de reële waarde van de identificeerbare bezittingen en schulden van Hout bv per 30 juni 2015.
  2 Bereken de door Duplex bv betaalde goodwill bij het verwerven van de aandelen van Hout.

Aangezien Hout bv door Duplex bv wordt beschouwd als groepsmaatschappij, wordt eind 2015 een geconsolideerde jaarrekening opgesteld. Hierbij worden de resultaten van Hout bv slechts over het tweede halfjaar van 2015 in aanmerking genomen.
Ten behoeve van het opstellen van de geconsolideerde jaarrekening per 31 december 2015 worden nog de volgende gegevens verstrekt:
- In de bijlage bij deze opgave zijn gegeven:
  - de balansen per 31 december 2015 van Duplex bv en Hout bv;
  - de winst- en verliesrekening over 2015 van Duplex bv;
  - de winst- en verliesrekening over het tweede halfjaar 2015 van Hout bv.
  In de balans per 31 december 2015 van Hout bv zijn de eerder vermelde herrekeningen naar vervangingswaarde opgenomen.

- Het bij **b**2 gevraagde goodwillbedrag wordt vanaf 30 juni 2015 in vijf jaar lineair afgeschreven.

- Door Duplex bv hebben in het tweede halfjaar van 2015 intercompanyleveringen van hout plaatsgevonden aan Hout bv voor €3.150.000. Hierin is een winstopslag begrepen van 5% van de kostprijs van Duplex bv. Per 31 december 2015 is van deze leveringen bij Hout bv nog in voorraad €315.000. Hout bv doet ook houtinkopen bij andere leveranciers dan Duplex bv.

- Hout bv huurt enkele schaafmachines van Duplex bv tegen een huurprijs van €12.500 per maand.

c Stel met behulp van de bijlage en de hiervóór verstrekte gegevens de eliminatieposten samen ten behoeve van:
1 de geconsolideerde balans per 31 december 2015;
2 de geconsolideerde winst- en verliesrekening over 2015.

Bijlage

Balans per 31 december 2015 Duplex bv

Gebouwen	€	800.000	Aandelenkapitaal	€	2.000.000
Machines	-	400.000	Overige reserves	-	350.000
Inventaris	-	100.000	Herwaarderingsreserve	-	500.000
Deelneming Hout bv	-	1.300.000	Onverdeelde winst	-	700.000
Voorraad hout	-	800.000	Crediteuren	-	110.000
Debiteuren	-	150.000			
Rekening-courant Hout bv	-	100.000			
Liquide middelen	-	10.000			
	€	3.660.000		€	3.660.000

Balans per 31 december 2015 Hout bv

Gebouwen	€	512.000	Aandelenkapitaal	€	900.000
Machines	-	250.000	Overige reserves	-	421.500
Inventaris	-	200.000	Herwaarderingsreserve	-	178.500
Voorraad hout	-	620.000	Onverdeelde winst	-	100.000
Debiteuren	-	120.000	Crediteuren	-	120.000
Liquide middelen	-	118.000	Rekening-courant Duplex bv	-	100.000
	€	1.820.000		€	1.820.000

Winst- en verliesrekening over 2015 Duplex bv

Kostprijs omzet hout	€	24.220.000	Omzet hout	€	25.480.400
Afschrijvingskosten	-	230.400	Verhuur machines	-	150.000
Algemene kosten	-	480.000			
Saldo winst	-	700.000			
	€	25.630.400		€	25.630.400

Winst- en verliesrekening over tweede halfjaar 2015 Hout bv

Kostprijs omzet hout	€	4.900.000	Omzet hout	€	5.250.000
Afschrijvingskosten	-	75.000			
Algemene kosten	-	100.000			
Huur machines	-	75.000			
Saldo winst	-	100.000			
	€	5.250.000		€	5.250.000

INTERCOMPANYTRANSACTIES EN CONSOLIDATIE

8* (§ 22.3) Drijfhout bv in Utrecht is een handelsonderneming. Van deze onderneming worden de volgende balansen per 31 december op basis van 'fair value' gegeven.

	2014	2015	2016		2014	2015	2016
Voorraden	€ 730.000	€ 758.000	€ 856.000	Aandelenkapitaal	€ 400.000	€ 400.000	€ 500.000
Debiteuren	- 152.000	- 162.000	- 188.000	Overige reserves	- 300.000	- 340.000	- 284.000
Diverse activa	- 88.000	- 110.000	- 116.000	Winst (na belasting)	- 80.000	- 84.000	- 106.000
				Te betalen venn.belasting	- 70.000	- 76.000	- 84.000
				Crediteuren	- 120.000	- 130.000	- 186.000
	€ 970.000	€ 1.030.000	€ 1.160.000		€ 970.000	€1.030.000	€1.160.000

Elk van de vermelde winsten (na belasting) wordt in het jaar daarna als volgt verdeeld:

	2014	2015	2016
Gedeclareerd dividend 10%	€ 40.000	€ 40.000	€ 50.000
Reservering	- 40.000	- 44.000	- 56.000
	€ 80.000	€ 84.000	€ 106.000

In februari 2016 wordt ten laste van de Overige reserves een bonusaandeel van 25% verstrekt.

Middendorp nv in Zwijndrecht is een productieonderneming, die onder andere goederen vervaardigt, die door Drijfhout bv worden verhandeld. Middendorp nv factureert haar producten aan Drijfhout bv tegen kostprijs vermeerderd met een winstopslag van 10%. In de voorraden op de gegeven balansen van Drijfhout bv zijn goederen begrepen, die geleverd zijn door Middendorp nv.
Deze voorraden zijn per:

31 december 2014	€ 638.000
31 december 2015	€ 682.000
31 december 2016	€ 616.000

Drijfhout bv koopt tevens goederen bij derden.

Per 1 januari 2015 verwerft Middendorp nv 60% van het aandelenkapitaal van Drijfhout bv. Zij ruilt hiervoor per 1 eigen aandeel (nominaal €100) ex dividend 2014 + €75 in contanten voor 2 aandelen Drijfhout bv (nominaal €100 per stuk) ex dividend 2014. Middendorp nv stelt hierbij de waarde van haar aandelen op €350 per aandeel.
Per 1 januari 2016 koopt Middendorp nv 1.200 aandelen Drijfhout bv (nominaal €100 per stuk) ex dividend 2015 van Anton van Beelen voor €250.000. Anton van Beelen wordt opgenomen in de raad van commissarissen van

Middendorp nv. Omdat de aankoop van de aandelen Drijfhout bv zowel per 1 januari 2015 als per 1 januari 2016 plaatsvindt ex dividend, wordt bij beide transacties overeengekomen dat een eventueel verschil tussen het voorgestelde dividend en het vastgestelde dividend met de verkopers van de aandelen in contanten zal worden verrekend.

Met ingang van 31 december 2015 wordt jaarlijks een geconsolideerde jaarrekening opgemaakt. Daarbij wordt rekening gehouden met boekingen in verband met intercompany-profits.

Middendorp nv waardeert de deelneming in Drijfhout bv tegen verkrijgingsprijs. De bij de verwerving betaalde goodwill wordt bij de consolidatie in vijf jaar met gelijke bedragen afgeschreven ten laste van de winst- en verliesrekening. Voor zover de betaalde goodwill niet is afgeboekt, wordt deze op de geconsolideerde balans afzonderlijk vermeld.

a Geef de journaalposten voor Middendorp nv naar aanleiding van:
  1 de verkrijging van de aandelen in Drijfhout bv in 2015 en 2016;
  2 de door Drijfhout in 2015 en 2016 gedeclareerde dividenden;
  3 de 25% bonusaandelen; wanneer hiervan door Middendorp nv geen journaalpost hoeft te worden gemaakt, dan motiveren.

b Bereken de door Middendorp nv betaalde goodwill in verband met de verworven aandelen in Drijfhout bv:
  1 per 1 januari 2015;
  2 per 1 januari 2016.

c Geef de 'eliminations and adjustments' in journaalpostvorm voor de geconsolideerde balansen per 31 december 2015 en 31 december 2016 met betrekking tot:
  1 het meerderheidsbelang;
  2 de afschrijving op de goodwill;
  3 het minderheidsbelang;
  4 de 'intercompany-profits' begrepen in de goederenvoorraad.
  NB Houd bij de boekingen in verband met 'intercompany-profits' rekening met de vennootschapsbelasting (tarief 25%).

d Geef de 'eliminations and adjustments' in journaalpostvorm voor de geconsolideerde winst- en verliesrekeningen 2015 en 2016 met betrekking tot:
  1 de afschrijving op de goodwill;
  2 het minderheidsbelang;
  3 de 'intercompany-profits' begrepen in de goederenvoorraad.
  NB Op de winst- en verliesrekeningen van de bedrijven in deze opgave wordt de omzet vermeld.

22.09* (§ 22.3) Voor de handelsonderneming Delta bv in Den Haag zijn de volgende balansen per 31 december gegeven (bedragen x €1.000).

	2014	2015	2016		2014	2015	2016
Bedrijfsauto's	120	80	(a)	Aandelenkapitaal	200	200	250
Voorraad handelsgoederen	240	360	288	Agio	50	50	0
Debiteuren	128	164	.....	Herwaarderingsreserve	0	0	(b)
Liquide middelen	44	38	35	Overige reserves	110	130	(c)
				Winst na belasting	20	45	55
				Crediteuren	119	181	78
				Te betalen vennootschapsbelasting	33	36	42
	532	642	610		532	642	610

Toelichtingen bij voorgaande balansen

Bedrijfsauto's
Op 1 januari 2013 zijn vijf bedrijfsauto's Regeod X 410 aangeschaft.
Besloten werd deze auto's in vijf jaar met gelijke jaarlijkse bedragen volledig af te schrijven. Het op de balans per 31 december 2014 respectievelijk 2015 vermelde bedrag bij bedrijfsauto's heeft uitsluitend betrekking op deze vijf auto's.
In verband met een prijsstijging op 1 januari 2016 van €5.000 per auto wordt op dat moment overgegaan tot herwaardering in de boekhouding van de aanwezige auto's. Met latente belastingverplichtingen wordt geen rekening gehouden.
Op 2 januari 2016 worden twee nieuwe bedrijfsauto's Regeod X 410 aangeschaft tegen de op 1 januari 2016 gestegen prijs. Ook deze auto's worden in vijf jaar met gelijke jaarlijkse bedragen volledig afgeschreven.

Aandelenkapitaal
Begin 2016 is een agiobonus verstrekt van 25%.

a 1 Stel de rekening *Bedrijfsauto's* in het grootboek van Delta bv samen over 2016 (inclusief afsluiting per 31 december 2016).
2 Geef aan welke bedragen moeten worden ingevuld op de met (a), (b) en (c) aangegeven plaatsen op de balans per 31 december 2016 van Delta bv.

Eind 2014 verwerft Meander nv in Zoetermeer een deelneming van 80% in Delta bv.
Meander nv staat hiertoe een eigen aandeel met een nominale waarde per stuk van €20 (ex dividend 2014) + €2 in contanten af in ruil voor twee aandelen Delta bv met een nominale waarde per stuk van €10 (cum dividend 2014). Meander nv stelt hierbij de waarde van een eigen aandeel op €42.

Meander nv waardeert deze deelneming tegen verkrijgingsprijs. De reële waarde op het moment van het verkrijgen van de deelneming in Delta bv berekent Meander nv op basis van de gegeven balans per 31 december 2014 van Delta bv. Bij de opstelling van de jaarrekening past Delta bv dezelfde grondslagen toe als Meander nv.

b 1 Bereken het bedrag aan goodwill dat door Meander nv bij de verwerving van de deelneming in Delta bv moet worden voldaan.
2 Geef de journaalpost die in de boekhouding van Meander nv in 2014 wordt gemaakt na het verwerven van de deelneming in Delta bv.

Ten behoeve van de consolidatie van de jaarrekeningen 2016 van Meander nv en
Delta bv worden nog de volgende gegevens verstrekt:
- De deelneming in Delta bv wordt integraal in de consolidatie opgenomen.
- De op de gegeven balansen van Delta bv vermelde handelsgoederen zijn alle afkomstig van Meander nv.
Meander nv factureert de door haar aan Delta bv verkochte handelsgoederen tegen kostprijs, vermeerderd met een winstopslag van 20% van deze kostprijs.
- Het tarief vennootschapsbelasting is 25%.

c Geef de eliminatieposten voor de balansconsolidatie per 31 december 2016 in verband met:
1 de deelneming van Meander nv in Delta bv;
2 het aandeel van derden in het eigen vermogen van Delta bv;
3 de 'intercompany-profits' begrepen in de voorraad handelsgoederen bij Delta bv.

22.10 (§ 22.4) Dotter bv in Nijmegen vervaardigt emballagemateriaal in twee uitvoeringen, hierna te noemen type X en type Y.
Hierna volgen de balansen van Dotter bv per 31 december 2016 en 31 december 2015.

Balansen

	31-12-2016	31-12-2015		31-12-2016	31-12-2015
Machines	€ 400.000	€ 400.000	Aandelenkapitaal	€ 500.000	€ 500.000
Voorraad emb.materiaal:			Agio	150.000	150.000
• type X (à €3 per stuk)	210.000	180.000	Overige reserves	390.000	300.000
• type Y (à €2 per stuk)	220.000	200.000	Winst na belasting	160.000	150.000
Voorraad grondstof	170.000	120.000	5% Onderhandse lening	300.000	200.000
Debiteuren	200.000	150.000	Crediteuren	115.000	120.000
Liquide middelen	500.000	450.000	Te betalen venn.belasting	85.000	80.000
	€ 1.700.000	€ 1.500.000		€ 1.700.000	€ 1.500.000

Begin januari 2016 kwam 80% van de aandelen (cum dividend 2015) van Dotter bv tegen betaling van €930.000 in handen van Magnolia bv in Arnhem.
De balans van Magnolia bv per 31 december 2016 is als volgt:

Balans per 31 december 2016 Magnolia bv

Deelneming Dotter bv	€	960.000	Aandelenkapitaal	€	1.000.000
Goodwill	-	25.000	Agio	-	200.000
Machines	-	950.000	Overige reserves	-	500.000
Voorraad eindproduct	-	385.000	Winst na belasting	-	250.000
Voorraad emballagemateriaal:	-	144.000	5% Onderhandse lening	-	850.000
• type X (à €3,60 per stuk)	-	96.000	Crediteuren	-	135.000
• type Y (à €2,40 per stuk)			Te betalen vennootschapsbelasting	-	65.000
Voorraad grondstof	-	140.000			
Debiteuren	-	220.000			
Liquide middelen	-	80.000			
	€	3.000.000		€	3.000.000

Toelichtingen

- De waardering van de deelneming Dotter bv vindt plaats op basis van de vermogensmutatiemethode met als eerste boekwaarde de netto-vermogenswaarde. Deze kon worden berekend aan de hand van de gegeven balans per 31 december 2015 van Dotter bv.
- Het goodwillbedrag houdt verband met de verwerving van de deelneming Dotter bv.
  Magnolia bv besloot het totale goodwillbedrag in twee jaarlijks gelijke bedragen af te schrijven.
- De voorraad emballagemateriaal is geheel afkomstig van Dotter bv. Deze bv factureert het emballagemateriaal aan Magnolia bv tegen kostprijs + 20% winstopslag.
- Onder de post 'Crediteuren' is opgenomen een schuld aan Dotter bv van €50.000.

Er is besloten over te gaan tot consolidatie van de balansen per 31 december 2016 van beide vennootschappen.
Hierbij dient rekening te worden gehouden met het volgende:
- De 'intercompany-profits' in de voorraad emballagemateriaal bij Magnolia bv moeten volledig worden uitgeschakeld.
  Hierbij moet rekening worden gehouden met de invloed van de vennootschapsbelasting (tarief 25%).
- Aan de geconsolideerde balans wordt als eis gesteld: Geconsolideerd eigen vermogen = Eigen vermogen Magnolia bv.

a Geef de in de boekhouding van Magnolia bv op te nemen correctiejournaalpost in verband met de ongerealiseerde intercompanywinst in de eindvoorraad emballagemateriaal bij deze vennootschap.
b Geef de eliminatieposten ten behoeve van de balansconsolidatie per 31 december 2016.
c Stel het werkblad samen aan de hand waarvan de geconsolideerde balans per 31 december 2016 wordt verkregen. Verwerk in de balans van Magnolia bv de bij **a** gevraagde correctiejournaalpost.

22.11 (§ 22.4) Mentha nv in Utrecht bezit 80% van de aandelen in Dianthus bv in Hilversum.
Mentha nv verwierf deze aandelen op 1 januari 2015 tegen een koers van €140 per aandeel van €100 nominaal. In ruil voor het belang in Dianthus bv stond Mentha nv 20.000 eigen aandelen van €25 nominaal per stuk af.
Het nominaal aandelenkapitaal van Dianthus bv bedroeg op 1 januari 2015 €1.250.000 en daarin is sedertdien geen wijziging gekomen. De netto-vermogenswaarde van Dianthus bv op 1 januari 2015 was €1.500.000.

De waardering van de deelneming in Dianthus bv op de balans van Mentha nv vindt plaats op basis van de vermogensmutatiemethode, met als eerste boekwaarde de netto-vermogenswaarde.

a Geef de journaalpost die Mentha nv in 2015 heeft gemaakt naar aanleiding van het verworven belang in Dianthus bv.

Op 31 december 2016 komt de post 'Overige reserves' op de balans van Dianthus bv voor met een bedrag van €625.000 en de post 'Winst 2016 na belasting' met €225.000. Ook op de balans per 31 december 2016 van Mentha nv komt de post 'Winst na belasting 2016' voor.

Dianthus bv leverde in 2016 voor €1.000.000 goederen aan Mentha nv. Hierin is – zoals gebruikelijk bij leveringen aan Mentha nv – een winstopslag begrepen van 25% van de kostprijs voor Dianthus bv.

Op 1 januari 2016 bevatte de goederenvoorraad van Mentha nv voor €150.000 goederen afkomstig van Dianthus bv. Op 31 december 2016 was dit bedrag €200.000.

Op de winst- en verliesrekeningen van beide vennootschappen komen onder andere voor de posten 'Kostprijs verkopen' en 'Opbrengst verkopen'.

b 1 Met welke bedragen komen de posten 'Deelneming Dianthus bv' en 'Aandeel resultaat Dianthus bv' voor op de balans per 31 december 2016 respectievelijk de winst- en verliesrekening over 2016 van Mentha nv?
NB
- De in 2016 aan te brengen correcties in de bedragen bij deze posten in verband met 'intercompany-profits' zijn nog niet aangebracht.
- Het tarief vennootschapsbelasting is 25%.
2 Geef de in de boekhouding van Mentha nv over 2016 op te nemen correctiejournaalpost in verband met intercompanywinst in de begin- en eindvoorraad goederen bij Mentha nv.

Bij de consolidatie wordt als eis gesteld:
- geconsolideerd eigen vermogen = eigen vermogen Mentha nv;
- geconsolideerd winstsaldo = winstsaldo Mentha nv.

c Geef alle eliminatieposten die naar aanleiding van de hiervóór verstrekte gegevens kunnen worden gemaakt ten behoeve van de consolidatie van:
1 de winst- en verliesrekeningen van beide vennootschappen over 2016;
2 de balansen van beide vennootschappen per 31 december 2016.

NB Het minderheidsbelang in winst respectievelijk vermogen moet op de geconsolideerde winst- en verliesrekening respectievelijk balans in één bedrag tot uitdrukking worden gebracht.

12 (§ 22.4) Obdam bv bezit een 80% deelneming in Hoorn bv. De twee ondernemingen passen dezelfde grondslagen toe voor wat betreft de balanswaardering en de berekening van het resultaat. De deelnemingen worden gewaardeerd volgens de vermogensmutatiemethode met als eerste boekwaarde de netto-vermogenswaarde.

De enkelvoudige balansen per 31 december 2016 en de vennootschappelijke winst- en verliesrekeningen over 2016 van de twee groepsmaatschappijen zijn opgenomen in de bijlage.
Met betrekking tot deze overzichten wordt gegeven:
- van het bedrag van €700.000 bij de post 'Herwaardering' op de balans per 31 december 2016 van Hoorn bv stond reeds €500.000 op de balans per 31 december 2015.
- het tarief vennootschapsbelasting in deze opgave is 25%.

De door Obdam bv verhandelde goederen betrekt zij gedeeltelijk van Hoorn bv. Gegevens over deze intercompanytransacties over 2016 zijn hierna vermeld.

	Inkoopprijs Hoorn bv	Verkoopprijs Hoorn bv
Voorraad bij Obdam bv op 1 januari 2016	€ 100.000	€ 120.000
Geleverd aan Obdam bv in 2016	- 250.000	- 300.000
Voorraad bij Obdam bv op 31 december 2016	- 130.000	- 170.000

Jaarlijks wordt voor de twee bv's een geconsolideerde jaarrekening opgesteld, waarbij als eis geldt:
- geconsolideerd eigen vermogen = eigen vermogen Obdam bv, en
- geconsolideerd resultaat na belastingen = resultaat na belastingen Obdam bv.

Om aan deze eis te voldoen, maakt Obdam bv per 31 december een aanpassingsjournaalpost in verband met de wijziging in de netto-vermogenswaarde van Hoorn bv. Voor zover deze wijziging het gevolg is van door Hoorn bv gemaakte winst (na belastingen) houdt Obdam bv rekening met de invloed van intercompanywinst in de begin- en eindvoorraad goederen, afkomstig van Hoorn bv. Dit gebeurt door middel van een intracomptabele correctie bij Obdam bv. De intracomptabele correctie bij Obdam bv per 31 december 2016 is al gemaakt.

a 1 Bereken het bedrag bij de post 'Aandeel resultaat deelneming' op de winst- en verliesrekening over 2016 van Obdam bv.
   2 Geef de aanpassingsjournaalpost die Obdam bv per 31 december 2016 heeft gemaakt in verband met de wijziging in de netto-vermogenswaarde van Hoorn bv.
b Geef voor de opstelling van de geconsolideerde balans per 31 december 2016 de eliminatie- en toevoegingsposten (in de vorm van journaalposten) van:

1 het niet-gerealiseerde intercompanyresultaat in de voorraden bij Obdam bv;
2 het kapitaalbelang van Obdam bv en het aandeel van derden in Hoorn bv volgens de in de bijlage gegeven balansen van de betrokken groepsmaatschappijen.

c Bereken de bedragen bij de volgende posten op de geconsolideerde balans per 31 december 2016 van Obdam bv.

Geconsolideerde balans per 31 december 2016

Eigen vermogen	€	.....
Aandeel van derden	-	.....
Groepsvermogen	€	.....

d Geef voor de opstelling van de geconsolideerde winst- en verliesrekening over 2016 de eliminatie- en toevoegingsposten (in de vorm van journaalposten) van:
1 het intercompanyverkeer tussen Hoorn bv en Obdam bv;
2 het aandeel van Obdam bv en het aandeel van derden in het resultaat na belastingen van Hoorn bv volgens de in de bijlage gegeven winst- en verliesrekeningen van de betrokken groepsmaatschappijen.

e Bereken de bedragen bij de volgende posten op de geconsolideerde winst- en verliesrekening over 2016 Van Obdam bv.

Geconsolideerde winst- en verliesrekening over 2016		
Bedrijfsresultaat van de groep na belastingen	€	.....
Aandeel van derden	-	.....
Resultaat na belastingen	€	.....

Begin april 2017 worden in de aandeelhoudersvergaderingen van Obdam bv en Hoorn bv de winstverdelingen over 2016 vastgesteld.

Winstverdeling Obdam bv
Het dividend over 2016 wordt bepaald op €0,80 per aandeel van €10 nominaal. Het gedeelte van de winst na belastingen en na dividend wordt toegevoegd aan de Overige reserves.

Winstverdeling Obdam bv
Het dividend over 2016 wordt vastgesteld op €0,50 per aandeel van €10 nominaal. Het gedeelte van de winst na belastingen en na dividend wordt toegevoegd aan de Overige reserves.

f Geef de door Obdam bv te maken journaalposten naar aanleiding van de winstverdelingen over 2016 van de twee groepsmaatschappijen.

Bijlage
De balansen per 31 december 2016 van de twee groepsmaatschappijen zien er als volgt uit.

	Obdam bv	Hoorn bv
Activa		
Deelneming Hoorn bv	€ 2.216.000*	
Voorraden	- 400.000	€ 345.000
Overige activa	- 2.884.000	- 3.355.000
	€ 5.500.000	€ 3.700.000
Passiva		
Geplaatst aandelenkapitaal	€ 1.500.000	€ 500.000
Agio	- 200.000	- 400.000
Herwaardering**	- 400.000	- 700.000
Overige reserves	- 1.800.000	- 1.140.000
Resultaat boekjaar (na belastingen)	- 200.000	- 60.000
Voorziening latente belastingen	- 400.000	- 310.000
Overige passiva	- 1.000.000	- 590.000
	€ 5.500.000	€ 3.700.000

* In dit bedrag is de eerder in deze opgave vermelde intracomptabele correctie per 31 december 2016 al verwerkt.

** De post 'Herwaardering' bij Hoorn bv heeft sinds de oprichting van deze nv uitsluitend betrekking op terreinen waarop niet wordt afgeschreven. In 2016 zijn bij Hoorn bv geen terreinen verkocht.

De winst- en verliesrekeningen over 2016 van de twee groepsmaatschappijen zien er als volgt uit.

	Obdam bv	Hoorn bv
Omzet	€ 4.254.000	€ 1.358.000
Inkoopwaarde omzet	(- 2.465.000)	(- 621.000)
	€ 1.789.000	€ 737.000
Bedrijfskosten	(- 1.519.000)	(- 637.000)
Aandeel resultaat deelneming	-	...
	€ ...	€ 100.000
Belastingen	(- ...)*	(- 40.000)*
Resultaat na belastingen	€ 200.000	€ 60.000

* Doordat zowel bij Obdam bv als bij Hoorn bv het fiscaal belastbaar bedrag hoger is dan de commerciële winst voor belastingen, is het bedrag van de belastingen niet 25% van de enkelvoudige winst vóór belastingen.

(SPD)

13* (§ 22.4) *In deze opgave wordt rekening gehouden met 25% vennootschapsbelasting.*

In de bijlage zijn de balansen en winst- en verliesrekeningen gegeven van Marinda nv en Dorenda nv. De balansen worden verondersteld de fair value weer te geven.

Op 1 januari 2015 verwerft Marinda nv een 70% belang in Dorenda nv (cum dividend 2014).

Marinda nv verstrekt hiervoor aan de aandeelhouders van Dorenda nv 3.500 nieuwe eigen aandelen met een nominale waarde van €100 per stuk. In het kader van de ruilverhouding wordt de waarde van een aandeel Marinda nv vastgesteld op €300.

a Bereken de goodwill die Marinda nv betaalt bij de verkrijging van het 70% belang.

Marinda nv waardeert de deelneming Dorenda nv tegen verkrijgingsprijs. (Dit ondanks het feit dat het niet conform de wet- en regelgeving is.)

b Geef de journaalpost die Marinda nv maakt van de verkrijging van het belang in Dorenda nv.

In april 2015 wordt tijdens de aandeelhoudersvergadering van Dorenda nv het dividend vastgesteld op €25 per aandeel van €100 nominaal. De resterende winst wordt gereserveerd.

c Welke journaalpost maakt Marinda nv van dit besluit over de winstverdeling?
NB   U mag afzien van dividendbelasting.

In de bijlage ontbreken enkele gegevens op de balansen.

d Completeer de gegeven balansen per 31 december 2015 door de ontbrekende getallen in te vullen.

Begin 2016 wordt de eerste geconsolideerde jaarrekening 2015 opgesteld. Hiervoor wordt in eerste instantie de volgende informatie verstrekt:
- Er wordt integraal geconsolideerd.
- Goodwill wordt in 5 jaar lineair afgeschreven.
- Er zijn in 2015 geen onderlinge leveringen geweest.
- Eind 2015 zijn er geen onderlinge vorderingen of schulden.

e Geef de eliminatieposten om tot de geconsolideerde balans per 31 december 2015 te komen.
f Geef de eliminatieposten om tot de geconsolideerde winst- en verliesrekening 2015 te komen.

Veronderstel in afwijking van het gegeven boven vraag **e** dat er wel onderlinge leveranties zijn.
Alle voorraden die Dorenda nv heeft en verkoopt, zijn voor de helft afkomstig van Marinda nv.
Marinda nv levert goederen met een winstopslag van 20% van de verkoopprijs.

g Geef voor de intercompanyleveringen de eliminatiepost(en) voor de geconsolideerde balans per 31 december 2015.
h Geef voor de intercompanyleveringen de eliminatiepost(en) voor de geconsolideerde winst- en verliesrekening 2015.

Veronderstel in afwijking van het gegeven voorafgaand aan vraag **e** dat er wel onderlinge leveranties zijn.

Alle voorraden die Marinda nv heeft en verkoopt, zijn voor de helft afkomstig van Dorenda nv.
Dorenda nv levert goederen met een winstopslag van 25% van de verkoopprijs.

i Geef voor de intercompanyleveringen de eliminatiepost(en) voor de geconsolideerde balans per 31 december 2015.
j Geef voor de intercompanyleveringen de eliminatiepost(en) voor de geconsolideerde winst- en verliesrekening 2015.

Bijlage

Balans Marinda nv

	31-12-2015	31-12-2014		31-12-2015	31-12-2014
Deelneming	€ ...		Aandelenkapitaal	€ ...	€ 500.000
Voorraden	- 800.000	€ 600.000	Agioreserve	- ...	- 250.000
Overige activa	- 3.000.000	- 3.400.000	Overige reserves	- 1.000.000	- 750.000
			Winst na belasting	- 480.000	- 450.000
			Te betalen venn.belasting	- 160.000	- 150.000
			Overige kortlopende schulden	- ...	- 1.900.000
	€ ...	€ 4.000.000		€ ...	€ 4.000.000

Balans Dorenda nv

	31-12-2015	31-12-2014		31-12-2015	31-12-2014
Voorraden	€ 400.000	€ 300.000	Aandelenkapitaal	€ 400.000	€ 400.000
Overige activa	- 2.000.000	- 1.700.000	Agioreserve	- 400.000	- 400.000
			Overige reserves	- ...	- 400.000
			Winst na belasting	- 180.000	- 150.000
			Te betalen venn.belasting	- 60.000	- 50.000
			Overige kortlopende schulden	-	- 600.000
	€ 2.400.000	€ 2.000.000		€ 2.400.000	€ 2.000.000

Winst- en verliesrekening 2015 Marinda nv

Omzet		€ 15.000.000
Kostprijs omzet		- 12.000.000
		€ 3.000.000
Verkoopkosten	€ 1.100.000	
Algemene beheerskosten	- 1.000.000	
		- 2.100.000
		€ 900.000
Rentbaten/lasten		- 260.000
Resultaat voor belasting		€ 640.000
Vennootschapsbelasting		- 160.000
Resultaat na belasting		€ 480.000

Winst- en verliesrekening 2015 Dorenda nv

Omzet		€ 10.000.000
Kostprijs omzet		- 7.500.000
		€ 2.500.000
Verkoopkosten	€ 1.200.000	
Algemene beheerskosten	- 900.000	
		- 2.100.000
		€ 400.000
Rentbaten/lasten		- 160.000
Resultaat voor belasting		€ 240.000
Vennootschapsbelasting		- 60.000
Resultaat na belasting		€ 180.000

(SPD)

22.14* (§ 22.4) Ankie bv in Zwolle bezit al enige jaren een 80% belang in Dinke bv te Eelde-Paterswolde. Ankie bv waardeert de deelneming in Dinke bv volgens de vermogensmutatiemethode met als eerste boekwaarde de netto-vermogenswaarde. Zowel Ankie bv als Dinke bv handelt uitsluitend in het product Caldo.

Ankie bv koopt de producten in voor €40 per stuk en verkoopt ze voor €50 per stuk aan Dinke bv. Dinke bv verkoopt de producten Caldo voor €70 per stuk aan derden.
Ankie bv verkoopt de producten Caldo uitsluitend aan Dinke bv. Dinke bv koopt de producten Caldo uitsluitend bij Ankie bv.

Verloop van de aantallen product Caldo in 2015 en 2016

	Ankie bv	Dinke bv
31-12-2014 Voorraad	10.000	5.000
Inkoop	800.000	750.000
	810.000	755.000
Verkoop	750.000	740.000
31-12-2015 Voorraad	60.000	15.000
	840.000	850.000
Inkoop		
	900.000	865.000
Verkoop	850.000	862.000
31-12-2016 Voorraad	50.000	3.000

Op basis van de RJ moet een vennootschap die haar deelneming waardeert volgens de vermogensmutatiemethode, aan het eind van elk boekjaar een correctiejournaalpost maken in verband met ongerealiseerde intercompanywinst in de eindvoorraad producten.

Voor haar deelneming in Dinke bv gebruikt Ankie bv de rekeningen *030 Deelneming Dinke bv* en *990 Aandeel resultaat Dinke bv.*

Bij de berekening van het bedrag in deze correctiejournaalpost houdt Ankie bv rekening met:
- de Richtlijn die stelt dat de correctie bij downstream-sales moet verlopen op basis van het deelnemingspercentage;
- een tarief vennootschapsbelasting van 25%.

a Geef in verband met de voorraad Caldo bij Dinke bv de correctiejournaalpost (toevoegen en elimineren) die Ankie bv in haar boekhouding heeft opgenomen:
  1 per 31 december 2015;
  2 per 31 december 2016.

Bij de consolidatie van de enkelvoudige jaarrekeningen van Ankie bv en Dinke bv moet volgens de RJ de ongerealiseerde intercompanywinst in de eindvoorraad product volledig worden geëlimineerd ten laste van de meerderheid. Ook hierbij moet rekening worden gehouden met een tarief vennootschapsbelasting van 25%.

Gegevens van de te consolideren jaarrekeningen

- Ankie bv belast jaarlijks een deel van de directiesalarissen door aan Dinke bv;
- Ankie bv heeft Dinke bv een lening verstrekt. De rente wordt jaarlijks tussen de vennootschappen verrekend;
- de enkelvoudige winst- en verliesrekeningen over 2015 en 2016 van beide vennootschappen zijn opgenomen in bijlage I;
- de enkelvoudige balansen per 31 december 2015 en 2016 van beide vennootschappen zijn opgenomen in bijlage II.

In de jaarrekeningen van Ankie bv in bijlage I en II zijn de bij vraag **a** bedoelde correctiejournaalposten al verwerkt.

b 1 Bereken de bedragen die in de geconsolideerde winst- en verliesrekening 2016 moeten worden vermeld bij de posten:
  a brutowinst op verkopen;
  b winst 2016 (na belastingen) toekomend aan de meerderheid.
  2 Geef alle eliminatie- en toevoegingsposten ten behoeve van de consolidatie van de winst- en verliesrekeningen van Ankie bv en Dinke bv over 2016.
  3 Verklaar met een berekening het verschil tussen de geconsolideerde winst 2016 (na belastingen) en de winst 2016 (na belastingen) van Ankie bv.
c 1 Bereken de bedragen die in de geconsolideerde balans per 31 december 2016 worden vermeld bij de posten:
  a Oveige reserves;
  b Aandeel derden.
  2 Geef alle eliminatie- en toevoegingsposten ten behoeve van de consolidatie van de balansen per 31 december 2016 van Ankie bv en Dinke bv.
  3 Verklaar met een berekening het verschil tussen het geconsolideerd eigen vermogen en het eigen vermogen van Ankie bv per 31 december 2016.

Bijlage I

Winst- en verliesrekeningen Ankie bv (× €1.000)

	2016	2015		2016	2015
Kostprijs omzet	34.000	30.000	Omzet	42.500	37.500
Afschrijvingen	220	220	Doorberekende directiekosten		
Lonen en salarissen	7.140	7.000	aan Dinke bv	210	200
Overige kosten	64	180	Rente lening u/g	14	20
Vennootschapsbelasting	325	80	Aandeel resultaat deelneming		
Winst (na belastingen)	1.647	660	Dinke bv	672	420
	43.396	38.140		43.396	38.140

Winst- en verliesrekeningen Dinke bv (× €1.000)

	2016	2015		2016	2015
Kostprijs omzet	43.100	37.000	Omzet	60.340	51.800
Afschrijvingen	880	1.000	Opbrengst machine	10	–
Lonen en salarissen	15.076	12.700			
Directiekosten	210	200			
Overige kosten	70	80			
Rente lening o/g	14	20			
Vennootschapsbelasting	250	200			
Winst (na belastingen)	750	600			
	60.350	51.800		60.350	51.800

Bijlage II

Enkelvoudige balansen Ankie bv (× €1.000)

	31-12-2016	31-12-2015		31-12-2016	31-12-2015
Materiële vaste activa	1.160	1.380	Aandelenkapitaal	5.000	5.000
Deelneming Dinke bv	8.582	7.910	Overige reserves	5.950	5.290
Lening u/g	250	350	Winst (na belastingen)	1.647	660
Voorraden	2.000	2.400	Te betalen venn.belasting	223	50
Overlopende posten	58	60	Liquide middelen	–	1.100
Liquide middelen	770	–			
	12.820	12.100		12.820	12.100

Enelvoudige balansen Dinke bv (× €1.000)

	31-12-2016	31-12-2015		31-12-2016	31-12-2015
Materiële vaste activa	8.330	8.000	Aandelenkapitaal	8.000	8.000
Voorraden	150	750	Overige reserves	2.000	1.400
Debiteuren	1.520	800	Winst (na belastingen)	750	600
Overlopende posten	50	40	Lening o/g	250	350
Liquide middelen	1.150	910	Te betalen venn.belasting	125	140
			Overlopende passiva	75	10
	11.200	10.500		11.200	10.500

(SPD)

15 (§ 22.5) De winst- en verliesrekeningen van Boom nv in Hoorn en Heester bv in Alkmaar vertonen het volgende beeld.

Winst- en verliesrekening 2016 Boom nv

Kostprijs verkopen	€	3.000.000	Opbrengst verkopen	€	5.000.000
Diverse bedrijfskosten	-	1.240.000	Dividend deelneming Heester bv	-	80.000
Vennootschapsbelasting	-	205.000	Huur bedrijfspand*	-	60.000
Saldo winst	-	695.000			
	€	5.140.000		€	5.140.000

* Betreft een door Boom nv aan Heester bv verhuurd bedrijfspand.

Winst- en verliesrekening 2016 Heester bv

Kostprijs verkopen	€	1.500.000	Opbrengst verkopen	€	2.000.000
Diverse bedrijfskosten	-	200.000			
Vennootschapsbelasting	-	75.000			
Saldo winst	-	225.000			
	€	2.000.000		€	2.000.000

Verdere gegevens
- Boom nv is sinds 1 januari 2014 in het bezit van 80% van de aandelen in Heester bv.
  Boom nv waardeert de aandelen in Heester bv op verkrijgingsprijs.
- Het op voorgaande winst- en verliesrekening van Heester bv vermelde bedrag bij 'Kostprijs verkopen' heeft voor €1.200.000 betrekking op leveringen aan Boom nv.
  De aan Boom nv in rekening te brengen factuurprijs vindt Heester bv door de kostprijs te verhogen met 30% winstopslag (berekend over de kostprijs).
- De bij Boom nv aanwezige voorraden – voor zover afkomstig van Heester bv – waren op basis van de door Heester bv in rekening gebrachte factuurprijs gewaardeerd:
  - per 1 januari 2016 op €390.000;
  - per 31 december 2016 op €520.000.
- Bij de consolidatie dienen de zogenoemde 'intercompany-profits' volledig te worden uitgeschakeld (respectievelijk ingevoegd).
- De op de winst- en verliesrekening 2016 van Boom nv vermelde post 'Dividend deelneming Heester bv' valt onder de deelnemingsvrijstelling.
- Het tarief vennootschapsbelasting is 25%.

a Bereken het bedrag aan intercompany-profits dat per saldo bij de consolidatie van de winst- en verliesrekeningen over 2016 moet worden geëlimineerd.
b Geef alle eliminatieposten (in de vorm van journaalposten) die nodig zijn bij de consolidatie van de gegeven winst- en verliesrekeningen.
  NB Het winstaandeel van het minderheidsbelang van derden dient afzonderlijk in de geconsolideerde winst- en verliesrekening te worden opgenomen.

22.16 (§ 22.5) Op 1 januari 2015 koopt Martex nv in Kampen 75% van de aandelen (cum dividend) van Deroo bv in Hoogeveen tegen betaling per bank van €1.950.000. Martex nv waardeert de deelneming in Deroo bv op verkrijgingsprijs. Voor het berekenen van de goodwill bij de aankoop van deze deelneming is hierna de balans per 31 december 2015 van Deroo bv gegeven. Deze balans is opgesteld volgens de waarderingsgrondslagen van Martex nv en op basis van 'fair value'.

Balans per 31 december 2015 Deroo bv

Bedrijfsgebouw	€	2.200.000	Aandelenkapitaal	€	1.400.000
Machines	-	800.000	Agioreserve	-	300.000
Voorraad halffabrikaat			Overige reserves	-	500.000
1.000 stuks Mo × €640 =	-	640.000	Winst 2015 (na belasting)	-	200.000
Debiteuren	-	110.000	Hypothecaire lening	-	1.100.000
Liquide middelen	-	50.000	Crediteuren	-	190.000
			Te betalen vennootschapsbelasting	-	110.000
	€	3.800.000		€	3.800.000

De voorgestelde bestemming van de winst 2015 (na belasting) is als volgt:

Dividend	€	84.000
Winstreservering	-	116.000
	€	200.000

a 1 Bereken de door Martex nv bij het verwerven van de 75% deelneming in Deroo bv betaalde goodwill.
  2 Geef de journaalpost waarmee de verworven 75% deelneming in Deroo bv door Martex nv in haar boekhouding wordt verwerkt.

In april 2016 wordt de definitieve bestemming van de winst 2015 (na belasting) bij Deroo bv als volgt vastgesteld:

Gedeclareerd dividend	€	98.000
Winstreservering	-	102.000
	€	200.000

b 1 Geeft de afwijking tussen de voorgestelde en de definitieve winstbestemming aanleiding tot een herrekening van het bij **a**1 gevraagde goodwillbedrag? Zo ja, hoeveel wordt dan het herrekende goodwill bedrag? Zo nee, waarom niet (motiveren)?
  2 Geef de journaalpost die Martex nv maakt naar aanleiding van de definitieve bestemming van de winst 2015 (na belasting) bij Deroo bv.

Deroo bv produceert en verkoopt uitsluitend het halffabrikaat Mo aan de enige afnemer – Martex nv – tegen een prijs van €640 + €160 winstopslag = €800 per stuk.

INTERCOMPANYTRANSACTIES EN CONSOLIDATIE

In 2016 wordt voor Martex nv en Deroo bv voor het eerst een geconsolideerde jaarrekening samengesteld. Hierbij wordt rekening gehouden met:
- de afschrijving op de door Martex nv bij het verwerven van de 75% deelneming in Deroo bv betaalde goodwill.
De goodwill wordt met jaarlijks gelijke bedragen in 3 jaar afgeschreven;
- de eliminatie van de per balansdatum ongerealiseerde intercompany-profits.
Op basis van de Richtlijnen van de RJ moeten te elimineren ongerealiseerde intercompany-profits bij 'upstream-sales' proportioneel ten laste worden gebracht van de meerderheid respectievelijk de minderheid.

Eind 2016 zijn voor Martex nv en Deroo bv de volgende balansen en winst- en verliesrekeningen samengesteld.

Balans per 31 december 2016 Martex nv

Bedrijfsgebouw	€	3.400.000	Aandelenkapitaal	€ 2.800.000
Machines		900.000	Agioreserve	700.000
Deelneming in Deroo bv		1.876.500	Overige reserves	940.000
			Winst 2016 (na belasting)	560.000
Voorraad halffabrikaat				
300 stuks Mo × €800 =		240.000	Hypothecaire lening	1.400.000
Voorraad eindproduct			Crediteuren	300.000
100 stuks Motex × €1.400 =		140.000	Te betalen vennootschapsbelasting	100.000
Debiteuren		190.000		
Liquide middelen		53.500		
	€	6.800.000		€ 6.800.000

Winst- en verliesrekening 2016 Martex nv

Kostprijs omzet			Omzet	
3.000 stuks Motex × €1.400 =	€	4.200.000	3.000 stuks Motex × €2.000 =	€ 6.000.000
Verkoopkosten		700.000		
Algemene beheerskosten		350.000		
Vennootschapsbelasting		190.000		
Winst 2016 (na belasting)		560.000		
	€	6.000.000		€ 6.000.000

Balans per 31 december 2016 Deroo bv

Bedrijfsgebouw	€	2.110.000	Aandelenkapitaal	€ 1.400.000
Machines		600.000	Agioreserve	300.000
Voorraad halffabrikaat			Overige reserves	577.000
1.200 stuks Mo × €640 =		768.000	Winst 2016 (na belasting)	245.000
Debiteuren		140.000	Hypothecaire lening	1.000.000
Liquide middelen		82.000	Crediteuren	110.000
			Te betalen vennootschapsbelasting	68.000
	€	3.700.000		€ 3.700.000

Winst- en verliesrekening 2016 Deroo bv				
Kostprijs omzet			Omzet	
3.400 stuks Mo × €640 =	€ 2.176.000		3.400 stuks Mo × €800 =	€ 2.720.000
Verkoopkosten	- 60.000			
Algemene beheerskosten	- 154.000			
Vennootschapsbelasting	- 85.000			
Winst 2016 (na belasting)	- 245.000			
	€ 2.720.000			€ 2.720.000

c 1 Geef de eliminatieposten voor de consolidatie van de balansen per 31 december 2016 van Martex nv en Deroo bv.
NB Het tarief vennootschapsbelasting is 25%.
2 Geef de eliminatieposten voor de consolidatie van de winst- en verliesrekeningen 2016 van Martex nv en Deroo bv.

In april 2017 wordt de definitieve bestemming van de winst 2016 (na belasting)
bij Deroo bv als volgt vastgesteld:

Gedeclareerd dividend	€ 112.000
Winstreservering	- 133.000
	€ 245.000

d Geef de journaalpost die Martex nv naar aanleiding van deze winstbestemming maakt.

De winst 2017 (na belasting) bij Deroo bv bedraagt €280.000.

e Geef de eliminatieposten voor de consolidatie van de balansen per 31 december 2017 van Martex nv en Deroo bv voor zover deze aan de hand van de hiervóór verstrekte gegevens zijn te maken.

23 Nadere bijzonderheden bij het opstellen van de geconsolideerde jaarrekening

1 (§ 23.1) Belinda nv heeft sinds 1 januari 2009 een 60% belang in de in het buitenland gevestigde onderneming Corinda. Corinda keerde sinds 2009 alle resultaten uit.
In 2014 was het resultaat nihil. Sinds januari 2009 zijn er geen mutaties geweest in het eigen vermogen van Corinda.
Belinda nv waardeert deelnemingen op netto-vermogenswaarde.
De functionele valuta van Corinda is de VAL.
De koersen van de euro ten opzichte van de Val zijn als volgt:

1 januari 2009	1 € = 4 VAL
31 december 2014	1 € = 3,60 VAL
31 december 2015	1 € = 3,50 VAL
Gemiddeld 2015	1 € = 3,55 VAL

Per 31 december 2015 is voor Corinda de volgende balans opgesteld.

Balans per 31 december 2015 Corinda

Activa	VAL	4.795.000	Aandelenkapitaal	VAL	1.400.000
			Overige reserves	-	1.120.000
			Resultaat	-	497.000
			Schulden	-	1.778.000
	VAL	4.795.000		VAL	4.795.000

a Bereken voor Belinda nv de waarde in euro's van de deelneming Corinda per 1 januari 2015.
b Bereken voor Belinda nv de waarde in euro's van de deelneming Corinda per 31 december 2015.
c Reken de balans per 31 december 2015 van Corinda om. Hierbij worden de activa en passiva omgerekend tegen de koers per eindbalansdatum.
d Geef het mutatieoverzicht deelneming Corinda over 2015, dat in de toelichting op de enkelvoudige balans van Belinda nv wordt opgenomen.
NB Bereken het koersverschil als sluitpost.
e Geef een controleberekening van het door u bij vraag **d** ingevulde bedrag bij koersverschil.

2 (§ 23.1) Eind 2014 vond de oprichting plaats van de buitenlandse dochteronderneming Deus, waarvan alle aandelen in handen zijn van de Nederlandse moederonderneming Macho nv in Vlissingen.

Van Deus zijn volgende overzichten in vreemde valuta (Vr. V.) gegeven.

Balansen eind 2015 en 2014

	2015		2014			2015		2014	
Duurzame					Aandelenkapitaal	Vr.V.	160.000	Vr.V.	160.000
productiemiddelen	Vr.V.	270.000	Vr.V.	300.000	Agio	-	80.000	-	80.000
Voorraad goederen	-	90.000	-	60.000	Saldo winst	-	30.000	-	—
Liquide middelen	-	180.000	-	150.000	Vreemd vermogen	-	270.000	-	270.000
	Vr.V.	540.000	Vr.V.	510.000		Vr.V.	540.000	Vr.V.	510.000

Winst- en verliesrekening over 2015				
Omzet			Vr.V.	150.000
Kostprijs van de omzet			-	60.000
			Vr.V.	90.000
Afschrijvingskosten duurzame productiemiddelen	Vr.V.	30.000		
Overige kosten	-	30.000		
			-	60.000
Winst 2015			Vr.V.	30.000

Verdere informatie
- In deze opgave wordt afgezien van belastingen.
- In de jaarrekening wordt het fifo-stelsel toegepast.
- De in- en verkoop van goederen heeft regelmatig gespreid over het jaar plaatsgevonden.
- De duurzame productiemiddelen worden in 10 jaar lineair afgeschreven; de restwaarde is nihil.
- De overige kosten zijn regelmatig gespreid over het jaar betaald.

Voor het samenstellen van een geconsolideerde jaarrekening moeten de gegeven balansen en de winst- en verliesrekening van Deus worden omgerekend in euro's.
Daartoe moet gebruik worden gemaakt van de volgende koersen:

1 januari 2015	€ 1 =	Vr.V.0,50
gemiddeld 2015	€ 1 =	Vr.V.0,40
31 december 2015	€ 1 =	Vr.V.0,3125

a Reken de gegeven balansen en winst- en verliesrekening van dochter Deus om in euro's.
NB
- De omrekening van de activa en passiva gebeurt tegen de koers per eindbalansdatum.
- Alle baten en lasten worden omgerekend tegen de koers die gold ten tijde van de transacties. De gemiddelde koers is een goede benadering van de koers per transactiedatum.
- Het omrekeningsresultaat als gevolg van de valutawijzigingen moet worden opgenomen in de 'Reserve omrekeningsverschillen'.

De balans eind 2015 van Macho nv vertoont het volgende beeld.

Balans eind 2015

Duurzame productiemiddelen	€	2.120.000	Aandelenkapitaal	€	1.000.000
Deelneming in Deus	-	(a)	Agio	-	600.000
Voorraad goederen	-	900.000	Reserve omrekenverschillen	-	(b)
Liquide middelen	-	203.000	Overige reserves	-	500.000
			Saldo winst	-	300.000
			Vreemd vermogen	-	(c)
	€	...		€	...

Toelichting
- De waardering van de deelneming in Deus vindt plaats volgens de vermogensmutatiemethode (op basis van de netto-vermogenswaarde).

b Bereken de met de letters (a), (b) en (c) aangegeven bedragen op voorgaande balans van Macho nv.
  NB Bij de berekening van de bedragen (a) en (b) moeten de onder **a** gevraagde overzichten als uitgangspunt worden genomen.
c Stel het werkblad samen met behulp waarvan de bij **a** gevraagde balans per 31 december 2015 van Deus en de volledig ingevulde balans per 31 december 2015 van Macho nv worden samengevoegd tot een geconsolideerde balans.

3 (§ 23.1) We maken gebruik van de gegevens in opgave **23.02**.

We nemen nu echter aan dat Macho nv alle aandelen in Deus per 31 december 2014 door aankoop heeft verkregen. Voor de aandelen Deus is Vr.V.265.000 betaald.
Macho nv waardeert de aandelen Deus tegen verkrijgingsprijs. Deus heeft in 2015 geen dividend gedeclareerd.
Bij de consolidatie van de jaarrekeningen van Macho nv en Deus hanteert Macho nv de slotkoers voor de omrekening van het eigen vermogen van Deus. Op de goodwill in de geconsolideerde balans wordt niet afgeschreven.

a Stel het werkblad voor de consolidatie van de balansen per 31 december 2015 samen.
  NB Op de enkelvoudige balans per 31 december 2015 van Macho nv fungeert de post 'Vreemd vermogen' als sluitpost, omdat de deelneming in Deus in contanten is voldaan.
b Verklaar het verschil tussen het geconsolideerde eigen vermogen en het enkelvoudige eigen vermogen van Macho nv.

4 (§ 23.2) Muts nv in Dordrecht heeft begin 2015 70% van de aandelen van Das bv in Leiden verworven.
Het geplaatste aandelenkapitaal van Das bv is €10.000.000.
Bij de verwerving werd voor de aandelen van Das bv €7.700.000 betaald. De netto-vermogenswaarde van Das bv was op dat tijdstip €11.000.000.

Door de administrateur van Muts nv is een enkelvoudige en een geconsolideerde balans opgesteld per 31 december 2015. Deze balansen zijn hierna opgenomen. De geconsolideerde balans is opgesteld volgens de methode van de proportionele consolidatie.

Balans per 31 december 2015

	Muts nv	Gecons.		Muts nv	Gecons.
Vaste activa	€ 14.600.000	€ 24.120.000	Aandelenkapitaal	€ 25.000.000	€ 25.000.000
Deelneming Das bv*	8.400.000	—	Overige reserves	9.500.000	9.500.000
Vordering Das bv	500.000	150.000	Hypothecaire lening	5.000.000	5.000.000
Voorraad goederen	10.000.000	15.880.000	Crediteuren	6.250.000	9.750.000
Debiteuren	1.000.000	8.000.000			
Bank	11.000.000	500.000			
Kas	250.000	600.000			
	€ 45.750.000	€ 49.250.000		€ 45.750.000	€ 49.250.000

* De deelneming Das bv is gewaardeerd volgens de vermogensmutatiemethode op basis van de nettovermogenswaarde.

De accountant heeft bezwaren tegen de hiervoor gegeven opstelling van de balansen en adviseert de leiding van Muts nv een gewijzigde opstelling van de geconsolideerde balans te maken.
In deze gewijzigde opstelling dient de techniek van integrale consolidatie te worden toegepast.

a 1 Stel de balans van Das bv per 31 december 2015 op.
2 Bereken het bedrag waarvoor de *Wettelijke reserve deelneming* eventueel is opgenomen in de post Overige reserves op de gegeven balans van Muts nv per 31 december 2015.

b 1 Geef in journaalpostvorm de eliminatie- en correctieposten die gemaakt moeten worden bij consolidatie volgens de integrale methode van de balans van Muts nv en de onder **b**1 gevraagde balans van Das bv per 31 december 2015.
NB Men wil de *Wettelijke reserve deelneming* als afzonderlijke post op de geconsolideerde balans opvoeren.
2 Stel het werkblad samen voor de geconsolideerde balans per 31 december 2015.

23.05 (§ 23.2) Welke bezwaren kunt u in het algemeen en in het geval van Muts nv (zie opgave **23.04**) in het bijzonder inbrengen tegen de techniek van proportionele consolidatie?

23.06 (§ 23.3) De geconsolideerde balansen van Meerbeek nv luiden per 1 januari 2015 en per 31 december 2015:

Balans Meerbeek nv

	01-01-2015	31-12-2015		01-01-2015	31-12-2015
Materiële vaste act.	4.000.000	6.000.000	Eigen vermogen	5.000.000	7.215.000
Goodwill op deelnemingen		60.000			
Voorraden	3.500.000	3.600.000	Langlopende schulden	3.000.000	1.700.000
Vorderingen	1.000.000	1.700.000	Kortlopende schulden	1.500.000	2.500.000
Liquide middelen	1.000.000	55.000			
	9.500.000	11.415.000		9.500.000	11.415.000

Gedurende het boekjaar hebben Meerbeek nv en groepsmaatschappijen in totaal voor €2.500.000 dividend betaald aan aandeelhouders buiten de groep. Dividendbetalingen die zich binnen de groep hebben afgespeeld hebben geen invloed op de liquiditeitspositie.
De geconsolideerde winst- en verliesrekening over het boekjaar 2015 luidt als volgt:

Geconsolideerde winst- en verliesrekening Meerbeek nv 2015

Kostprijs van de omzet	6.000.000	Omzet	16.000.000
Afschrijvingen	1.800.000		
Verkoopkosten	1.500.000		
Algemene kosten	1.200.000		
Belastingen	800.000		
Resultaat na belasting	*4.700.000*		
Boekwinst verkoop deelneming Dordrecht	15.000		
Nettowinst	*4.715.000*		

Op 1 maart 2015 heeft Meerbeek nv alle aandelen van de Dillenburg bv gekocht. De nieuw verworven groepsmaatschappij wordt vanaf 1 maart 2015 in consolidatie betrokken.
De balans van de Dillenburg bv luidt op 1 maart 2015:

Balans Dillenburg nv

	1 maart 2015		1 maart 2015
Materiële vaste active	250.000	Eigen vermogen	565.000
Voorraad	300.000		
Vorderingen	175.000	Langlopende schulden	180.000
Liquide middelen	80.000	Kortlopende schulden	60.000
	805.000		805.000

De Meerbeek nv waardeert de deelneming Dillenburg bv tegen netto vermogenswaarde in haar enkelvoudige balans en maakt op dit niveau al de goodwill zichtbaar t.a.v. de deelneming Dillenburg bv. Deze goodwill bedraagt €60.000. Op deze Goodwill wordt niet afgeschreven.
Op 1 juli 2015 verkoopt de Meerbeek nv het 100% aandelen pakket dat zij heeft in de Dordrecht bv.
De balans van de Dordrecht bv luidt op 1 juli 2015:

	1 juli 2015		1 juli 2015
Materiële vaste active	100.000	Eigen vermogen	179.000
Voorraad	120.000		
Vorderingen	115.000	Langlopende schulden	160.000
Liquide middelen	20.000	Kortlopende schulden	16.000
	355.000		355.000

De verkregen boekwinst op de verkoop van Dordrecht bv is niet geconsolideerd en dus nog steeds zichtbaar in de geconsolideerde winst- en verliesrekening.
Meerbeek nv heeft geen materiële vaste activa verkocht.

a Bereken de aankoopprijs van het aandelenpakket Dillenburg bv.
b Bereken de verkoopprijs van het aandelenpakket Dordrecht bv.
c Bereken de investeringen in vaste activa die door Meerbeek nv of Dillenburg bv (sinds verkrijging) zijn gedaan.
d Stel het geconsolideerde kasstroomoverzicht op.

23.07 (§ 23.3) De verkorte balans van Meerzicht bv luidt als volgt:

Balans Meerzicht bv

Banksaldo	€	800.000	Eigen vermogen	€	840.000
Deelneming Durf bv	€	40.000			
	€	840.000		€	840.000

Meerzicht bv heeft 10% van de aandelen in Durf bv. Dit aandelenpakket wordt nu nog tegen verkrijgingsprijs gewaardeerd. Meerzicht bv koopt 80% van de aandelen van Durf bv voor €590.000. Meerzicht bv betaalt €490.000 in contanten en geeft voor €100.000 aandelen Meerzicht bv uit.
De verkorte balans van Durf bv op moment van overname luidt als volgt:

Balans Durf bv

Materiële vaste activa	€	560.000	Eigen vermogen	€	490.000
Voorraden	€	90.000			
Vorderingen	€	100.000	Langlopende schulden	€	200.000
Banksaldo	€	40.000	Kortlopende schulden	€	100.000
	€	790.000		€	790.000

Meerzicht bv waardeert Durf bv nu op netto vermogenswaarde en maakt de goodwill op de enkelvoudige balans zichtbaar. De goodwill heeft alleen betrekking op het tweede gekochte aandelenpakket.

a Stel de enkelvoudige balans van Meerzicht bv op na het verwerven van Durf bv.
b Stel de geconsolideerde balans van Meerzicht bv op na het verwerven van Durf bv.
c Wat is het bedrag van de mutatie in de Liquide middelen (banksaldo) tussen de beginbalans van Meerzicht bv en de enkelvoudige balans van Meerzicht bv na verwerving van Durf bv?
d Wat is het bedrag van de mutatie in de Liquide middelen tussen de beginbalans van Meerzicht bv en de geconsolideerde balans van Meerzicht bv?
e Geef een verklaring voor het verschil tussen het antwoord op vraag c en vraag d.

f Bepaal het geconsolideerde kasstroomoverzicht door een vergelijking te maken tussen de balans van Meerzicht bv vóór overname en de enkelvoudige balans na de overname.

g Bepaal het geconsolideerde kasstroomoverzicht door een vergelijking te maken tussen de balans van Meerzicht bv vóór overname en de geconsolideerde balans na overname.

h Maakt het voor de uitkomsten van het geconsolideerd kasstroomoverzicht uit of de waardering van Durf bv tegen netto-vermogenswaarde of tegen verkrijgingsprijs is?

24 Fusie en overname van ondernemingen

24.01 (§ 24.1) Een rijwielfabriek, bv A, en een fabriek van bromfietsen, bv B, besluiten een fusie aan te gaan. Daartoe wordt de bv C opgericht, die alle aandelen van bv A en bv B zal verwerven.

a Welke motieven kunnen tot deze fusie hebben geleid?
b Welk karakter heeft de fusie tussen bv A en bv B, gelet op de aard van hun producten?
c Welk karakter heeft de fusie tussen twee ondernemingen, die activiteiten ontwikkelen in op elkaar volgende fasen in een bedrijfskolom?
d Welke rol gaat bv C na de fusie vervullen? En bv A en bv B?
e Noem een voordeel indien A en B als afzonderlijke bv's blijven bestaan.
(MBA, gewijzigd)

24.02 (§ 24.2) De ondernemingen nv X en nv Y, die in overwegende mate op hetzelfde terrein werkzaam zijn, besluiten een fusie aan te gaan.

a Noem van de mogelijke voordelen die tot dit besluit kunnen hebben geleid, in beknopte vorm:
 1 twee concrete voorbeelden op het gebied van de *financiering*;
 2 twee concrete voorbeelden op *commercieel* terrein;
 3 twee concrete voorbeelden in de *technisch-economische* sector;
 4 een concreet voorbeeld op het *administratieve* vlak.

Om de fusie tot stand te brengen, wordt een nieuwe nv (nv Z) opgericht. Het is de bedoeling dat X, Y en Z – indien passend binnen de fusiemethode – permanent blijven bestaan.

b Geef een beknopte omschrijving van drie fusiemethoden (dat wil zeggen hoofdvormen van de wijze waarop de fusie tot stand kan worden gebracht), die bij deze fusie kunnen worden toegepast.
Deze omschrijving dient u op de volgende wijze in te richten. Noem de drie bedoelde fusiemethoden methode 1, 2 en 3 en beantwoord voor elk van de methoden afzonderlijk de volgende vier vragen:
 1 Welke activa heeft nv Z na de fusie?
 2 Wie zijn na de fusie de aandeelhouders van nv Z?
 3 Welk karakter hebben nv X en nv Y na de fusie?
 4 Welke zijn de voornaamste handelingen, die nv X en nv Y en/of nv Z met betrekking tot de activa c.q. aandelen moeten verrichten om deze fusie door te voeren?

24.03 (§ 24.3) Zwart nv en Wit nv, beide gevestigd in Rotterdam, gaan per 31 december 2015 een fusie aan.
De balansen van de nv's zien er per deze datum als volgt uit.

Balans per 31 december 2015 Zwart nv

Liquide middelen	€	500.000	Aandelenkapitaal	€ 1.000.000
Overige bezittingen	-	2.000.000	Aandelen in portefeuille	- 400.000
			Geplaatst aandelenkapitaal	- 600.000
			Overige reserves	- 1.200.000
			Vreemd vermogen	- 700.000
	€	2.500.000		€ 2.500.000

Balans per 31 december 2015 Wit nv

Liquide middelen	€	70.000	Geplaatst aandelenkapitaal	€	200.000
Overige bezittingen	-	430.000	Overige reserves	-	100.000
			Vreemd vermogen	-	200.000
	€	500.000		€	500.000

De aandelen van beide nv's hebben een nominale waarde van €100 per stuk.

a Bereken de zichtbare intrinsieke waarde per 31 december 2015
 1 van een aandeel Zwart nv;
 2 van een aandeel Wit nv.

De fusie wordt verwezenlijkt door de aandelen van de hiervoor genoemde nv's in te brengen in de houdstermaatschappij Zwart-Wit nv. Vastgesteld is dat in ruil voor een aandeel Zwart nv 10 aandelen à €20 nominaal in de houdstermaatschappij worden afgegeven.
Het aantal aandelen à nominaal €20 in de houdstermaatschappij dat in ruil voor een aandeel Wit nv zal worden afgegeven, wordt bepaald door de verhouding tussen de onder a gevraagde intrinsieke waarde per aandeel Zwart nv respectievelijk Wit nv.

b Geef de balans per 31 december 2015 van de houdstermaatschappij, nadat alle aandelen van Zwart nv en Wit nv zijn omgewisseld.
 NB Op de gevraagde balans worden de aandelen in Zwart nv en Wit nv opgeno-men voor de intrinsieke waarde.

Stel nu dat de fusie wordt gerealiseerd doordat Zwart nv alle aandelen in Wit nv overneemt, in ruil voor aandelen in Zwart nv.
Het aantal aandelen in Wit nv (à nominaal €100) dat moet worden ingeleverd voor een aandeel in Zwart nv (à nominaal €100) wordt bepaald door de onder a gevraagde intrinsieke waarden van deze aandelen.

c Geef de balansen per 31 december 2015 van Zwart nv en Wit nv na de fusie.
 NB Op de balans van Zwart nv worden de aandelen in Wit nv opgenomen voor de intrinsieke waarde.

4 (§ 24.3) *De invloed van de vennootschapsbelasting blijft in deze opgave buiten beschouwing.*

Eind 2015 verwerft Van Rijn nv in Arnhem alle aandelen van De Waal nv in Tiel. In ruil voor de aandelen De Waal nv biedt Van Rijn nv eigen aandelen aan. Voor de vaststelling van de ruilverhouding gaat men uit van de volgende gegevens.

I De waarde per aandeel De Waal nv (nominaal €50 per stuk) wordt gebaseerd op de reële waarde (= fair value) van de identificeerbare activa en passiva van De Waal nv.
 Uitgangspunt hierbij is de hierna gegeven balans per 31 december 2015 van De Waal nv, waarop echter enkele correcties moeten worden aangebracht.

Balans per 31 december 2015 De Waal nv

Gebouwen	€	800.000	Aandelenkapitaal	€	500.000
Afschrijving gebouwen	-	320.000	Aandelen in portefeuille	-	100.000
	€	480.000	Geplaatst aandelenkapitaal	€	400.000
Machines	€	500.000	Agio	-	50.000
Afschrijving machines	-	300.000	Overige reserves	-	100.000
			Winst 2015 (na belasting)	-	50.000
	-	200.000	Diverse voorzieningen	-	40.000
Voorraad grondstoffen	-	60.000	6% Hypothecaire lening	-	250.000
Voorraad eindproducten	-	130.000	Crediteuren	-	40.000
Debiteuren	-	80.000	Transitoria	-	70.000
Betalingsmiddelen	-	50.000			
	€	1.000.000		€	1.000.000

Voor de vaststelling van de reële waarden van de identificeerbare activa en passiva van De Waal nv moet rekening worden gehouden met de volgende gegevens:

1 De reële waarde van de gebouwen (in staat van nieuw) per 31 december 2015 is €1.000.000.
2 De reële waarde van de machines (in staat van nieuw) per 31 december 2015 is €700.000.
3 Aangenomen wordt dat eventuele residuwaarden van gebouwen en machines een zelfde procentuele prijsstijging ondergaan als de gebouwen en machines zelf.
4 De reële waarde van de voorraad grondstoffen per 31 december 2015 is €70.000.
5 De post Diverse voorzieningen (te beschouwen als vreemd vermogen) moet worden verhoogd tot €50.000.
6 Volgens het 'Voorstel winstverdeling' wordt de winst 2015 (na belasting) geheel gereserveerd.

II De waarde per aandeel Van Rijn nv (nominaal €100 per stuk) wordt gebaseerd op de netto-vermogenswaarde van deze onderneming, verhoogd met een bedrag gebaseerd op de gekapitaliseerde overwinst.
De berekening van de netto-vermogenswaarde van Van Rijn nv vindt plaats aan de hand van de volgende balans.

Balans per 31 december 2015 Van Rijn nv

Gebouwen	€ 2.000.000		Aandelenkapitaal	€ 1.500.000		
Afschrijving gebouwen	- 1.000.000		Aandelen in portefeuille	- 700.000		
		€ 1.000.000	Geplaatst aandelenkapitaal		€	800.000
Machines	€ 1.600.000		Agio		-	200.000
Afschrijving machines	- 800.000		Overige reserves		-	150.000
			Herwaarderingsreserve		-	250.000
		- 800.000	Winst 2015 (na belasting)		-	200.000
Voorraad grondstoffen		- 30.000	Diverse voorzieningen		-	100.000
Voorraad halffabrikaat R		- 100.000	6% Hypothecaire lening		-	340.000
Voorraad eindproduct P en Q		- 250.000	7% Obligatielening		-	180.000
Debiteuren		- 160.000	Crediteuren		-	50.000
Betalingsmiddelen		- 60.000	Transitoria		-	130.000
		€ 2.400.000			€	2.400.000

Voor de vaststelling van de fusiewaarde per aandeel Van Rijn nv moet rekening worden gehouden met de volgende gegevens:
1. De genormaliseerde winst (na belasting) bij Van Rijn nv wordt gesteld op €210.000 per jaar.
2. Als normale interestvoet wordt gerekend met 10% per jaar; de kapitalisatiefactor wordt gesteld op 8.
3. Ook bij Van Rijn nv kan de post Diverse voorzieningen worden gerekend tot het vreemd vermogen.
4. De duurzame productiemiddelen en de voorraden zijn gewaardeerd op basis van vervangingsprijzen die gelden op 31 december 2015.
5. Volgens het 'Voorstel winstverdeling' wordt de winst 2015 (na belasting) geheel gereserveerd.

a Bereken de waarde van een aandeel De Waal nv in het kader van de vaststelling van de ruilverhouding.
b Bereken de waarde van een aandeel Van Rijn nv in het kader van de vaststelling van de ruilverhouding.
c Bereken het aantal aandelen Van Rijn nv dat door deze nv wordt afgegeven tegen ontvangst van vijf aandelen De Waal nv.
d Heeft na omruiling van alle aandelen De Waal nv tegen aandelen Van Rijn nv de balans van Van Rijn nv wijzigingen ondergaan?
Indien het antwoord bevestigend is, geef dan de bedoelde wijzigingen in de vorm van een journaalpost.
e Heeft na omruiling van alle aandelen De Waal nv tegen aandelen Van Rijn nv de balans van De Waal nv wijzigingen ondergaan?
Indien het antwoord bevestigend is, geef dan de bedoelde wijzigingen in de vorm van een journaalpost.

(§ 24.3) Bergoss nv in Oss, waarvan de aandelen in handen zijn van de familie Bergoss, heeft voortdurend te kampen met grote organisatorische problemen. De familie Bergoss wil daarom ingaan op het voorstel van Amis nv om hun aandelen in te leveren in ruil voor 10.000 aandelen van Amis nv. Partijen komen het volgende overeen:
- De waarde van de aandelen Amis nv (nominaal €100 per stuk) wordt gesteld op €480; dit is de beurskoers in de periode vóór het omwisselingsaanbod.

- Voor de bepaling van de waarde van de aandelen Bergoss nv (nominaal €1.000 per stuk) wordt uitgegaan van de volgende balans van Bergoss nv, opgesteld volgens de waarderingsgrondslagen van deze nv.

Balans Bergoss nv

Bezittingen*	€	6.000.000	Aandelenkapitaal	€ 2.000.000
			Agio	- 200.000
			Overige reserves	- 1.200.000
			Herwaarderingsreserve	- 600.000
			Crediteuren	- 1.000.000
			Bank	- 800.000
			Diverse voorzieningen**	- 80.000
			Transitorische posten	- 120.000
	€	6.000.000		€ 6.000.000

* Kortheidshalve gecombineerd.
** Inclusief belasting over fiscale stille reserves.

In het kader van de overname wordt de balans van Bergoss nv aangepast aan de waarderingsgrondslagen van Amis nv en gebracht op de reële waarden van de (identificeerbare) activa en passiva van Bergoss nv. Hiertoe zijn de volgende gegevens verzameld:

- Als gevolg van prijsstijgingen wordt aan de bezittingen een waarde toegekend van € 7.000.000
- De reële waarde van de post 'Diverse voorzieningen' is € 60.000
- Omdat de directie van Amis nv reeds een volledig plan heeft uitgewerkt om de organisatorische problemen bij Bergoss nv op te lossen, wordt hiertoe een reorganisatievoorziening gevormd voor een bedrag van € 420.000

Opmerking
Bij de beantwoording van de volgende vragen mag worden uitgegaan van de veronderstelling dat de fusiewaarde van Bergoss nv bij aandelenfusie, bedrijfsfusie en juridische fusie gelijk is.

a Bereken de fusiewaarde van Bergoss nv.
b Geef voor Amis nv en Bergoss nv de journaalpost van de overname.

De fusie had ook tot stand kunnen komen door Amis nv de bezittingen en schulden van Bergoss nv te laten overnemen tegen uitreiking van aandelen Amis nv. In dit geval geldt het volgende:
- Bergoss nv heeft haar balans *niet* aangepast aan de reële waarden die bij de overname gelden;
- Bergoss nv boekt de verworven aandelen Amis nv tegen verkrijgingsprijs.

c Geef voor deze fusievorm de journaalpost van de overname voor Amis nv en voor Bergoss nv.
d Welke wijzigingen moeten worden aangebracht in de bij c gevraagde journaalposten als het overnemen van de bezittingen en schulden van Bergoss nv door Amis nv plaatsvindt in het kader van een juridische fusie?
NB Ook nu geldt dat Bergoss nv haar balans niet heeft aangepast aan de reële waarden die bij de overname gelden.

6 (§ 24.4) De ondernemingen Monique bv in Zoetermeer en Dorian bv in Voorburg besluiten tot samengaan.

Balans per 31 december 2015 Monique bv

Vaste activa	€ 240.000	Aandelenkapitaal	€ 120.000
Vlottende activa	200.000	Overige reserves	- 80.000
		Schulden	- 240.000
	€ 440.000		€ 440.000

Balans per 31 december 2015 Dorian bv

Vaste activa	€ 200.000	Aandelenkapitaal	€ 80.000
Vlottende activa	- 100.000	Overige reserves	- 20.000
		Schulden	- 200.000
	€ 300.000		€ 300.000

Gegeven is verder:
- de vaste activa van Monique bv zijn gewaardeerd op reële waarde, de boekwaarde op basis van historische kosten bedraagt €180.000;
- de vaste activa van Dorian bv zijn gewaardeerd op historische kosten, de reële bedraagt €220.000;
- de vlottende activa van Monique bv en Dorian bv zijn respectievelijk op reële waarde en op historische kosten gewaardeerd; de vervangingswaarde van de vlottende activa van Dorian bv bedraagt €120.000;
- Monique bv verwerft alle aandelen van Dorian bv tegen 100 door Monique bv uitgegeven aandelen; alle aandelen zijn €1.000 nominaal per stuk;
- bij de samenvoeging wordt de waardering bij Dorian bv aangepast aan die van Monique bv.

Gevraagd
Omschrijf de methode van Pooling of interests-accounting op zodanige wijze, dat daaruit blijkt hoe bij toepassing van deze methode bij de opstelling van de balans van de gecombineerde onderneming MoDo bv gehandeld wordt terzake van de verwerking van goodwill.
Illustreer het antwoord met behulp van gegevens ontleend aan het voorgaande voorbeeld. Neem alle activa op tegen reële waarde.

7 (§ 24.4) De balansen van MegaSellers bv in Utrecht en Duyn bv in Maastricht zien er per 31 december 2015 als volgt uit.

Balans per 31 december 2015 MegaSellers bv

Vaste active	€	15.000.000	Aandelenkapitaal	€ 4.000.000
Vlottende active	-	10.000.000	Agio	- 6.000.000
			Overige reserves	- 7.500.000
			Winst na belasting	- 2.500.000
			Schulden	- 5.000.000
	€	25.000.000		€ 25.000.000

Balans per 31 december 2015 Duyn bv

Vaste activa	€	4.000.000	Aandelenkapitaal	€ 500.000
Vlottende activa	-	2.000.000	Agio	- 1.500.000
			Overige reserves	- 2.300.000
			Winst na belasting	- 700.000
			Schulden	- 1.000.000
	€	6.000.000		€ 6.000.000

De nominale waarde van een aandeel van zowel MegaSellers bv als van Duyn bv bedraagt €5. De balansen bevatten een post van €500.000, die betrekking heeft op door MegaSellers bv aan Duyn bv geleverde goederen die door Duyn bv nog niet betaald zijn, maar wel reeds aan derden zijn doorverkocht.

Op 1 januari 2016 verwerft MegaSellers bv alle aandelen (cum dividend 2015) van Duyn bv in ruil voor 200.000 aandelen van MegaSellers bv. Op 1 januari 2016 bedragen de beurswaarden van de aandelen MegaSellers bv en Duyn bv respectievelijk €35 en €45.

Bij de beantwoording van vraag **a** moet gebruik worden gemaakt van 'Purchaseaccounting'.

a 1 Geef de eliminatieposten ten behoeve van het samenstellen van de geconsolideerde balans per 1 januari 2016.
2 Stel het werkblad samen ten behoeve van de balansconsolidatie per 1 januari 2016.

Bij de beantwoording van vraag **b** moet gebruik worden gemaakt van 'Pooling of interests'.

b 1 Geef de eliminatieposten ten behoeve van het samenstellen van de geconsolideerde balans per 1 januari 2016.
2 Stel het werkblad samen ten behoeve van de balansconsolidatie per 1 januari 2016.

24.08 (§ 24.4) Elzenhof bv in Tilburg is op 30 juni 2015 een fusie aangegaan met Lindenhof bv in 's-Hertogenbosch door middel van een aandelenruil:
4 aandelen van Elzenhof bv (nominaal €50) voor een aandeel Lindenhof bv (nominaal €100).

Om het effect van deze fusie op de verslaggeving na te gaan, heeft de administrateur van Elzenhof bv een concept-geconsolideerde balans per 30 juni

2015 en een geconsolideerde winst- en verliesrekening over de periode 1 januari – 30 juni 2015 opgesteld op basis van 'pooling of interests', met behoud van de eigen waarderingsgrondslagen van beide ondernemingen (bijlage B).

In bijlage A is de enkelvoudige balans en winst- en verliesrekening per 30 juni 2015 van Elzenhof bv weergegeven vóór verwerking van de aandelenruil.

Na een gesprek met de accountant van Elzenhof bv wil de directie ook nog geïnformeerd worden over de cijferpresentatie van deze aandelenfusie volgens de volgende principes:

I *Pooling of interests accounting*, echter met uniformering van de waarderingsgrondslagen voor de voorraden

De verschillen ontstaan door de uniformering van de waarderingsgrondslagen worden ten gunste/laste van de ingehouden winst gebracht.
Elzenhof bv past voor haar voorraad goed P de gemiddelde inkoopprijs toe en Lindenhof bv voor voorraad Q het *fifo-stelsel*.

Waardering	30 juni 2015	31 december 2014
P	100.000 stuks à €4	100.000 stuks à €4
Q	€5 per stuk	60.000 stuks à €4

a 1 Stel de balans per 30 juni 2015 en de winst- en verliesrekening over het eerste halfjaar 2015 op van Lindenhof bv op basis van de *waarderingsgrondslagen van Elzenhof bv*.
2 Stel de herziene geconsolideerde balans en de winst- en verliesrekening op per 30 juni 2015 op basis van 'pooling' na uniformering van de waarderingsgrondslagen voor voorraden.
NB Van elke te berekenen post berekeningen vermelden. II *Purchase accounting*

Zoals hiervoor is vermeld, heeft de betaling plaatsgevonden in de vorm van aandelen. Voor de marktwaarde van het aandeel Elzenhof bv zie bijlage B.

De reële waarde van de activa van Lindenhof bv is per 30 juni 2015:

Duurzame productiemiddelen	€	550.000
Voorraden	-	300.000

De afschrijving bedraagt €110.000 per jaar.
Verder kan worden aangenomen dat de hiervoor genoemde posten, ongeacht verschil in waardering, voor de zojuist vermelde bedragen met die van Elzenhof bv mogen worden samengevoegd.

b 1 Bereken de goodwill, die in het kader van 'purchase accounting' ontstaat.
2 Stel de geconsolideerde balans per 30 juni 2015 op volgens 'purchase accounting'.

Over het tweede halfjaar 2015 worden met betrekking tot de voorraden goederen P en Q nog de volgende gegevens verstrekt:

	Goed P	Goed Q
Inkopen (per kas)	300.000 stuks à €6	200.000 stuks à €7
Omzet (per kas)	350.000 stuks à €7	220.000 stuks à €8

De diverse kosten bedragen evenals in het eerste halfjaar €495.000; de schulden per 31 december 2015 waren gelijk aan die per 30 juni 2015: €375.000.

Voor de toepassing van de gemiddelde inkoopprijs op de voorraden van Lindenhof bv moet de prijs per 31 december 2014 als uitgangspunt worden genomen bij de toepassing van 'pooling'. De goodwill wordt in vijf jaar afgeschreven.

c 1 Stel de geconsolideerde balans per 31 december 2015 en de winst- en verliesrekening over het tweede halfjaar 2015 op, gebaseerd op 'pooling' (met uniforme waarderingsgrondslagen).
2 Stel de geconsolideerde balans per 31 december 2015 en de winst- en verliesrekening over het tweede halfjaar 2015 op, gebaseerd op 'purchase'.
3 Verklaar het verschil in winst.
NB Van elke te berekenen post berekeningen vermelden.

Bijlage A

Balans per 30 juni 2015 Elzenhof bv (concept)

Duurzame productiemiddelen	€	500.000	Aandelenkapitaal	€	150.000
Voorraad goed P	-	400.000	Agio	-	250.000
Liquide middelen	-	75.000	Overige reserves	-	350.000
			Schulden	-	225.000
	€	975.000		€	975.000

Toelichting
De *duurzame productiemiddelen* worden over vijf jaar afgeschreven, de aanschafprijs was €600.000.
De *voorraad goed P* bestaat per 30 juni 2015 uit 100.000 stuks. Het *aandelenkapitaal* omvat 3.000 aandelen van €50 nominaal.

Winst- en verliesrekening eerste halfjaar 2015 Elzenhof bv (concept)

Kostprijs omzet			Omzet	€	2.000.000
• afschrijving	€	60.000			
• goederen	-	1.600.000			
• diverse kosten	-	285.000			
Saldo winst	-	55.000			
	€	2.000.000		€	2.000.000

Bijlage B

Balans per 30 juni 2015 Elzenhof bv (concept)

Duurzame productiemiddelen	€	900.000	Aandelenkapitaal	€	250.000
Voorraden	-	650.000	Agio	-	250.000
Liquide middelen	-	125.000	Overige reserves	-	800.000
			Schulden	-	375.000
	€	1.675.000		€	1.675.000

De *marktwaarde* van een aandeel Elzenhof bv is €500 (per 30 juni 2015).

Geconsolideerde winst- en verliesrekening eerste halfjaar 2015 Elzenhof bv (concept pooling)

Kostprijs omzet			Omzet	€	3.600.000
• afschrijving	€	110.000			
• goederen	-	2.900.000			
• diverse kosten	-	495.000			
Saldo winst	-	95.000			
	€	3.600.000		€	3.600.000

(NIVRA, gewijzigd)

25 De boekhouding van ondernemingen met filialen

25.01 (§ 25.2) Jeansshops Modern in Amsterdam heeft een filiaal in Utrecht, met een zelfstandige boekhouding.

In het grootboek van het hoofdkantoor in Amsterdam komen voor de rekeningen:
150 Gelden onderweg
160 Filiaal Utrecht
750 Goederen onderweg
960 Winst filiaal Utrecht

In het grootboek van het filiaal in Utrecht gebruikt men onder meer de rekeningen:
160 Hoofdkantoor
704 Opslag winst en omzetbelasting

De rekeningen die betrekking hebben op omzetbelasting worden uitsluitend in het grootboek van het hoofdkantoor gevoerd.

Te verwerken zijn de volgende gegevens:
1. Het hoofdkantoor stuurt vanuit het magazijn naar het filiaal in Utrecht een partij goederen met een vaste verrekenprijs van €25.000. In Utrecht worden deze goederen in de voorraad opgenomen tegen de winkelprijs van €40.000.
2. Voor de uitverkoop worden in het filiaal in Utrecht met toestemming van het hoofdkantoor goederen afgeprijsd met €12.000.
3. Door het hoofdkantoor ontvangen een factuur van Interieur bv wegens aan het filiaal in Utrecht geleverde.

inventaris	€ 40.000
omzetbelasting 21%	- 8.400
	€ 48.400

De betaling van deze factuur wordt door het hoofdkantoor gedaan.
4. Rekening *160 Filiaal Utrecht* heeft op 31 december een debetsaldo van €100.000. Volgens het laatst ontvangen overzicht van het filiaal heeft op 31 december rekening *160 Hoofdkantoor* een creditsaldo van €80.000. Uit het overzicht blijkt dat een partij goederen met een vaste verrekenprijs van €15.000, die rechtstreeks door een leverancier naar het filiaal is gezonden, op 31 december nog niet is aangekomen, terwijl de inkoopnota op het hoofdkantoor al in het grootboek is verwerkt.
Ook is een overboeking van €5.000 via de bank van het filiaal naar het hoofdkantoor daar nog niet ontvangen.
5. Uit de door het filiaal Utrecht opgestelde jaarrekening blijkt een nettowinst van €30.000.

a Journaliseer voor zover nodig de hiervóór vermelde gegevens voor het hoofdkantoor in Amsterdam.
b Journaliseer voor zover nodig de hiervóór vermelde gegevens voor het filiaal in Utrecht.

(Ned. Ass., gewijzigd)

.02 (§ 25.2) De handelsonderneming Sky bv in Rotterdam heeft een filiaal in Maastricht. Met betrekking tot dit filiaal komen in augustus 2015 de volgende transacties voor:

1 Door het hoofdkantoor gezonden aan het filiaal:

goederen met een magazijnprijs van	€	80.000
winstopslag hoofdkantoor 10% van €80.000 =	-	8.000
	€	88.000
winstopslag filiaal 12% van €100.000 =	-	12.000
verkoopprijs filiaal exclusief omzetbelasting	€	100.000
omzetbelasting 21% van €100.000 =	-	21.000
Verkoopprijs filiaal inclusief omzetbelasting	€	121.000

De winstopslagen van 10% respectievelijk 12% worden voor alle goederenzendingen gebruikt.
2 De bij 1 bedoelde goederen en de bijgesloten afrekening zijn door het filiaal ontvangen.
3 Op de bankrekening van het hoofdkantoor is bijgeschreven voor kasstortingen door het filiaal €89.000.
4 Door het filiaal zijn op rekening verkocht en afgeleverd goederen voor €12.100 inclusief omzetbelasting.
5 In het kasboek van het filiaal over augustus komen onder andere voor:

Debet: contante verkopen, inclusief omzetbelasting	€	96.800
Credit: gestort op bankrekening hoofdkantoor	-	97.000

6 Het hoofdkantoor ontvangt van het filiaal het volgende bericht:

a	deze maand ontvangen goederen tegen verkoopprijs	€	121.000
	en verkocht goederen met een verkoopprijs (inclusief omzetbelasting)	€	108.900
b	deze maand gestort op bankrekening hoofdkantoor	€	97.000

a Geef de journaalposten van deze gegevens voor het hoofdkantoor, indien in het grootboek van het hoofdkantoor onder andere voorkomen de rekeningen:
110 Bank
111 Bankstortingen filiaal
140 Filiaal Maastricht
181 Te betalen omzetbelasting
300 Magazijnvoorraad goederen
301 Ongerealiseerde winstopslag goederenzendingen filiaal
801 Gerealiseerde winstopslag goederenzendingen filiaal

b Geef de journaalposten van deze gegevens voor het filiaal, indien in het grootboek van het filiaal voorkomen de rekeningen:
100 Kas
130 Debiteuren
140 Hoofdkantoor
181 Te betalen omzetbelasting
700 Voorraad goederen
701 Ongerealiseerde winst en omzetbelasting in voorraden
800 Kostprijs verkopen
810 Opbrengst verkopen

NB
- Andere rekeningen dan de hiervoor vermelde zijn voor de uitwerking van de vragen **a** en **b** niet nodig.
- Geef bij elke journaalpost duidelijk aan het nummer van het gegeven naar aanleiding waarvan de journaalpost wordt gemaakt.

c Welke journaalposten worden nog door hoofdkantoor en filiaal gemaakt, indien de afrekening van de omzetbelasting met de fiscus geheel door het hoofdkantoor plaatsvindt?

25.03 (§ 25.2) Excel bv in Maastricht heeft onder andere een filiaal in Venlo. Voor dit filiaal wordt een zelfstandige filiaaladministratie bijgehouden.
De voorraad in de filialen wordt bijgehouden tegen verkoopprijzen (inclusief omzetbelasting), de voorraad in het centraal magazijn tegen vaste verrekenprijzen. De winstmarge in de filialen bedraagt 20% van de verkoopprijs (exclusief omzetbelasting); de omzetbelasting is 21%.

De gecombineerde aangifte omzetbelasting hoofdkantoor/filialen wordt gedaan door het hoofdkantoor in Maastricht.
Over augustus 2015 zijn de volgende gegevens bekend:
1 Door het centraal magazijn goederen verzonden aan het filiaal in Venlo met een vaste verrekenprijs van €76.000.
De brutoverkoopprijs van deze goederen bedraagt €114.950.
2 Op de rekening van het hoofdkantoor bij de Rabobank is €100.000 gestort, afkomstig van het filiaal in Venlo.

3 Van het filiaal in Venlo is de volgende goederenafrekening ontvangen:

Voorraad op 1 augustus 2015		€	60.500
Ontvangen van het centraal magazijn		-	114.950
		€	175.450
Contante verkopen (inclusief €18.900 omzetbelasting)	€ 108.900		
Verkopen op rekening (zie 5)	- 3.630		
Nadelig voorraadverschil	- 726		
		-	113.256
Voorraad op 31 augustus 2015		€	62.194

4 Van het filiaal in Venlo is de volgende kasafrekening ontvangen:

Saldo op 1 augustus 2015		€	4.500
Contante verkopen		-	108.900
		€	113.400
Betaalde kosten:			
• Schoonmaakkosten winkel augustus 2015 (inclusief €294 omzetbelasting)	€ 1.694		
• Algemene kosten augustus 2015 (inclusief €714 omzetbelasting)	- 4.114		
Storting Rabobankrekening hoofdkantoor	- 100.000		
		-	105.808
Saldo op 31 augustus 2015		€	7.592

5 Door het hoofdkantoor is aan een afnemer de volgende factuur verzonden:

Goederen	€	3.000
Omzetbelasting 21%	-	630
	€	3.630

Deze goederen zijn rechtstreeks door het filiaal afgeleverd (zie 3).
6 De nettowinst van het filiaal in Venlo bedraagt €13.200.

a Journaliseer voorgaande gegevens voor het hoofdkantoor.
   NB Maak bij de uitwerking van deze vraag uitsluitend gebruik van de volgende rekeningen:

   061.1   Winst filiaal Venlo
   100   Kas
   110   Bank
   130   Debiteuren
   154   Filiaal Venlo
   180   Te verrekenen omzetbelasting
   181   Te betalen omzetbelasting
   441   Huisvestingskosten
   480   Voorraadverschillen
   490   Algemene kosten
   700   Voorraad goederen
   705   Prijsverschillen bij inkoop
   800   Gerealiseerde winst verkopen

b Journaliseer voorgaande gegevens voor het filiaal in Venlo.
   NB Maak bij de uitwerking van deze vraag uitsluitend gebruik van de volgende rekeningen:

   100 Kas
   150 Hoofdkantoor
   441 Huisvestingskosten
   480 Voorraadverschillen
   490 Algemene kosten
   700 Voorraad goederen
   705 Ongerealiseerde winst en omzetbelasting in voorraad goederen
   800 Gerealiseerde winst verkopen
   999 Overboekingsrekening

25.04** (§ 25.2) Hartelust bv is een grootwinkelbedrijf met filialen in het hele land. Het hoofdkantoor en het centrale magazijn zijn gevestigd in Zwolle. Een van de filialen bevindt zich in Hattem. In dit filiaal wordt uitsluitend verkocht tegen contante betaling. In het grootboek van het hoofdkantoor en van elk filiaal wordt de permanence toegepast. Wekelijks wordt uit elk grootboek een resultatenoverzicht samengesteld.

Voorraad handelsgoederen
De voorraad handelsgoederen in het centrale magazijn wordt geregistreerd tegen de magazijnprijs. Alle leveringen uit het centrale magazijn aan de filialen worden door het hoofdkantoor gefactureerd op basis van de magazijnprijs.
De voorraden die zich bij de filialen bevinden, worden op de voorraadrekeningen geregistreerd tegen consumentenprijs.

Opbouw consumentenprijs

Levering vanaf het centrale magazijn	100%	(= magazijnprijs)
Toeslag winkelkosten	15%	
Kostprijs	115%	
Winstopslag	10%	(van de magazijnprijs)
	125%	
Omzetbelasting 21%	26,25%	
Consumentenprijs	151,25%	

Toeslag winkelkosten
De toeslag winkelkosten houdt verband met het feit dat bepaalde winkelkosten door de filialen zelf moeten worden 'gedragen'.
Aangezien de factuurontvangsten of de betalingen voor deze kosten vaak voor enkele maanden vooruit of achteraf plaatsvinden, vindt de primaire boeking voor deze kosten plaats op de balansrekening *150 Transitoria winkelkosten.*
De dekking van de winkelkosten wordt geboekt bij de afgifte van de verkochte goederen aan de consumenten.

Realisatie winstopslag
De realisatie van de winstopslag wordt geboekt bij de afgifte van de verkochte goederen aan de consumenten.

Omzetbelasting
Het hoofdkantoor in Zwolle maakt voor de omzetbelasting een gecombineerde aangifte voor hoofdkantoor en alle filialen. De verschuldigde omzetbelasting wordt geboekt op basis van de kasontvangsten van de consumenten bij de filialen.

Wekelijkse overzichten per filiaal
Wekelijks zendt elke filiaalchef onder andere de volgende informatie naar het hoofdkantoor:
- overzicht liquide middelen;
- overzicht mutaties voorraad handelsgoederen;
- overzicht mutaties crediteuren*;
- overzicht winkelkosten.

In verband met factuurontvangsten/factuurbetalingen van winkelkosten

Het filiaal Hattem heeft over de achtste week van 2016 de volgende overzichten opgesteld en verzonden naar het hoofdkantoor.

1 Overzicht liquide middelen

Liquide middelen begin van de week		€	120.000
Ontvangsten wegens contante verkopen		-	320.000
		€	440.000
Betalingen aan crediteuren	€ 140.000		
Betalingen in verband met winkelkosten (inclusief €18.480 omzetbelasting)	- 106.480		
		-	246.480
		€	193.250
Gestort op bankrekening hoofdkantoor		-	205.280
Liquide middelen eind van de week	Negatief	€	11.760

2 Overzicht mutaties voorraad handelsgoederen (tegen consumentenprijs)

Beginvoorraad	€	306.000
Ontvangsten uit centrale magazijn	-	597.437
	€	903.437
Eindvoorraad	-	581.295
Afgifte aan consumenten	€	322.142

3 Overzicht mutaties crediteuren

Telling begin van de week	€	180.000
Ontvangen facturen in verband met winkelkosten (inclusief €2.777 omzetbelasting)	-	16.000
	€	196.000
Betaald	-	140.000
Telling eind van de week	€	56.000

4 Overzicht winkelkosten

De winkelkosten waren in week 8	€	20.000

Gegevens hoofdkantoor over de achtste week van 2016:

5 Het hoofdkantoor heeft aan het filiaal Hattem in week 8 handelsgoederen gestuurd met een magazijnprijs van €395.000.
6 Volgens het door het hoofdkantoor ontvangen dagafschrift bank is door het filiaal Hattem een bedrag gestort van €205.280.

a Geef de journaalposten in de boekhouding van het filiaal Hattem.
NB De bij de uitwerking van de vragen **a** en **b** te gebruiken grootboekrekeningen zijn opgenomen in de bijlage; uitsluitend de gegeven rekeningen mogen worden gebruikt.

b Geef de journaalposten in de boekhouding van het hoofdkantoor in Zwolle.
c Noem twee mogelijke oorzaken voor het saldo op rekening *200 Contante verkopen* van het filiaal Hattem aan het eind van week 8.

Bijlage

Gedeeltelijk rekeningenschema filiaal Hattem
100 Liquide middelen
120 Debiteuren
136 Hoofdkantoor
140 Crediteuren
150 Transitoria winkelkosten

200 Contante verkopen

500 Winkelkosten
503 Gedekte winkelkosten

700 Voorraad handelsgoederen
701 Ongerealiseerde toeslag winkelkosten en winstopslag in voorraad handelsgoederen
702 Ongerealiseerde omzetbelasting in voorraad handelsgoederen

800 Kostprijs verkopen
840 Opbrengst verkopen

Gedeeltelijk rekeningenschema Hartelust bv (hoofdkantoor)
110 Bank
138 Filiaal Hattem
180 Te verrekenen omzetbelasting
181 Verschuldigde omzetbelasting
700 Voorraad handelsgoederen

(SPD)

05** (§ 25.2) *Geadviseerd wordt bij de uitwerking van deze opgave tevens de theorie van hoofdstuk 13 te raadplegen.*

De fashionketen Blue Angelo bv met het hoofdkantoor in Utrecht verkoopt moderne trendy vrijetijdskleding. Deze verkoop vindt plaats in filialen (fashionhouses genaamd) in alle belangrijke winkelcentra in het land.
De volgende aanpak van de verkoop wordt daarbij toegepast.
De filialen betrekken hun vrijetijdskleding grotendeels van het hoofdkantoor en verkopen deze kleding onder de merknaam Blue Angelo. De filialen mogen zelfstandig bij derden kleding aankopen om hun assortiment aan te vullen. Uiteraard mag voor deze kleding de merknaam Blue Angelo niet worden gehanteerd.

De goederen en facturen worden niet gelijktijdig ontvangen. Zowel de van het hoofdkantoor betrokken kledingvoorraden als de voorraden zelfstandig ingekochte kleding worden tegen vaste verkoopprijzen geadministreerd. Bij de berekening van de vaste verkoopprijs wordt uitgegaan van een verwachte gemiddelde inkoopprijs, die gescheiden wordt gecalculeerd voor zowel de zomercollectie als voor de wintercollectie voor het komende boekjaar. De zelf ingekochte kleding wordt gedurende het gehele jaar door de filialen verkocht.

De samenstelling van de vaste verkoopprijs is als volgt:

	Zelf ingekochte kleding	Vrijetijdskleding betrokken via het hoofdkantoor	
		Zomer-collectie	Winter-collectie
Verwachte gemiddelde inkoopprijs	60%	55%	50%
Winstopslag	40%	45%	50%
Vaste verkoopprijs (exclusief omzetbelasting)	100%	100%	100%
Omzetbelasting	21%	21%	
Vaste verkoopprijs inclusief omzetbelasting	121%	121%	121%

De leveringen aan de filialen van de zomer- en wintercollecties via het hoofdkantoor worden afgerekend tegen de verwachte gemiddelde inkoopprijs voor de respectievelijke collecties.
De verkopen in de filialen vinden à contant plaats en worden in de kassaterminals gesplitst in de volgende groepen:
1 de van het hoofdkantoor ingekochte zomercollectie;
2 de van het hoofdkantoor ingekochte wintercollectie;
3 de door het filiaal zelf ingekochte kleding.

Verder wordt verkocht aan personeelsleden. Op de verkopen aan het personeel wordt een korting van 20% van de voor het publiek geldende verkoopprijzen gegeven. Het personeel kan uitsluitend korting krijgen als ze hun aankoop betalen met waardebonnen. De aankoop van deze bonnen door het personeel wordt op de rekening *Personeelsdebiteuren* geboekt. De korting wordt geboekt aan de hand van de ingeleverde waardebonnen. Elk filiaal heeft zijn eigen waardebonnen, die ze voor eigen rekening laat drukken. De filialen dragen van de brutowinst behaald op de van het hoofdkantoor betrokken kleding, maandelijks 20% aan het hoofdkantoor af. Deze 20% is voor de dekking van de door het hoofdkantoor gemaakte design- en productiekosten en algemene beheerskosten. De omzet en de kostprijs van de omzet worden geboekt vanaf een door de boekhouding opgestelde recapitulatie van de kasregisterontvangsten.
De filialen verstrekken bij terugname van kleding aan de cliënten een ruilbon ter waarde van de aangekochte kleding. De geruilde kleding wordt na inspectie weer aan de voorraden toegevoegd. Het personeel mag de door hen gekochte kleding niet ruilen.
Aan het einde van iedere maand wordt vastgesteld welke kleding slecht 'loopt'. In uitverkoopperioden wordt deze slecht lopende kleding verkocht tegen zogenoemde 'uitverkoopprijzen'. Deze uitverkoopprijzen zijn opgebouwd uit de destijds verwachte gemiddelde inkoopprijs en de omzetbelasting over deze inkoopprijs.

De boekhouding van Blue Angelo bv wordt gevoerd volgens de methode van de zelfstandige filiaaladministratie. In het grootboek van filiaal Breda worden de rekening *Inkopen* en de rekening *Nog niet verschuldigde omzetbelasting* gehanteerd. De belastingdienst heeft aan het filiaal Breda een subnummer toegekend ten aanzien van de omzetbelasting. Bij het journaliseren worden afzonderlijke rekeningen gebruikt met betrekking tot respectievelijk zelf ingekochte kleding, zomercollectie van het hoofdkantoor en wintercollectie van het hoofdkantoor.

a Noem een viertal organisatorische overwegingen waarvan de keuze van de methode van filiaaladministratie afhankelijk is.
b Geef de journaalposten naar aanleiding van de volgende boekingsfeiten met betrekking tot de maand september 2015.

1 *Inkoopboek*
Ontvangen facturen van het hoofdkantoor voor de wintercollectie ter waarde van €400.000 (verwachte gemiddelde inkoopprijs exclusief omzetbelasting). Ontvangen facturen van leveranciers voor €133.100 inclusief omzetbelasting. De verwachte gemiddelde inkoopprijs exclusief omzetbelasting is €112.000.

2 *Boek inkomende kleding*
Ontvangen van het hoofdkantoor wintercollectie met als verwachte gemiddelde inkoopprijs €360.000.

3 *Kasboek (gedeeltelijk)*

	Zelf ingekochte kleding	Winter- collectie	Zomer- collectie tegen uitverkoop- prijzen
Afdrachten kasregister	€ 308.550	€ 1.203.950	€ 60.500
Ontvangen ruilbonnen	- 24.200	- 12.100	- -
	€ 332.750	€ 1.216.050	€ 60.500

4 *Recapitulatiestaat kasregisterontvangsten*

Omzet september 2015:	
zelf ingekochte kleding	€ 332.750
wintercollectie	- 1.216.050
zomercollectie	- 60.500
	€ 1.609.300

5 *Ruilregister*

Teruggenomen en aan de voorraad toegevoegd:		
wintercollectie	€	4.840
zelf ingekochte kleding	-	19.360
	€	24.200

De cliënten hebben voor een zelfde bedrag ruilbonnen overhandigd gekregen.

6 *Waardebonnenregister*
   a Van drukkerij Princenhage bv waardebonnen ontvangen met een tegenwaarde van €12.000.
   b Verkochte en afgegeven bonnen met een tegenwaarde van €9.000.

7 *Verkoopboek personeelsaankopen*

Verkopen wintercollectie tegen voor het publiek geldende prijs	€	24.200
Korting personeel 20%	-	4.840
	€	19.360

8 *Diverse-postenboek*
   Incourante voorraden
   a Zelf ingekochte kleding aangemerkt als 'slecht lopende kleding':

Oude vaste verkoopprijs	€	26.620
Nieuwe verkoopprijs	€	15.972

   b Aan het einde van de uitverkoopperiode blijkt van de afgeprijsde zomercollectie voor een bedrag van €24.200 inclusief omzetbelasting nog niet verkocht. Dit restant is verkocht en geleverd aan een handelaar voor €3.630, inclusief 21% omzetbelasting.
   Dit bedrag is per kas ontvangen.

(SPD, gewijzigd)

25.06** (§ 25.3) *In deze opgave blijft de omzetbelasting buiten beschouwing.*

   a Stel met behulp van de volgende gegevens voor Ajax nv in Amsterdam samen:

1 de winst- en verliesrekening over 2015 van het hoofdkantoor;
2 de winst- en verliesrekening over 2015 van het filiaal;
3 de gecombineerde balans per 31 december 2015.

Ajax nv in Amsterdam 2015

	Saldibalans hoofdkantoor	Saldibalans filiaal	Totaal
Debet			
Gebouwen	€ 890.000		€ 890.000
Meubilair	- 10.000		- 10.000
Goederen	- 700.000	€ 150.000	- 850.000
Debiteuren	- 350.000	- 180.000	- 530.000
Bank	- 156.000	- 5.000	- 161.000
Kas	- 10.000	- 15.000	- 25.000
Filiaal	- 6.000		- 6.000
Hoofdkantoor		- 11.000	- 11.000
Afschrijvingskosten	- 20.000		- 20.000
Inkopen door hoofdkantoor	- 2.900.000		- 2.900.000
Inkopen door filiaal bij derden		- 229.000	- 229.000
Inkopen door filiaal bij hoofdkantoor		- 450.000	- 450.000
Algemene kosten hoofdkantoor	- 420.000		- 420.000
Algemene kosten filiaal		- 81.000	- 81.000
	€ 5.462.000	€ 1.121.000	€ 6.583.000
Credit			
Aandelenkapitaal	€ 500.000		€ 500.000
Oveerige reserves	- 125.000		- 125.000
Saldo winst			
Crediteuren	- 322.000	€ 146.000	- 468.000
Voorziening winstopslag	- 25.000		- 25.000
Omzet hoofdkantoor	- 4.490.000		- 4.490.000
Omzet filiaal		- 975.000	- 975.000
	€ 5.462.000	€ 1.121.000	€ 6.583.000

Bij de beantwoording van vraag **a** moet rekening worden gehouden met het volgende:
- Eerst moeten aan de hand van de hierna vermelde gegevens gedetailleerde journaalposten worden gemaakt, afzonderlijk voor het hoofdkantoor en voor het filiaal. Hierbij moet worden aangenomen dat de goederen in januari door de expeditie-afdeling zijn afgeleverd.
- Vervolgens moeten de eliminatieposten en de aanvullende journaalposten worden gemaakt met onderlinge verwijzing, en daarna de winst- en verliesrekeningen en de gecombineerde balans.

- De winst- en verliesrekeningen moeten zo worden opgesteld, dat daaruit de omzetten en de totale kostprijzen daarvan blijken.

Gegevens
1 Op 23 december kocht de beheerder van het filiaal nieuw meubilair voor een bedrag van €1.000. Dit bedrag is aan het hoofdkantoor belast. Het hoofdkantoor heeft verzuimd deze post te boeken.
2 Op 27 december ontving het hoofdkantoor per bank van een afnemer van het filiaal een bedrag van €20.000. Deze ontvangst is abusievelijk niet aan het filiaal doorgegeven.
3 Op 31 december bracht de beheerder van het filiaal €5.000 naar het hoofdkantoor en deponeerde dit bedrag in de nachtkluis. Het kantoor was namelijk gesloten. Het kasboek van het hoofdkantoor was reeds afgesloten.
4 Op 28 december boekte het filiaal door het hoofdkantoor gefactureerde kosten van €1.500 abusievelijk voor €500.
5 Op 27 december factureerde het hoofdkantoor aan het filiaal €30.000 voor een goederenzending. Zowel door een fout op de factureerafdeling als op de expeditie werden de goederen en de factuur pas op 9 januari 2016 in het filiaal ontvangen en waren dus niet op 31 december aanwezig.
6 Aanwezige goederen op 31 december 2015 (conform de inventarisatie):

bij het hoofdkantoor (kostprijs)	€ 550.000
bij het filiaal; gekocht van het hoofdkantoor	- 120.000
bij het filiaal; gekocht van derden	- 30.000

Het hoofdkantoor factureert de leveringen aan het filiaal tegen inkoopprijs, vermeerderd met 20% winstopslag.
De bedragen, onder *Goederen* op de saldibalansen opgenomen, betreffen de voorraden op 31 december 2015.

b Gevraagd wordt aan te geven op welke wijze de volgende transactie in de boekhouding wordt verwerkt.

Facturering door het hoofdkantoor aan het filiaal €30.000 voor geleverde goederen.
Winstopslag berekend door het hoofdkantoor 20% van de inkoopprijs.

NB Bij de beantwoording van deze vraag hoeft geen gebruik te worden gemaakt van de in het begin van deze opgave genoemde rekeningen.
(SPD, gewijzigd)

25.07** (§ 25.3) *In deze opgave blijft de omzetbelasting buiten beschouwing.*

Een filiaal in Maastricht heeft de volgende kolommenbalans per 31 december 2015 met de daarbij gegeven toelichtingen naar haar hoofdkantoor verstuurd.

Nr.	Rekening	Saldibalans Debet	Saldibalans Credit	Winst- en verliesrekening Debet	Winst- en verliesrekening Credit	Balans Debet	Balans Credit
1	Inventaris	€ 8.000	€ 1.000			€ 7.000	
2	Debiteuren	- 15.000	- 800			- 15.400	€ 1.200
3	Kas	- 3.000				- 3.000	
4	Bank	- 6.000				- 6.000	
5	Algemene kosten	- 12.000		- 12.150		- 250	- 400
6	Goederen		€ 14.000		€ 32.000	- 18.000	
7	Crediteuren		- 1.000				- 1.000
8	Hoofdkantoor		- 29.000				- 45.245
9	Filiaalhouder						- 1.805
	Saldo winst			- 18.050			
		€ 44.000	€ 44.000	€ 32.000	€ 32.000	€ 49.650	€ 49.650

Toelichtingen

Rekening 1 *Inventaris*
Evenals voorgaande jaren werd 10% van de aanschafprijs afgeschreven.

Rekening 2 *Debiteuren*
Het verloop van de in het subgrootboek Debiteuren opgenomen rekening *Afschrijving debiteuren* is als volgt:

Saldo 1 januari 2015	€ 1.400
afgeboekt in 2015	- 1.000
	€ 400
Saldo 31 december 2015	- 1.200
Naar winst- en verliesrekening over 2015	€ 800

Rekening 6 *Goederen*

	Goederen van hoofdkantoor		Goederen van derden	
Voorraad 1 januari 2015		€ 13.200		€ 6.000
Ontvangen in 2015		- 99.000		- 28.000
		€ 112.200		€ 34.000
Verkocht in 2015	€ 125.200		€ 35.000	
Voorraad 31 december 2015	- 11.000		- 7.000	
		- 136.200		- 42.000
Winst		€ 24.000		€ 8.000

Rekening 9 *Filiaalhouder*
De filiaalhouder krijgt 10% van de nettowinst van het filiaal.

In afwachting van voorgaande kolommenbalans had de boekhouder van het hoofdkantoor al de volgende voorlopige kolommenbalans per 31 december 2015 voor het hoofdkantoor samengesteld.

Rekening	Saldibalans		Voorlopige winst- en verliesrekening		Voorlopige balans	
	Debet	Credit	Debet	Credit	Debet	Credit
Aandelenkapitaal		€ 300.000				€ 300.000
Overige reserves		- 145.100				- 145.100
Gebouwen	€ 350.000				€ 350.000	
Afschrijving gebouwen		- 48.000	€ 7.000			- 55.000
Inventaris	- 60.000				- 60.000	
Afschrijving inventaris		- 24.000	- 6.000			- 30.000
Debiteuren	- 42.000				- 40.500	
Afschrijving debiteuren	- 2.000		- 5.900			- 2.400
Kas/Bank	- 82.100				- 82.100	
Crediteuren		- 38.000				- 38.000
Voorraad goederen	- 90.000				- 90.000	
Kostprijs verkopen	- 670.000		- 670.000			
Verkopen		- 890.000		€ 890.000		
Bedrijfskosten	- 124.000		- 122.600		- 4.000	- 2.600
Filiaal	- 35.520				- 35.520	
Winstopslag filiaal		- 10.520		- 9.320		- 1.200
Voorlopige winst			- 87.820			- 87.820
	€ 1.455.620	€ 1.455.620	€ 899.320	€ 899.320	€ 662.120	€ 662.120

Nadere gegevens
1 Bij verstrekking van goederen aan het filiaal verhoogt het hoofdkantoor de inkoopprijs met 10% winstopslag. Voor het filiaal gelden verder geen vastgestelde verkoopprijzen.
2 De verstrekkingen zijn niet opgenomen in de saldi van de rekeningen *Verkopen* en *Kostprijs verkopen*.
3 Het op de balans per 31 december 2015 bij *Winstopslag filiaal* opgenomen bedrag is een voorlopig getaxeerd bedrag.
4 De sluitrekeningen zijn niet gelijk. Bij onderzoek is gebleken dat:
   a op 28 december 2015 door het hoofdkantoor goederen zijn verzonden met een verstrekkingsprijs van €3.520, waarvan de ontvangst door het filiaal pas 3 januari 2016 is geboekt;
   b op 30 december 2015 door het filiaal €3.000 per bank werd overgemaakt, welk feit door het hoofdkantoor in 2016 werd geboekt.

5 De vennootschapsbelasting over de winst 2015 is berekend op €25.000.
a Geef de voorafgaande journaalposten per 31 december 2015 in de boekhouding van het hoofdkantoor.
   NB   Maak hierbij gebruik van de rekeningen *Goederen onderweg* en *Gelden onderweg*.
b Stel de definitieve balans per 31 december 2015 en de definitieve winst- en verliesrekening over 2015 van het hoofdkantoor samen.
   NB   De posten vermeld op de voorlopige winst- en verliesrekening en balans van het hoofdkantoor kunnen bij de uitwerking van de vragen **b**, **c** en **d** in overeenkomstige volgorde worden opgenomen.

Nadat de definitieve balans per 31 december 2015 van het hoofdkantoor is samengesteld, wordt besloten een gecombineerde balans en een gecombineerde winst- en verliesrekening samen te stellen.

Hierbij worden de volgende richtlijnen in acht genomen:
1 Bij de waardering van de bezittingen voor de gecombineerde balans moeten de onderlinge winsten worden uitgeschakeld.
2 In de gecombineerde winst- en verliesrekening moeten de winsten op de verstrekkingen door het hoofdkantoor aan het filiaal worden opgeheven.

c 1 Geef de eliminatieposten die nodig zijn voor de samenstelling van de gecombineerde balans per 31 december 2015.
  2 Stel de gecombineerde balans per 31 december 2015 samen.
d 1 Geef de eliminatieposten die nodig zijn voor de samenstelling van de gecombineerde winst- en verliesrekening over 2015.
  2 Stel de gecombineerde winst- en verliesrekening over 2015 samen.